对外开放度

对我国利率变动及政策效应的影响研究

罗书嵘◎著

暨南大学出版社
JINAN UNIVERSITY PRESS

中国·广州

图书在版编目（CIP）数据

对外开放度对我国利率变动及政策效应的影响研究/罗书嵘著. —广州：暨南大学出版社，2023. 12
ISBN 978 - 7 - 5668 - 3814 - 8

Ⅰ.①对… Ⅱ.①罗… Ⅲ.①对外开放—影响—利率—政策效应—研究—中国 Ⅳ.①F832. 22

中国国家版本馆 CIP 数据核字（2023）第 226526 号

对外开放度对我国利率变动及政策效应的影响研究
DUIWAI KAIFANGDU DUI WOGUO LILÜ BIANDONG JI ZHENGCE XIAOYING DE YINGXIANG YANJIU
著　者：罗书嵘

出 版 人：阳　翼
责任编辑：高　婷
责任校对：刘舜怡　黄晓佳　黄子聪
责任印制：周一丹　郑玉婷

出版发行：暨南大学出版社（511443）
电　　话：总编室（8620）37332601
　　　　　营销部（8620）37332680　37332681　37332682　37332683
传　　真：（8620）37332660（办公室）　37332684（营销部）
网　　址：http：//www. jnupress. com
排　　版：广州尚文数码科技有限公司
印　　刷：广州市友盛彩印有限公司
开　　本：787mm×1092mm　1/16
印　　张：13. 25
字　　数：250 千
版　　次：2023 年 12 月第 1 版
印　　次：2023 年 12 月第 1 次
定　　价：59. 80 元

（暨大版图书如有印装质量问题，请与出版社总编室联系调换）

伴随对外开放度的不断提高，由于我国还处于利率不完全市场化阶段，利率的调整受外部风险等诸多客观因素的制约。因此，研究对外开放对我国利率变动及政策效应的影响在理论与实践上具有双重意义。从理论层面看，本书将对外开放因素纳入利率问题分析框架下，从对外开放对利率的变动及政策效应两个维度的影响进行分析，有助于强化人们对利率在我国货币政策调控与传导效应中的作用的认识，是对现有研究内容的有益补充，有助于丰富新时代发展中国家利率政策理论。从实践层面看，本书的研究对于政府在对外开放条件下制定更加科学的利率政策具有重要的指导意义，同时在对外开放视角下研究利率问题也有利于我国深化利率市场化改革与人民币国际化的顺利开展。

本书利用主成分分析法，根据当前中国国情以及经济对外开放特征，从国际商品贸易、国际投资、国际金融、国际服务贸易四个方面测算了 1980—2018 年中国对外开放度。本书基于修正后的蒙代尔－弗莱明理论模型，采用 AS－IS－LM 模型分析框架来探讨对外开放度与利率变动及政策效应之间的关系，并将对外开放度指标引入实证模型中，检验对外开放度对中国利率变动及政策效应的影响。同时，本书还分析了金融开放对中国利率政策目标制选择的影响，进而探讨金融开放是否应纳入利率政策目标。

本书研究的基本思路：首先是对相关理论与实证研究文献进行梳理，发现研究对外开放度对利率变动的影响的文献非常少。关于利率政策效应的研究主要包括利率传导机制及效应研究、利率对宏观经济变量的影响研究、利率市场化效应研究、利率对证券市场的影响研究、利率联动效应研究、利率与汇率的关系研究等几个方面。在此基础上，提出了本书研究的着力点。其次是本书在理论上考察了对外开放度对利率变动及政策效应影响的理论模型结构，并采取边界协整检验、单位根平稳性检验、ARDL－ECM 模型（即自回归分布滞后与误差修正模型）以及其他计量实证模型等，实证分析了已有理论假说短期与长期的动态性，为实证研究所得结论提供了具有准确性和说服力的解释。最后，本书实证分析结果阐释了对外开放度对我国利率变动产生了先抑后扬的影响：在改革开放初期，对外开放度对我国利率水平的影响呈递减趋势；伴随对外开放度的日益提升，对外开放度对我国利率水平的影响呈递增趋势，并进一步阐释了在对外开放条件下我国利率政策效应具有短期的促进作用，但伴随对外开放度的日益提升，长期来看我国利率政策效应将趋于削弱。同时，为确保研究所得结论的可靠性，对实证模型进行了稳健性检验。

一、本书的主要结论

（1）利用主成分分析法测度了我国对外开放度，尽管我国对外开放度具有先扬后抑的特征，但在总体上还是呈现一种上升趋势。

（2）对外开放度与利率变动之间呈现出一种较强联动关系，即对外开放度越大，利率变动也越大：随着对外开放度的提高，财政政策渠道对利率变动产生持续扩大的影响，而货币政策渠道对利率变动产生持续缩减的影响。具体来说，扩张性财政政策对利率的上升存在持续性推动作用；而扩张性货币政策对利率的下降具有持续性削弱作用，二者的共同作用最终导致利率上升。

（3）由于对外开放度对利率变动存在先抑后扬的"U"型影响，拐点出现后，政府应该适当降低利率水平，以抵消利率上升所引起的投资下降的负面影响，从而确保利率水平起到稳定经济的作用。同时，政府应该全面深化对外开放水平，提升对外开放质量，建立完善的宏观经济风险预警与调控机制，进而化解对外开放对我国利率水平以及宏观经济所产生的波动风险。

（4）对外开放度提升在短期内对利率政策的产出水平具有促进作用，对价格效应具有显著放大作用，但长期内对产出效应的影响随对外开放度提升而趋于削弱，对产出和就业等实际经济变量的影响不明显，且利率政策效应最终会释放到价格的放大效应上。

（5）为了抵御长期内对外开放对利率政策产出效应的削弱作用，政府应根据对外开放度和经济发展形势对利率政策进行合理调整，通过降低利率水平实现经济增长，增加产出效应，促进就业，减少外部风险对宏观经济波动的影响，实现经济稳定健康发展。

（6）对外开放条件下利率政策具有很强的持续放大价格效应，政府在制定和实施利率政策时，不仅要考虑经济增长，也要实现价格稳定目标，抑制其价格放大效应。为此，政府应对价格水平波动范围进行合理预期，可建立盯住居民消费价格指数的利率政策体系，使价格水平稳定在可控范围内。

（7）在当前中美贸易摩擦频繁出现的背景下，美国货币政策和贸易策略的调整导致中美利率差缩小、国际资本流动波幅加大以及人民币相对美元贬值风险的加剧，我国通过增加货币供给量对宏观经济进行调控的作用不明显，应从货币供给量调控转向利率调控，以充分发挥利率政策促进经济增长和平抑物价波动的作用。

（8）在进一步扩大金融对外开放水平的背景下，我国应协调有序稳步推进资本账户开放、汇率制度改革与利率市场化进程，避免利率市场化改革滞后于资本账户开放和汇率制度改革，完善宏观金融审慎监管体制，加快国内经济及金融的结构性改革，促进利率政策有效性的发挥。

（9）金融开放在我国宏观经济决策中具有重要影响，将金融开放纳入利率政策目标选择体系中能够使得社会福利损失最小化。政府在制定利率政策时，仍然要把经济增长和抑制通货膨胀作为主要目标，但应对金融开放和汇率保持一定程度的关注，且对金融开放的关注要高于对汇率的关注。

（10）合理有序审慎推进金融开放步骤，综合考虑金融开放对利率政策其他目标的影响。推动金融全方位对外开放，充分发挥金融开放对经济增长的促进作用，扩大"引进来"和"走出去"金融高水平双向开放，抑制跨国流入资本和实体经济部门资金更多流向虚拟经济部门，避免经济"脱实向虚"现象的发生。

二、本书的主要创新之处

（1）构建并测度了我国对外开放度的综合性指标。梳理并整合了已有的关于对外开放度测度指标与方法的研究，同时指出各种对外开放度代理指标所具有的缺陷。在评价出口依存度、进口依存度、对外贸易依存度、外资依存度、对外金融开放度、对外经济合作开放度以及国际旅游开放度等各类衡量对外开放度的指标基础上，通过主成分分析方法对我国对外开放度进行了测度，避免了传统利用单一指标测度对外开放度的不足，可以比较全面地反映我国对外开放水平的基本状况。尤为重要的是，在对外开放条件下研究我国利率问题，并结合宏观经济理论进行分析，这为研究对外开放度和利率变动及政策效应之间的关系提供了一个新的研究路向。

（2）基于对外开放视域构建分析利率变动及政策效应的理论模型。现有成果大都是从利率传导机制及效应、对宏观经济变量的影响、市场化效应、对证券市场的影响以及与汇率关系等方面来研究利率政策效应问题，同时对利率政策效应的研究也大都从对经济增长、消费、投资的影响等角度进行分析，并没有从对外开放度及其利率水平对价格的影响角度来进行探讨。本书构建基于传统的 AS–IS–LM 模型分析框架下的对外开放度与利率变动及政策效应之间关系的理论模型，分析对外开放度对利率变动的影响机制以及对外开放条件下利率政策产出效应与价格效应的内在影响机制。这是对现有研究领域的一种有益探索与延伸，并为本书的实证分析提供坚实的理论基础。

（3）本书以对外开放度这一新的角度对利率的变动及政策效应进行了深入的实证分析。以往鲜有文献研究对外开放度对利率变动的影响，本书就对外开放度对利率变动的影响进行了有益的尝试。在实证研究对外开放度对利率政策效应的影响时，与以往研究成果将利率政策效应局限于对经济增长、消费、投资等方面的影响不同，本书首次将利率政策效应分解为利率政策的产出效应和利率政策的价格效应，在此基础上研究对外开放条件下这两种效应的影响，并得出一些与已有研究不同的结论，为利率政策的制定与实施提供坚实的实证基础。

罗书嵘
2023 年 10 月

目 录

第1章 绪 论

1.1 研究背景

对外开放是利率变动及政策效应的一个重要影响因素。我国经济发展自改革开放以来已取得了举世瞩目的巨大成就，但也面临着经济发展遭受外部风险和不确定性冲击的可能性加大、宏观经济频繁波动等现实问题，从而抑制了我国经济的持续健康稳定发展。

从经济对外开放视角看，我国对外开放水平不断提升，逐渐从封闭落后的经济状态向开放先进的经济状态过渡。我国对外开放度的上升态势非常强劲，主要体现在两个方面：一是我国对外贸易总额越来越大。2018 年货物进出口规模达到 305050.4 亿元，相较于 1980 年的规模水平增长了近 535 倍，每年平均增长 17.5%；对外贸易依存度也在不断提高，从 1978 年的 9.65% 攀升至 2018 年的 30.89%。二是我国实际利用外商直接投资总额持续增长。2018 年实际利用外商直接投资总额达到 1349.66 亿美元，相较于 1980 年的规模水平增长了 2368 倍，外资依存度从 1980 年的 0.02% 提高到 2018 年的 2.04%。随着对外贸易总额的不断扩大和实际利用外资水平的持续增长，我国对外开放度日益提升。但是，外部风险将会更多地通过国际贸易和吸引外资渠道传递到国内，国际商品市场价格波动也不再完全与国内商品自身生产成本变动相匹配。这种不匹配性既有可能导致出口企业利润下滑，造成企业投资不足，也可能导致出口企业收益上升并传递到非出口部门进而引起通货膨胀，尤其是对资源、资本品等存在依赖性的部门更可能遭受输入性通货膨胀的影响。外资的吸引将通过产业结构转变和劳动力转移等多种机制导致国内工资水平与技术的变动，从而对国民收入和经济增长产生重要影响。方兴未艾的对外开放长期内会以不同形式改变国内生产部门的分布格局，政府为了适应这种变化所带来的不确定性和补偿对外开放对国民可能造成的福利损失，可能会调整利率政策在货币政策调控中的相对地位，并且对外开放的日趋自由化将会影响政府管理的范围并扩大政府的管理权限（Pierre-Richard & Aizerman，1995）。伴随对外开放度的不断提升，尤其是自 20 世纪 90 年代以来，政府为了防御外部风险对我国经济系统的冲击，中国人民银行利率调整的幅度和频率均出现了明显变化：以 1 年期存款基准利率为例，1979 年至 2018 年间，基准利率调整幅度达到 9.84 个百分点，基准利率调整次数高达 45 次，平均每 10.7 个月调整一次，次均调整幅度为 0.22 个百分点。尤其是近 16 年来，中国人民银行基准利率调整明显加快，频率缩短至平均每 7 个月调整一次。因此，对外开放可能在很大程度上影响了利率的调整，从对外开放角度研究我国利率变动及政策效应显得十分迫切。目前，大多数国家加强了对本国经济活动进行干预的手段，贸易保护主义抬头趋势明显，对外开放对一国利率变动及政策效应的影响也因此成为国际经济学与金融经济学交叉研究的一个重要领域。

从金融问题面临的形势看，改革开放以来，我国利率的调整在有效促进金融改革、金融发展和宏观经济稳定等方面取得了突出的成就，但我国金融问题依然严峻。在改革开放初期，受到西方国家已经实现了市场经济体制的影响，我国也逐步实现从计划经济向市场经济转型，货币政策进入全面改革阶段，对旧体制下利率政策的制定以及调控进行了初步改革，这有利于调整金融领域旧有的资金融通关系和不合理的利率期限结构，调动了借贷双方资金有序流通的积极性，有利于国民经济平稳快速发展。自 20 世纪 90 年代以来，随着对外开放度和市场经济水平的日益提高，我国利率政策中存在的一些深层次问题和矛盾也逐渐显现出来。尤其是在 1997 年的亚洲金融危机爆发后，直到 2003 年间，我国经济进入了一轮货币供给量、物价持续走低并伴随经济下滑的通货紧缩阶段（北京大学中国经济研究中心宏观组，2005）。我国央行虽然连续 6 次下调利率，但仍难以遏制经济进入通缩状态。自 2008 年世界金融危机发生以来，西方国家开始反思以往货币政策和金融监管问题，并采取了扩展性货币政策，进而影响我国货币政策的制定和实施。同时，全球经济也发生了深刻变化，我国经济进入了中高速增长、结构优化升级、创新驱动发展的新常态阶段。十九大报告明确指出进入新时代是中国特色社会主义发展的新的历史方位。新时代制定和实施宏观经济政策的根本要求必然是推动高质量发展。中国在对外开放领域和金融领域也同样进入了新时代。伴随世界经济的发展和我国改革开放的深化，对外开放水平不仅表现在广度和深度上，更为重要的是体现在开放的质量和效应上。新时代背景下，我国金融风险、违法违规金融活动、金融监管等问题日益突出，严重制约了对外开放水平以及利率调控对经济增长的促进作用。同时，2017 年全国金融工作会议指出要扩大金融对外开放、合理安排开放顺序以及完善金融风险防范机制。从开放顺序上看，利率市场化改革首当其冲。习近平总书记在十九大报告中明确提出：要坚决打好防范化解重大风险、精准脱贫、污染防治的攻坚战，使全面建成小康社会得到人民认可、经得起历史检验。2018年国务院政府工作报告强调：抓好决胜全面建成小康社会三大攻坚战，要分别提出工作思路和具体举措，排出时间表、路线图、优先序，确保风险隐患得到有效控制。在这种背景下，随着对外开放水平不断提高和深入，我国利率调整频率不断加快，这充分体现了在对外开放条件下我国政府对通过利率手段支持宏观经济平稳健康较快发展的高度重视。这也对我们从理论和实证两个角度深入理解对外开放影响我国利率的具体机制提出了更高要求。因此，在对外开放条件下，政府如何调整利率？其变动趋势和对我国经济增长和价格水平的影响又如何呢？这也正是本书的焦点所在。鉴于对外开放对我国经济发展所带来的现实问题，同时借鉴已有相关理论研究成果，提出了本书关注和着力研究的问题。本书尝试将对外开放度指标引入理论和实证模型的分析框架中，检验对外开放度对我国利率变动及政策效应的影响。

1.2 研究目的和意义

十四届三中全会《关于建立社会主义市场经济体制若干问题的决定》提出关于利率市场化改革的基本思路；十六大报告强调稳步推进利率市场化改革；十八届三中全会《关于全面深化改革若干重大问题的决定》特别提到要加快推进利率市场化；十九大报告进一步提出要深化利率市场化改革。利率市场化的重心是利率由市场决定，但并不排斥政府对利率进行调控。伴随对外开放度的不断提高，由于我国还处于利率不完全市场化阶段，利率的调整受外部风险等诸多客观因素的制约。因此，研究对外开放度对我国利率变动及政策效应的影响在理论与实践上具有双重意义。从理论层面看，本书将对外开放因素纳入利率问题分析框架下，从对外开放对利率的变动及政策效应两个维度的影响进行分析，有助于强化人们对利率在我国货币政策调控与传导效应中的作用的认识，是对现有研究内容的有益补充，有助于丰富新时代发展中国家利率政策理论。从实践层面看，本书的研究对于政府在对外开放条件下制定更加科学的利率政策具有重要的指导意义，同时在对外开放视角下研究利率问题也有利于我国深化利率市场化改革与人民币国际化的顺利开展。

1.3　研究的主要内容与基本思路

1.3.1　主要内容

本书共有九章，主要内容有：

第1章，绪论。主要是说明了本书所要研究的背景、目的和意义，主要研究的内容、方法以及基本思路，并阐释本书的创新之处。

第2章，相关研究综述。主要是梳理了国内外现有的研究文献及其研究成果，主要包括利率传导机制及效应、利率对宏观经济变量的影响、利率市场化效应、利率对证券市场的影响以及利率与汇率关系等方面的研究成果，以考察研究的最新进展，进而提炼出本书研究的重点与创新之处。

第3章，对外开放度影响利率变动及政策效应的理论基础。主要阐释了本书的理论依据，包括马克思金融理论和蒙代尔–弗莱明模型。

第4章，对外开放度对利率变动及政策效应的影响机理。本章构建了对外开放度对利率变动及政策效应影响的理论模型结构，并分别阐释了对外开放度对利率变动和利率政策效应的影响机理。

第5章，我国对外开放度的测算和波动分析。主要阐释了对外开放度的测度方法、我国对外开放度的测度以及我国对外开放度的走势与波动分析。

第6章，对外开放度对我国利率变动的影响。本章通过介绍实证分析所利用的 ARDL–ECM 模型（即自回归分布滞后与误差修正模型）以及计量经济模型设定与估计方法，就对外开放度对我国利率变动的影响特征进行了实证检验。

第7章，对外开放度对我国利率政策效应的影响。本章实证分析了在对外开放条件下我国的利率政策效应，运用实证模型与统计分析方法就对外开放度对我国利率政策效应的影响进行实证检验。

第8章，金融开放对我国利率政策目标制选择的影响。本章通过金融开放对利率政策目标制选择影响的理论与实证分析，在理论上构建包含金融开放的 IS–Philips 模型，实证分析金融开放对我国利率政策目标制选择的影响，进而探讨金融开放是否应纳入利率政策目标。

第9章，结论与展望。本章是对全书进行全面而又简洁明了的总结，并对未来进一步可能的研究空间进行了展望。

1.3.2 研究方法

（1）文献研究方法。本书将梳理国内外利率理论研究和实证研究成果，融合马克思金融理论、利率平价理论以及蒙代尔－弗莱明模型等相关理论，吸收国际上研究利率的最新成果，构建对外开放度对利率变动及政策效应影响的理论基础。

（2）唯物史观研究方法。历史唯物主义和辩证唯物主义是本书基本的研究方法。以历史唯物主义为基点，研究对外开放度对我国利率政策的巨大影响；从辩证唯物主义出发，把握对外开放度给我国利率政策带来的机遇和挑战。

（3）理论研究与实证分析相结合的方法。在理论研究部分，就对外开放对利率变动及政策效应的影响机理进行分析，并构建对外开放度对利率变动及政策效应影响的理论模型。在实证分析部分，通过 ARDL－ECM 模型估计对外开放度对我国利率变动的影响，同时利用 VAR 模型（即向量自回归模型）回归分析对外开放度对我国利率政策效应的影响。

1.3.3 基本思路

本书的研究主题是对外开放度对利率变动及政策效应的影响，在对外开放条件下利率政策是宏观经济调控政策的重要组成部分，不仅会影响微观市场经济主体的消费和投资行为，还会影响宏观经济增长。基于该研究主题的重要性，本书研究的基本思路是：

首先是对相关理论与实证研究文献进行梳理，发现对外开放度对利率变动的影响研究文献非常少。关于利率政策效应的研究主要包括利率传导机制及效应研究、利率对宏观经济变量的影响研究、利率市场化效应研究、利率对证券市场的影响研究、利率联动效应研究、利率与汇率的关系研究等几个方面。在此基础上，提出了本书研究的着力点。

其次本书在理论上考察了对外开放度对利率变动及政策效应影响的理论模型结构，并采取边界协整检验、单位根平稳性检验、ARDL－ECM 模型及其他计量实证模型，实证分析了已有理论假说短期与长期的动态性，为实证研究所得结论提供了具有准确性和说服力的解释。

最后本书实证分析结果阐释了对外开放度对我国利率变动产生了先抑后扬的影响：在改革开放初期，对外开放度对我国利率水平的影响呈递减趋势；伴随对外开放度的日益提升，对外开放度对我国利率水平的影响呈递增趋势。并进一步阐释了在对外开放条件下我国利率政策效应具有短期的促进作用，但伴随对外开放度的日益提升，长期内我国利率政策效应将趋于削弱。同时，为确保研究所得结论的可靠性，对实证模型进行了稳健性检验。

1.4 创新之处

（1）构建并测度了我国对外开放度的综合性指标。梳理并整合了已有对外开放度测度指标与方法的相关研究，同时指出各种对外开放度代理指标所具有的缺陷，在评价出口依存度、进口依存度、对外贸易依存度、外资依存度、对外金融开放度、对外经济合作开放度以及国际旅游开放度等各类衡量对外开放度的有关指标的基础上，通过主成分分析方法对我国对外开放度进行了测度，避免了传统利用单一指标测度对外开放度的不足，可以比较全面地反映我国对外开放水平。尤为重要的是，在对外开放条件下研究我国的利率问题，并结合宏观经济理论进行分析，这为研究对外开放度和利率变动及政策效应之间的关系提供了一个新的研究路向。

（2）基于对外开放视域构建分析利率变动及政策效应的理论模型。现有成果大都是从利率传导机制及效应、对宏观经济变量的影响、市场化效应、对证券市场的影响以及与汇率关系等方面来研究利率政策效应问题，同时对利率政策效应的研究也大都从对经济增长、消费、投资的影响等角度进行分析，并没有从对外开放度及其利率水平对价格的影响角度来进行探讨。本书构建基于传统的 AS – IS – LM 模型分析框架下的对外开放度与利率变动及政策效应之间关系的理论模型，分析对外开放度对利率变动的影响机制以及对外开放条件下利率政策产出效应与价格效应的内在影响机制。这是对现有研究领域的一种有益探索与延伸，并为本书的实证分析提供坚实的理论基础。

（3）本书以对外开放度这一新的角度对利率的变动及政策效应进行了深入的实证分析。以往鲜有文献研究对外开放对利率变动的影响，本书就对外开放度对利率变动的影响进行了有益的尝试。在实证研究对外开放度对利率政策效应的影响时，与以往研究成果将利率政策效应局限于对经济增长、消费、投资等方面的影响不同，本书首次将利率政策效应分解为利率政策的产出效应和利率政策的价格效应，在此基础上研究对外开放条件下这两种效应的影响，并得出一些与已有研究不同的结论，为利率政策的制定与实施提供坚实的实证基础。

第2章 相关研究综述

2.1 利率传导机制及效应研究

传统上学术界强调货币政策通过短期利率调控来作用于实体经济的新古典主义价格机制（Jorgenson，1963；Tobin，1969）。传统的产品市场和货币市场IS－LM模型认为，利率传导机制一般遵循以下传导路径：货币政策实施调整→货币市场的利率变化→金融市场和信贷市场的利率变动→家庭消费和企业投资变化→实际经济产出变化（Bernanke & Blinder，1992；Taylor，1993）。尤其是2008年爆发全球金融危机以来，西方发达国家也出现了短端利率无法顺畅传导到贷款利率等长端利率的困境，这引起了经济学家对货币政策的利率传导机制的广泛关注（Boivin et al.，2010；Gertler & Karadi，2013；Illes & Lombardi，2013）。近年随着我国货币政策优化调控方式和利率市场化改革的逐步推进，关于我国货币政策的利率传导机制研究也越来越多。已有成果主要通过VAR模型、格兰杰因果检验等计量方法，基于中国宏观经济数据，对我国货币政策利率传导机制进行了实证考察，所得结果并不一致。目前对货币政策利率传导机制及效应的研究主要集中在以下两个方面：

1. 从宏观经济领域研究利率政策对产出价格等经济变量的影响来判断利率政策具体的传导渠道

许多学者对利率与货币政策的传导机制及其效应进行了实证研究。主要体现在以下三个角度：

（1）关于利率充当货币政策中介目标的研究。McCallum（1983）、Litterman和Weiss（1985）认为利率可以吸收货币供应总量的预测能力，与货币供应量相比更能有效成为货币政策的中介目标。Bernank和Blinder（1992）、Friedman和Kuttner（1992）指出在利率体系中通过短期利率以及长期利率与短期利率两者间的利差，可以更好地实现经济目标的预测。Estrella和Mishkin（1996）考察了货币政策最终目标与货币供应量之间的关系，认为两者间的相关性较差，而利率与货币政策最终目标之间的相关性较好，为利率充当货币政策中介目标提供了有力的实证依据。

（2）关于利率在货币政策传导机制中的地位、作用以及利率对货币政策有关宏观经济变量所产生的影响。Gelb（1989）针对 34 个欠发达国家的研究表明，实际利率水平对经济增长存在非常显著的正向影响。Mendoza（1991）、Correia 等（1995）关于小型对外开放经济体的研究发现利率既不存在顺周期性，也不存在反周期性，利率对经济波动的影响并不显著。Chirinko（1993）认为，与数量调整相比，货币政策的价格调整（即利率调整）对固定投资的影响不显著。Taylor（1995）对美国、加拿大、德国等 7 国的经验研究表明，利率会导致资本成本变化，利率作为货币政策传导渠道中一个重要组成部分，对居民消费和企业投资支出产生显著影响。但 Bernanke 和 Gertler（1995）指出难以通过资本成本量化来研究利率对实体经济所产生的影响。曾宪久（2001）采用我国 1978—1998 年间的数据实证分析了我国利率与产出之间的关系，指出我国利率变动存在一定的产出效应。谢平和袁沁敬（2003）采用我国 1987—2001 年间的年度数据研究了我国利率政策的效果，认为实际利率对于名义与实际产出水平的预测力显著高于其他金融变量。Uribe 和 Yue（2003）采用 7 个新兴经济体的样本数据，实证分析了国内利率和世界利率冲击与产出波动之间的关系，认为国内利率和美国利率冲击分别可解释新兴市场经济体经济周期的 12% 与20%，美国利率的冲击通过国内经济变量来进行传导，新兴市场经济体利率的扩散效应则加剧了经济波动。钱水土和于广文（2004）基于利率管制假设实证分析了我国利率变动与经济增长之间的关系，强调我国名义利率与国内生产总值增长率不相关，但实际利率对经济增长具有促进作用。Neumeyer 和 Perri（2005）基于利率传导的一阶自回归过程，对发展中国家利率冲击对经济波动的影响进行了研究，认为利率变动能够解释 50% 的经济波动，利率冲击是影响发展中国家经济波动的重要因素。Canova（2005）对美国经济的冲击对拉美国家的影响进行了研究，认为美国货币政策冲击对拉美经济波动存在显著影响，而利率传导渠道增强了货币政策的冲击影响。方先明和熊鹏（2005）基于交叉统计数据，利用格兰杰因果检验与协整检验结果，通过最大时差相关系数、方差分解以及脉冲响应函数等方法，实证研究了我国利率政策的时滞效应。结果显示：利率政策效应在我国经济运行中得不到充分发挥；利率工具具有明显的时滞效应，即我国利率传导机制阻碍因素较多；利率传导的价格时滞小于产出时滞；不断推进利率市场化是改善我国利率政策效应的主要方法。江春和刘春华（2006）采取方差分解法分析利率对我国货币政策的最终目标的贡献程度，通过脉冲响应函数分析利率对我国货币政策的传导机制及其有关经济变量所产生的影响，同时进一步考察这种利率政策效应在产权制度方面的原因。结果表明：一是目前在我国货币政策操作中利率的作用局限比较大，主要集中体现在货币政策的短期影响；二是利率在我国货币政策中的作用有限的制度原因是传统的国有产权制度；三是进行彻底的产权制度改革的前提条件是必须充分发挥货币政策操作中的利率效果。伴随中国利率市场化进程的推进，央行积极完善宏观调控方式及理念，利率作为重要的资金价格已成为资源配置和调节经济运行的主要途径之一（易纲，2009；周小川，2011）。李成等（2010）认为 2008年金融危机前后美国利率波动对我国利率变动以及中美利率间的协调性存在非对称性影响，利率传导渠道发挥了重要作用。张延良和白未乐（2011）运用 Engle - Granger 两步协整检验法、ADF 单位根检验法、格兰杰检验法以及自回归分布滞后模型，选取我国 1993—2007 年间的样本数据，实证研究了利率变化对经济运行变化趋势的产出、投资、物价和货币供给这四个关键因素的影响效应。结果显示，利率传导具有非对称性效应：积极性货币政策的利率传导效应小于紧缩性货币政策的利率传导效应；利率冲击对私人投资的影响效应的非对称性不强；利率冲击对产出的影响效应低于利率冲击对价格的影响效应，利率冲击对产出的影响效应非对称性低于利率冲击对价格的影响效应非对称性。许姣丽（2012）认为利率冲击对实际产出波动的传导效应与汇率制度紧密相关。基于汇率制度，建立 SVAR 模型，实证检验实际利率冲击对我国和新加坡产出波动的传导效应。结果显示，与实行浮动汇率制度的新加坡相比，世界利率冲击对我国产出波动的影响更大；本国利率冲击由于汇率制度的不同影响机制，对中新两国产生了不同传导路径；新元汇率与实际利率是中新两国产出波动的关键影响因素。刘义圣和王世杰（2015、2016）、刘义圣和万建军（2015）对利率市场化前后中国和美国基准利率的市场传导效应进行了实证研究，认为选择基准利率并不是利率市场化的必要前提条件，利率市场化改革的推进既取决于基准利率的形成方式，也取决于在利率市场化改革进程中央行所扮演的合理角色。刘场等（2017）选取 2008 年 1 月—2017 年 3 月的消费者价格指数、上海银行间同业拆放利率（Shibor）、贷款利率以及存款基准利率，利用有向无环图（DAG）方法构建 SVAR 模型，对存贷款利率放开后限制我国货币政策的利率传导效应进行了实证分析。研究发现，存款基准利率仍是通货膨胀和其他关键利率变量的重要影响因素，可作为央行利率政策的重要调控工具。尹振涛等（2023）指出数字经济和数字技术的快速发展及广泛应用大大改变了金融运行与金融市场结构特征，也深刻改变了货币政策利率传导效率。并基于2018—2020年某国内头部助贷企业的数字消费信贷微观数据，对我国货币市场利率在数字消费信贷市场上的传导效率进行了实证考察。结果表明，我国货币政策利率在数字化背景下可以有效传导到数字消费信贷市场；货币市场具有明显的违约风险溢价和信用溢价特征；货币政策紧缩期背景下货币政策利率对数字消费信贷利率存在更高的传导效率。

至于是名义利率还是实际利率在货币政策传导机制中发挥主要作用，存在两种截然不同的观点：Mishkin（1996）强调长期而非短期实际利率对消费支出与投资支出的影响；央行对短期名义利率的调整效果取决于其对长期实际利率的影响，即使存在理性预期且在价格黏性条件下也会导致利率调整对实际经济变量产生影响；同时在货币政策制定与实施中仅用名义利率大小来测度货币政策的松紧是不明智的。Fuhrer和Moore（1995）采用季度数据对美国利率与货币政策目标的关系进行了实证研究，结果发现名义利率对实际产出存在负向影响，通过短期国债利率可以较好预测半年后的产出水平，而且短期国债高利率与12个季度后的低通胀率之间存在显著性关系。Levy和Halikias（1997）基于双资产模型探讨了利率的产出效应传导机制，认为央行利率提高后，通过家庭资产结构调整和商业银行，资本市场真实利率将会上升，从而导致耐用消费品支出、投资支出下降，进而引起真实产出下降。

有些学者指出，中国的利率渠道在经济实践中仍不顺畅，利率变动对实体经济的影响效应偏弱（Mehrotra，2007；Koivu，2009）；中国货币政策主要通过信用渠道和信贷渠道对实体经济产生影响，而利率传导渠道还有待疏通（周英章、蒋振声，2002；蒋瑛琨等，2005；盛朝晖，2006；盛松成、吴培新，2008；张辉、黄泽华，2011）。也有些学者指出，中国货币政策的利率传导渠道在利率市场化逐渐推进过程中发生了体制转变，银行间同业拆放利率等货币市场利率对产出水平、物价等实际经济变量的影响程度不断增强（姜再勇、钟正生，2010；张辉、黄泽华，2011）；中国货币政策通过利率渠道对实体经济产生了有效影响（孙明华，2004；宋旺、钟正生，2006）。还有学者（Calvo & Vegh，1995）指出央行暂时性利率的提高短期内可降低通胀率，但长期内无法有效抑制通胀率，甚至会加剧通货膨胀水平；而永久性利率的提高在短期内能降低通胀率，但阻碍了短期产出水平，且长期内对通胀率不具有实质性影响。黄晶（2020）通过交互式向量自回归分析模型，纳入金融结构、汇率弹性和银行业竞争度三种因素，探讨了利率渠道对于扩张型货币政策对宏观经济变量的重要影响。结论表明：汇率存在一定弹性、银行业存在一定集中度、金融结构倾向于银行业，这些因素对于强化货币政策利率传导有效性具有促进作用。建议不仅要重视银行业的中介融资功能、激励银行业内部进行适当竞争，还要不断提升国有大型商业银行服务国家重大发展战略能力，保证基础建设投资服务实体经济。

（3）关于运用计算利率的泰勒规则（即利率规则）值与实际值之间的差并进行比较，以评价一国或地区的货币政策效果。Taylor（1993）在利率充当货币政策的规则上作出了开创性贡献，通过产出与通货膨胀各自的相对变化对利率进行调整的操作手段可以较好地实现政府的货币政策目标。Giannoni 和 Woodford（2002）通过构建动态线性的理性预期模型，指出最优的货币规则既可以应对外来冲击，又能独立于特定的静态冲击，同时一般化的泰勒规则被认为是最优的货币政策规则，但利率与其他目标变量之间的关系并非绝对同步。Khan 等（2002）认为在价格刚性和交易成本条件下，名义利率平均水平在最优货币政策规则中应该很低，并且在实际、货币部门遭受不确定性冲击条件下，价格水平应保持稳定。谢平和罗雄（2002）分析了泰勒规则在中国的货币政策中的适用性，指出泰勒规则可以成为我国货币政策的一个参考尺度。李春琦（2003）认为我国名义利率而非实际利率的降低是影响货币政策有效性的重要因素之一，但实际利率的调整是影响我国投资与储蓄的决定性因素。

2. 从微观企业领域分析货币政策通过利率渠道的异质性影响

伴随利率市场化改革的加快，扩大利率波幅能够促使企业达到最优债务期限结构。不同融资约束程度的企业面临着不同市场利率，从而造成融资成本差别，导致不同企业潜在项目融资能力不同，进而导致企业间的投资水平不同（Mcconnell & Servaes，1995；童盼、陆正飞，2005）。Bemanke 和 Gertler（1995）认为提高利率会引起企业担负更多利息支出，从而导致企业现金流恶化，降低用于新增贷款抵押资产价值，加剧融资约束企业获得银行贷款的难度，进而影响投资决策。Chirinko 等（1999）基于美国企业数据，建立自回归分布滞后模型（ARDL）模型，指出美国企业投资对于资本使用成本的弹性系数为 −0.25。Butzen 等（2001）建立 ARDL 模型检验了比利时企业的投资，指出利率渠道的影响明显，且小企业比大企业更为敏感，这意味着货币政策存在分布式效应。Gaiotti 和 Generale（2002）构建不同模型对意大利企业投资行为进行了研究，认为利率变动效应既通过增加资本使用成本进行传导，也通过恶化融资约束进行传导。Mojon 等（2002）建立动态新古典误差修正模型对企业投资支出进行了估计，认为西班牙、意大利、法国和德国等欧盟国家的资本使用成本对企业投资支出存在显著的反向影响，且没有证据支持货币政策对小企业的影响比大企业大。徐明东和陈学彬（2012）通过新古典投资模型分析框架，利用1999—2007年间我国所有国有且规模以上工业企业的数据库，运用动态面板回归方法对我国企业投资资本成本的敏感性进行了估计，认为我国工业企业投资资本成本的敏感性具有显著的负向影响。Chatelain 等（2003）发现利率渠道的影响是通过企业资本使用成本来体现的，并且利率渠道在欧洲各国中都是非常显著的。Katay 和 Wolf（2004）指出匈牙利企业的投资需求对于资本使用成本更敏感，这也表明货币政策是通过利率渠道来发挥作用的。Nagahata 和 Sekine（2005）基于日本企业面板数据，构建了自回归分布滞后模型与误差修正模型，认为在日本货币政策主要通过利率渠道对投资产生影响，不良资产负债表抑制了小规模或无债券发行企业的投资行为。Gianni（2005）基于澳大利亚微观领域数据，认为资本使用成本是影响企业投资的重要决定因素之一，并发现货币政策利率渠道的显著性。彭方平和王少平（2007a）采取中国企业数据，通过应用非线性光滑转换的面板数据模型对中国货币政策的非线性传导效应进行了研究，并指出中国货币政策对企业的投资传导存在明显的非线性效应。胡援成等（2007）在基于债务期限结构理论基础上，提出利率波动与 T 债务期限结构之间存在正反馈机制。并采用中国上市企业的面板数据，研究发现，银行间同业拆借利率能够较好反映企业债务的期限结构变化，同时利率波动会降低大部分行业短期债务的比例，表现出显著的负向关系。但企业债务的期限结构变化对我国现阶段利率形成的影响不显著，短期和长期的面板格兰杰因果关系检验并未通过。最后，从利率期限结构与利率风险的视角对中国上市公司的特殊债务结构进行了新的解释。Gilchrist 和 Zakrajsek（2007）通过美国企业数据就利率对企业投资行为的影响进行了研究，认为资本使用成本对企业投资决策具有量化与稳健的影响，资本使用成本每增加1%将导致投资率减少50～75个基准点、长期资本存量降低1%。彭方平和王少平（2007b）利用新古典投资模型分析框架，基于微观视角通过动态面板数据模型，对中国利率政策微观有效性进行了实证检验，认为货币政策改变利率政策以影响资本使用成本与国债到期收益率，从而影响企业投资行为，进而表明中国利率政策微观有效性。宋芳秀（2008）基于利率机制作用有效性视角，采用制造业上市公司面板数据，实证分析了我国利率调控的效果。认为我国经济在一定程度上仍然存在利率软约束现象，利率对于投资的传导作用机制不顺畅，进而利率不宜成为我国货币政策的调控目标。

曾姝和周珺（2008）认为债务期限结构的不合理在利率波动背景下会提高企业违约风险。通过 Geske 复合期权的定价模型，引入随机利率因素并构建企业违约风险的估计模型。结果显示，在市场利率波动频繁时，企业需降低短期债务比例比重才能实现最小化违约风险。过高的短期债务比例给企业带来的违约风险约束有限，由此造成的成本与风险的不匹配可能是解释我国特殊债务期限结构的一种新思路。Zulkefly（2012）实证检验了马来西亚货币政策对上市企业投资的影响，认为货币政策主要通过信贷和利率渠道产生影响，且对不同行业企业的作用是不同的。战明华和应诚炜（2015）将利率市场化渐进改革和企业产权异质性两大经济结构特征引入广义货币渠道影响机制基准模型中，建立了我国货币政策的广义货币信贷渠道影响机制拓展模型。采用我国非上市公司1998—2007 年间的样本数据，实证检验了相关假设验证。结果表明，在利率管制放松条件下，紧缩性的货币政策通过广义货币信贷渠道加强了金融加速器效应。但国有经济比重提高对金融加速器效应产生了显著的弱化作用。因此，应将金融摩擦程度纳入货币政策操作考虑的范围，金融摩擦的减少要先于利率完全自由化。罗正英和贺妍（2015）在新古典投资理论框架下构建了误差修正动态面板模型，检验了融资约束对于货币政策的利率传导机制分布式效应以及制度环境对于利率传导机制的影响。研究发现：货币政策的利率传导效应在非融资约束企业中不存在显著效果，但在融资约束企业中非常显著；市场化进程较高地区的企业投资对于货币政策的敏感程度比市场化进程较低的企业更大；市场化既可化解融资约束，还可优化货币政策利率传导机制。钱雪松等（2015）采用上市公司2007—2013 年间的委托贷款数据，基于理论模型讨论利率传导机制，探讨了我国货币政策利率传导的有效性。研究发现，总体上货币政策实施对企业的借款利率具有显著影响以及 Shibor 充当中介变量时有明显的中介效应；在融资歧视背景下，货币政策的利率传导具有明显的体制差异性；国企等体制内企业的借款利率对于货币政策调整反应非常敏感，民企等体制外企业的借款利率长期居高不下，扩张性货币政策并未促使借款利率下降。黄佳琳和秦凤鸣（2020）指出货币政策从数量型向价格型转变是利率传导有效性必须面对的重要议题，银行机构作为中介是利率传导过程中的关键一环。以商行利率定价机制为切入点，从理论上分析了市场化利率定价、银行业竞争和利率传导有效性之间的关系；运用2011 年1 月—2016 年12 月间我国30 个省级面板数据，构建贷款利率指数，进行 FGLS 模型估计，并对相关推论进行了实证分析。分析结果表明，商行利率定价机制市场化程度与银行业竞争程度会对银行贷款利率的传导效率产生影响。商行利率定价机制市场化与银行业竞争越激烈、程度越高，利率传导效率也越高，银行贷款利率的变化会随着银行间市场利率变化而更充分。因此，应通过继续深化利率市场化改革和适度增加银行业竞争等手段提高利率传导效率。张吉光（2022）基于商业银行内部资金转移价格（FTP）定价角度，构建贷款利率定价模型探讨 FTP 对商业银行贷款利率传导的作用机理，并提出行业银行利率传导路径依赖的新解释。张吉光利用某商业银行的微观数据，通过回归模型对 FTP 与商业银行贷款利率传导之间的关系进行了实证检验，研究结果表明：FTP 是商业银行贷款利率传导机制的重要影响因素之一；市场化 FTP 明显促进了市场利率对贷款利率的传导效应。

2.2　利率对宏观经济变量的影响研究

一直以来，诸多经济学家对利率和消费、投资、产出等宏观经济变量波动之间的关系进行了理论与实证研究。

1. 利率对投资、消费和产出的影响研究

（1）利率对产出的影响研究。Mehrotra（2007）指出在中国香港以及日本，利率上升都会对经济增长和物价水平产生阻碍作用，但同时发现中国台湾实施的货币政策则没有显著的影响。刘红（2007）认为日本低利率政策给民间部门带来了租金机会，由于企业投资成本降低，有力地促进了经济高速增长，但 20 世纪 70 年代以后其没有伴随经济结构调整而及时变化，导致日本泡沫经济产生以及金融危机爆发。滑冬玲（2008）指出我国央行使用最频繁和最重要的货币政策工具之一是存贷基准利率，认为央行在 2004 年 10 月 29 日至 2007 年 9 月 15 日期间 8 次对人民币存贷款基准利率进行上调，但并未实现减慢经济增长、抑制物价和限制贷款等预期目标。货币政策效果差以及利率政策工具低效的原因可能在于中国市场导向的利率制度框架尚未建立。要合理使用货币政策工具和提高货币政策效果，应注重并完善利率制度。金仁淑（2009）选取 1994 年第一季度至 2008 年第三季度的数据，实证分析了利率与 GDP 的相关性，指出日本的"零利率"政策影响不大，降息空间有限且难以刺激经济增长。姜再勇等（2010）指出我国从 1978 年第一季度到 2009 年第二季度的货币政策传导管制利率渠道进行了两次体制转变后，贷款基准利率的变动降低了产出水平与物价的效应。万解秋（2011）认为实际利率变动对我国实际国内生产总值增长存在反向影响且具有一定的时滞。张旭和文忠桥（2013）利用我国宏观经济 2002 年 1

月—2012 年 6 月的月度数据，运用 NS 模型回归估计的国债市场利率作为样本构建 SVAR 模型，实证研究了我国货币政策的效果。研究发现货币政策的实施对市场利率存在 3 个月的时滞影响；相较于中期、长期利率，短期利率冲击所引起的产出效应更具显著性；货币供给冲击所引起的价格效应不具有显著性，利率冲击的价格效应则与预期相反；市场利率冲击的产出效应影响与货币冲击对市场利率、产出的影响具有货币政策周期的非对称性。陈昆亭等（2015）通过引入利率分类、异质偏好构建 DSGE 周期性模型，对各种利率周期波动性与偏差形成机制的影响进行了考察并探讨了利率扭曲的冲击对我国宏观经济变量的影响。结果表明：实际利率的负向冲击在较短时间内引起经济有限增长，而后陷入萧条并使得一般工薪阶层的平均消费比重下降，家庭平均消费水平上升；货币金融市场的摩擦（即存贷利差）冲击会影响经济的稳态解，从而影响经济发展的中长期趋势。总体上，利率的持续扭曲将扩大阶层之间的收入差距；利率的长期持续扭曲将通过收入分配扭曲引起社会财富积累差距，进而制约经济的长期增长；利率扭曲通过直接的投资挤出和间接的收入分配这两种途径对经济产生长期影响。陈德凯（2017）认为市场利率与金融脱媒之间具有正向关联机制。通过 LT – TVP – VAR 模型探讨了市场利率、金融脱媒和宏观经济变量之间的关系，研究发现金融脱媒对利率存在显著的抬升效应，从而对经济增长与通货膨胀造成消极影响。单强等（2020）认为在多目标下的中国化泰勒规则应考虑多种因素作用，同时把金融周期信息纳入中国经济潜在产出的测算，并利用基于潜在产出的方法对自然利率进行估算，从而分不同情形尝试估算我国的规则利率水平。研究发现，考虑金融周期信息后的潜在产出在金融扩张期将低于传统方法的估计结果，可为政策制定者有效应对经济运行的过热现象或泡沫化状态提供参考。武晨和王可第（2022）利用 2008—2017 年间中国 A 股上市公司的数据，构建多期 DID 模型，通过央行选定的首批 LPR 集中报价行作为准自然实验，对利率市场化对上市公司创新行为的影响进行了实证检验。研究结果发现：上市公司的创新产出因受到利率市场化的影响而明显降低；考虑风险差异和企业规模，高风险和小规模的上市公司的创新产出因受到利率市场化影响而被明显抑制，但对低风险和大规模的上市公司没有影响。

（2）利率对投资的影响研究。凯恩斯认为就业不充分与经济萧条主要归因于有效需求不足，尤其是投资方面的需求不足。而利率过高会抑制投资的有效增长，较低利率则有利于推动经济增长与投资支出。朱烨东等（2005）指出我国目前的利率与投资之间存在反向变动关系，货币当局加息一定程度上有助于降低投资。庄希丰和黄怡瑄（2008）构建 VAR 模型分别对我国台湾地区以及日本经济不景气时期的低利率政策进行了分析，冲击反应分析的结果表明，在样本观察期间台湾地区或日本都支持了货币政策无效的基本结论，且台湾地区可能表现出"投资陷阱"，日本则存在明显的"流动性陷阱"。许月丽和战明华（2011）在对年度总量进行数据描述性统计分析与经济周期阶段划分基础上，采用我国 1997—2007 年的分省面板数据实证分析了不同周期阶段利率与投资之间的关系。结果表明，在经济高涨与衰退时，利率政策效应不同；投资种类的不同对利率变化效应存在很大差异；货币政策工具的效应存在结构性问题。黄贤环和姚荣荣（2021）基于中国 2007—2017 年间的沪深上市公司微观数据，对于贷款利率市场化对企业金融资产投资行为的影响进行了实证检验。结果表明，贷款利率市场化明显促进了企业金融资产的投资行为。邵俊尧和张平（2023）采用我国沪深股 2007—2020 年间制造业上市公司数据，基于贷款利率市场化的准自然实验，实证分析了放开贷款利率管制后的企业创新投资行为。实证研究表明，贷款利率管制放开明显促进了企业创新的投资水平，而这种促进作用主要来源于增加企业的长期贷款规模。

（3）利率对投资、产出和消费等的综合影响研究。Bernanke 等（1992）通过构建 VAR 模型等方法实证检验了美国联邦基金利率对经济中消费、投资、产出等实际变量的预测能力比 M1、M2 更强。Krugman（1998、2000）开创性提出了零利率状态下管理预期的重要性，指出零利率边界制约了宽松货币政策的实施，只有影响公众对未来的通货膨胀预期，才能导致实际利率下降，刺激投资和消费。肖殿荒（2001）建立了计量模型，认为利率变动的消费效应对城市居民和农村居民的影响都不显著，收入的变化解释了消费的变化。陈飞等（2002）通过 VAR 模型研究发现，利率冲击对实际经济变量的影响介于信贷冲击与货币供给量两者之间。刘超（2005）引入利差大小与利率水平高低因素，利用租金效应对中国居民储蓄增长进行了实证分析，认为租金效应是中国居民储蓄增长中的重要影响效应，尽管利率政策效应强度呈逐步上升趋势，但影响强度有限。岳意定（2007）认为贷款利率对我国主要宏观经济实际变量的影响存在不对称性，对投资的影响短期内比较明显，而对消费与出口的影响则不显著。贾德奎（2007）指出近年来西方国家逐渐通过货币政策操作中的告示效应来达到其利率政策的目标，央行的责任性、透明度以及信誉度情况在告示效应对宏观经济变量产生影响的作用机制过程中起了非常重要的作用；与传统公开市场操作相比，货币政策告示效应存在操作成本较低、效果较明显以及影响较直接等诸多优势，因此，在货币政策操作过程中我国有必要加强告示效应影响机制的发挥，从而构建一个既更为简明又相对有效的货币政策体系操作框架。Rudebusch 和 Wu（2008）指出利率期限结构和宏观经济变量之间相互影响的传导变量是短期利率。何孝星和黄雪霞（2008）分析了利率调控政策发挥作用的市场环境，结合中国目前实际国情探讨了利率政策工具对宏观经济调控效应影响有限的根源，同时还指出连续加息的危害性，并提出了培育利率市场化经济生态环境、控制货币信贷总量作为当前宏观经济调控工具的政策建议。石柱鲜等（2008）强调在短期内，短期利率冲击、通货膨胀和经济增长对期限不同的利率具有正向作用。Fujwara 等（2010）通过垄断竞争厂商和黏性价格的两国模型，采取马尔科夫均衡方式对零名义利率状态下两国产出水平缺口和通货膨胀的动态决定过程进行了研究，且讨论了零名义利率政策下的退出机制。潘成夫和刘刚（2012）研究了量化宽松政策和零利率政策，实证分析了非常规货币政策的理论效果与实际效应，发现两者存在差距，信贷扩张的效应非常有限。徐灵超（2012）通过 VAR 模型实证分析了中国信贷市场利率和经济波动之间的关系。研究发现：信贷市场利率对消费和投资都具有负向冲击并存在时滞，但对投资具有更显著的影响。消费和投资对信贷市场利率的影响不明显；产出波动主要取决于投资变动，消费和投资波动受到产出波动的影响非常有限，投资波动对消费波动的影响程度远远高于消费波动对投资波动的影响程度。Haberis 和 Lipinska（2012）基于 DSGE 框架对两国在同时处于零名义利率状态下的政策协调进行了研究。潘敏和严春晓（2012）利用美国 2001 年 1 月—2011 年 8 月间的月度数据，运用 VAR 模型对于美联储利率承诺政策对实体经济和金融市场的影响进行了实证检验。结果显示：零利率承诺政策引起金融市场对基准利率调整响应时滞的缩短；零利率承诺有助于消费者信心提升，并抑制通缩发生；零利率承诺政策对金融市场的影响要低于对实体经济的影响。刘方（2014）构建了包括中央银行、企业部门、家庭部门和金融部门的动态一般随机均衡模型，在利率政府管制、利率部分市场化和利率完全市场化三种情况下，模拟利率冲击和贷款冲击对宏观经济变量的影响。研究发现，贷款冲击对宏观经济变量产生正向影响，利率冲击对宏观经济变量产生负向影响，前者随利率市场化水平上升而下降，后者随利率市场化水平上升而提高。吴秀波（2016）提出目前有 5 家海外中央银行实行了负利率政策，目的是让商业银行降低在中央银行的存款，以达到商业贷款增加、物价水平提升、本币升值压力减少等政策目标。负利率政策作为一项金融创新，其效果尚不明显，短期内对日本和欧盟两大经济体效果不显著。根据海外负利率政策的经验，在进行宏观经济调控时，不应过于侧重货币政策效应，必须注重国内外监管机构与国内各部门间的沟通配合协调。巴曙松等（2016）通过零利率下限以及负利率下限等前沿问题对名义负利率的影响进行了探讨，并从四个方面指出未来研究方向。汪川（2016）基于负利率理论角度对传统扩张性政策、政策机制和政策特征等进行比较研究，发现负利率政策已表现出深度流动性陷阱，并阐释了负利率政策的局限以及货币政策调控的不确定性增加。张慧莲（2016）通过有关国家负利率政策的实践，认为负利率政策的作用效应存在两面性，并指出技术进步和结构调整是经济复苏的关键途径。马铁英（2016）基于金融市场角度对负利率政策的有效性提出了质疑，认为经济前景暗淡且负利率政策的实践作用有限。沈润涛（2016）指出日本负利率政策可以发挥一定作用，但负利率政策引起其他主要国家货币政策分化，加剧世界金融市场动荡，应防止出现"货币战争"。徐奇渊（2016）认为西方货币政策的中介目标从 20 世纪 80 年代以来，经历了货币数量到利率、经济危机之后的货币数量（量化宽松），最后再重回利率（甚至负利率）的阶段。通过梳理近年来日本和欧洲国家中央银行的负利率政策，解释了这些国家负利率政策实施的原因。同时基于日本和欧洲国家的观察对负利率政策的实施效果进行了分析，并得到了负利率的下限区域。此外，还强调了负利率政策对批发金融市场与零售金融市场的不对称性冲击以及由此可能导致的金融风险问题。王维俊和裘翔（2016）构建了垄断竞争与价格黏性的新凯恩斯开放经济模型，分别将名义 GDP 目标制、通胀目标制以及混合目标制的量化宽松政策纳入模型，探讨零名义利率条件下，国外中央银行量化宽松政策对本国中央银行货币政策和居民福利损失所产生的影响。

  2. 利率对价格的影响研究

  学者们关于利率对价格的影响主要从以下几个角度进行研究：

  （1）利率对物价水平（通货膨胀）的影响。Fama（1975）是最先对"费雪效应"进行经验分析的学者，根据美国国债收益率的经验数据研究发现，是名义利率而非实际利率的波动反映了通货膨胀的变动，且实际利率呈稳定状态。Wallace 和 Warner（1993）选取美国 1948—1990 年间的季度数据，利用 Johansen 协整方法对名义利率和通货膨胀之间的关系进行了探讨，认为短期和长期利率都与通货膨胀之间具有一对一的变动关系。Granville 和 Mallick（2004）对英国 1900—2000 年间的名义利率与通货膨胀之间的关系进行了分析，认为存在完全的"费雪效应"，即通胀率每上升 1%，名义利率也相应上升 1%。Ekaterini 和

Panopoulou（2005）通过完全修正最小二乘方法（FMOLS），探讨了 OECD14 个国家 1960—2004 年间的名义利率与通货膨胀之间的关系，认为名义利率与通货膨胀之间具有一对一的调整关系，即这些国家也具有完全的"费雪效应"。Atkins 和 Coe（2002）对加拿大和美国的利率水平与通货膨胀之间的关系进行了考察，认为都只具有部分"费雪效应"：加拿大的"费雪效应"系数介于 0.79 ~ 0.89 之间，美国则介于 0.82 ~ 1.09 之间。Rose（1988）实证分析了 OECD18 个国家的利率水平与通货膨胀的关系，认为由于名义利率遵循单位根过程，而通货膨胀数据则为平稳时间序列，故这些国家没有"费雪效应"。King 和 Watson（1997）采取美国 1949—1990 年间的季度数据，通过单位根协整检验理论考察了利率水平与通货膨胀之间的关系，认为没有证据支持"费雪效应"的存在。Miyagawa 和 Morita（2003）研究意大利、瑞典和日本的"费雪效应"与长期"菲利普斯曲线"时，认为不存在"费雪效应"。

我国也有一些学者近年来对"费雪效应"进行了富有成效的研究。刘金全等（2003）根据分整理论实证分析了中国的"费雪效应"，认为中国通货膨胀和名义利率两变量数据都符合 I（1）过程且并不存在协整关系，因此中国不存在"费雪效应"。刘康兵等（2003）选取我国 1979—2000 年的年度数据，通过 E - G 两步法对名义利率和通货膨胀之间的关系进行检验，认为中国存在短期和长期的"费雪效应"。王信文和吴幸芳（2005）基于 Zivot 与 Adrews 的修正 ADF 检验模型检验了台湾地区的"费雪效应"，认为台湾地区不存在"费雪效应"。王少平和陈文静（2008）通过非参数协整理论和非参数单位根对中国是否存在"费雪效应"进行了检验，指出中国名义利率和通货膨胀率之间具有长期的非参数协整关系，并进一步估计"费雪效应"系数均值为 0.4055，指出中国存在部分"费雪效应"。封福育（2009）选取中国 1990 年 1 月—2007 年 2 月的月度数据，构建门限模型对中国"费雪效应"的存在性进行了考察。研究发现在不同通货膨胀状态下，名义利率和通货膨胀之间的关系没有一致性：温和通货膨胀水平下具有部分"费雪效应"，通胀率 1% 的上升引起名义利率 0.43% 的提高；高通货膨胀水平下也具有部分"费雪效应"，通胀率 1% 的上升仅引起名义利率 0.23% 的提高；而在通缩状态下完全不具有"费雪效应"，名义利率和通货膨胀之间不存在显著关系。李宏瑾和纪森（2011）基于中债收益率曲线的数据，实证分析了我国的"费雪效应"，认为我国存在"费雪效应"。虽然长端实际利率和短中端实际利率根据是否稳定表现出不同结果，但名义国债利率包括未来的通货膨胀信息，因此可对未来通货膨胀进行预判。刘惠好和周志刚

（2014）利用 2006 年 10 月—2012 年 10 月上海银行间同业拆借利率和消费者物价指数（CPI）的月度数据，建立时间序列回归模型实证研究了我国的"费雪效应"，认为 1~6 个月的短期名义利率在理性预期条件下充分反映了物价预期，即存在完全的"费雪效应"；若公众物价预期是适应性的，我国还是存在完全的"费雪效应"。张雪莹等（2016）把政府债务变量引入货币政策的利率规则中，研究利率对通货膨胀的反应是否受到政府债务状况的影响，发现央行货币政策利率的提高会增加国债融资成本和加重政府债务负担；政府债务过高会引起央行货币政策操作的约束效应，从而导致货币政策利率对通货膨胀预期的反应系数下降。郭杨（2016）利用计量模型，基于直接效应与间接效应两个视角对 5 个经济体名义负利率对通胀率和汇率的影响进行了探讨，认为 5 个经济体实施的效果不一致，日本没有实现抑制通缩和稳定汇率的目标。谢玮（2016）指出日本中央银行实施"QQE + 负利率"的政策没有迅速实现 2% 的通货膨胀目标。万光彩和叶龙生（2017）构建 VAR 模型对日本零利率和负利率的政策效应进行了实证研究，认为日本货币政策未达到抑制日元贬值和通缩的预期目标，指出我国货币政策需从技术层面和结构性问题等方面推进经济增长水平。杨小军（2010）基于利率政策，建构 VAR 模型脉冲响应函数对我国货币政策在工业行业领域的价格效应和产出效应进行了研究，主要讨论了利率政策冲击对 8 个工业行业的影响。认为我国货币政策具有显著的行业效应，并使行业领域产生了"价格之谜"的现象，而利率政策调整可以对"价格之谜"现象作出合理解释。Bernanke 等（2004）指出当前短期利率及其未来预期水平都会影响长期资本的价格，可通过改变市场参与者对短期利率水平的预期来影响资产价格，从而促使长期利率降低。Okina 和 Shiratsuka（2004）通过扩展的 Nelson – Siegel 模型实证检验了日本央行 1998 年 4 月—2003 年 2 月间的货币承诺政策实施效果，指出时间轴效应可以明显地稳定市场利率预期，但不能扭转通货紧缩预期。

（2）利率对商品和资产价格的影响。关于利率对商品价格的影响，Brennan（1958）提出了库存理论，指出市场利率是商品库存所引起边际成本的持有资金中所占用的成本部分，市场利率较高会促使持有库存资金成本增加并导致库存需求降低，这进一步使得商品现货供给增加，从而压低商品的现货价格。Kitchen 和 Denbaly（1987）、Fama 和 French（1987）、Pindyck（2001）等对 Brennan 提出的库存理论进行实证研究并获得了支持性检验证据。Frankel（1986）基于超调模型为商品价格与市场利率之间的关系提供了理论研究框架，通过汇率超调理论，提出在黏性状态下商品价格存在"超调"的现象，为阐释货币政策冲击对商品价格的响应机制提供了基础理论分析框架。郑尊信和徐晓光（2013）将 Brennan 的库存理论和 Frankel 的超调模型相结合进行研究，表明市场利率既直接影响资金的持有成本，也通过均衡库存间接影响商品的预期价格波动，也就是说商品市场的超调现象与调整不足现象同时并存。晁增义和谌金宇（2015）认为市场利率的调整对于商品价格不具有较强的影响，并指出中国利率传导机制存在有效性不足的问题。在 Barsky 和 Kilian（2004）、Akram（2009）提出商品价格大幅上涨可能是宽松货币政策所导致的理论观点后，有些学者实证研究了市场利率对商品价格的影响。如 Scrimgeour（2015）认为市场利率随机浮动 10 个基点将使得商品价格下跌 0.5%，且不同商品价格对于货币政策的冲击反应存在差异性，与农产品相比，有色金属的冲击反应相对剧烈。Wang 和 Hu（2015）采取 MF - DXA 方法考察了市场利率与农产品价格之间的相互交叉关系，结果发现相互交叉关系存在时变特征且取决于商品的不同种类。回顾国内外已有文献发现：理论模型分析框架主要基于理论层面来系统研究市场利率对商品价格的作用影响机制，而实证层面的统计检验则基于理论模型分析框架的结果，而不是理论模型分析框架中的作用影响机制。因此，现有研究成果一般利用商品期货的数据间接考察市场利率所产生的冲击效应结果，而没有在实证分析中详细检验其内在的影响机理。郑尊信等（2017）认为市场化改革进程中不宜直接把市场利率当作影响商品期货制定价格的因素，但又包含了货币市场资金供求状况的重要信息。通过构建商品期货定价模型，把市场利率信息的传递机制融入隐含利率的动态方程中，实证研究了 6 种商品期货合约。结果表明：市场利率信息的传递机制取决于商品种类，商品期货的不同所隐含的利率对于市场信息响应机制存在差异；若货币市场处于紧缩状态，贸易融资的套利效应使得锌、铜、铝等商品的库存需求不断增加，导致隐含利率趋于下降；若货币市场处于宽松状态，则隐含利率趋于高波动性；隐含利率的长期均衡水平吸纳了市场利率信息从而使得长期基差水平发生改变；被隐含利率的波动率吸纳会影响隐含利率对于基差水平的影响。

人们广泛应用持有成本模型以后，发现市场价格与商品期货理论价格之间表现出系统性偏误，学者们开始关注利率随机性对期货定价的影响。许多学者基于理论角度证明商品期货与远期价格相等取决于非随机利率假设（Margrabe，1976；Jarrow & Oldfield，1981；Richard & Sundaresan，1981；Cox et al.，1981；French，1982）。还有学者从实证角度检验了商品期货价格的随机利率政策效应，认为随机利率政策效应对商品期货定价可能存在重要影响（Cornell & Reinganum，1981；French，1983；Twite，1992）。王家玮等（2011）通过模拟 SHI-BOR 曲线方法建构无风险现债券拟合价格序列，实证检验了沪深 300 指数的商品期货价格随机利率政策效应。结果显示，由于货币金融市场发展滞后、股指期货市场以及利率管制等因素的影响，沪深 300 指数的商品期货价格不存在随机的利率政策效应，商品期货理论价格和指数远期相等；若满足其他假设条件，该模型能够指导沪深 300 指数的期货定价。李北鑫等（2020）基于负利率对资产价格影响的分析框架，从信贷市场、商品市场、外汇市场、房地产市场与资本市场等方面探讨负利率的作用机制。根据负利率经济体的政策实施效果及经验，构建 TVP – SV – VAR 七变量模型，研究结果表明，负利率对资产价格的脉冲响应都存在显著的时变特征。彭承亮等（2022）研究了新冠疫情、贸易摩擦以及美国利率频繁调整对我国大宗商品价格的影响。结果表明，美国利率频繁调整将通过汇率波动与币值波动两个渠道影响我国大宗商品价格，建议通过推进人民币国际化和保持汇率稳定，帮助企业定向实施调控以应对大宗商品价格波动。张天顶和施展（2022）从资产价格角度通过因子扩张型向量自回归模型研究美联储实施紧缩性货币政策对我国金融市场的影响，认为美联储实施紧缩性货币政策会缩小中国和美国的利差，会加剧中国资本外流，使得企业融资成本与实际利率水平增加，导致资产价格下跌，进而对中国金融市场产生抑制作用。

（3）利率对房地产价格的影响。由于房地产的需求与开发对货币金融市场体系具有较强依赖性，现有文献探讨了利率对房价的影响。Kau 和 Keenan（1980）等通过新古典理论模型分析框架阐释了利率与住房消费、住房租赁、投资、按揭等之间的关系，并从理论角度证明了利率和房价之间存在负相关关系。张涛等（2006）等学者认为对我国房价存在较强的负向影响，住房按揭贷款利率的提高是有效抑制房价上涨的手段之一。但 Mccarthy 和 Peach（2002）指出金融创新削弱了利率与房价之间的关系，可能导致利率对房价产生正向影响。陆前进和卢庆杰（2006）考察了利率变动对存贷款增加的影响，分析了利率变动对消费与投资的影响，探讨了利率变动对房地产市场的价格效应，认为在目前对住房需求较大情形下利率变动对我国房地产市场价格的影响可能会适得其反。高波和王先柱（2009）、况伟大（2010）认为利率调整对我国房价变动不存在负向影响，我国央行利率政策在一定程度上是无效的。余华义和黄燕芬（2015）建立了理论分析框架，探讨了我国不同城市之间收入对房价的跨区域影响和房价溢出效应，同时讨论了利率变动对不同城市间房价的区域异质性影响。基于 GVAR 模型对该理论框架的实证结果表明，利率调整对东部城市与一线城市房价影响较大，但对中西部城市房价影响则有限。有些学者对房价在利率的形成中是否存在溢出效应进行了一定的研究，但总体上并没有形成一致结论。从现有文献来看，主要从两个角度进行研究。一是从中央银行货币政策实施角度看，对房价或含有房价的金融条件指数在利率变动中是否发挥作用进行了研究（Naraidoo & Raputsoane，2010；Bjornland & Jacobsen，2010；Castro，2011；Inglesi - Lotz et al.，2012）。这些研究主要利用 TVP - VAR、SVAR、GMM 等方法。这些研究的结果表明，英国、澳大利亚、瑞典等国家的中央银行有时会在货币政策报告中明确指出房价是政府进行政策决策的参数，欧元区、美国等部分国家或地区的利率水平对房价的冲击存在显著为正的滞后效应，即房价变动对利率存在明显的正向溢出效应。由于房价是许多国家消费价格指数中的组成部分，房价变化在一定程度上会影响产出缺口和通胀预期，因此，货币管理当局应积极回应房价上涨是合乎逻辑的（Alchian & Klein，1973；Bernanke et al.，2001），也有部分学者在央行货币政策治理资产泡沫有效性的问题上仍存在异议（Posen，2006）。二是从“流动性停滞”等角度看，有些学者（Tirole，2011）认为房价的上涨存在财富效应，经济主体通过使资产价值上升，引起流动性不断增加，从而促使利率下降。万阿俊（2015）对房价变动对利率调整的溢出效应进行了研究，结果显示：房价对于利率的价格形成总体上存在负向时变溢出效应影响，说明我国房价的上涨并不是“高利率”的拉动因素；房价只能部分解释利率的变化，名义变量冲击等因素导致了利率的上升，这也说明了房价的上升是市场流动性在某种程度上的来源。

2.3　利率市场化效应研究

由于传统凯恩斯主义无法解决西方发达国家在 20 世纪 70 年代所面临的严重滞涨困境，凯恩斯主义的主流宏观经济学地位完全被主张经济自由主义的新古典主义所取代，许多国家实施了利率市场化改革并取得了巨大成功，由此吸引了众多学者对利率市场化的研究。关于利率市场化的研究成果主要体现在以下四个方面：

1. 对利率市场化的有效性进行研究

麦金龙和爱德华·肖（1973）指出发展中国家应当实行利率市场化和金融深化来推动经济发展。Hellman 等（2000）基于利率市场化进程中一些国家出现了一定程度的经济危机，指出货币当局在市场还未达到一定深度以前必须对利率进行管制。中国人民银行赣州市中心支行课题组（2006）实证研究了江西省赣州17个县市农村信用社和国有银行的定价模式。结果表明：正规信贷市场信贷配给在利率市场化初期更为明显，主要表现在民间融资额持续攀升和贷存比持续下降；垄断性机构使得风险定价在目前信贷市场上时机不成熟，且利率上调在某种程度上表现为基准利率上浮；利率市场化因金融工具品种约束对居民金融资产的选择不存在实际影响，这使得在低利率时期银行业负债仍维持大幅增长。季俊杰（2010）认为我国学生贷款利率的上限管制有助于降低贷款利率，尽管可使学生减轻还贷压力，但也导致贷款供给偏紧等问题。通过间接补贴抵消利率管制的确定，可能导致贷款运行效率降低和补贴资金浪费，应放开利率管制并把间接补贴改为直接补贴，贷款供给保障与学生还贷负担的问题才能得到解决，并进一步指出我国学生贷款利率市场化改革可以分微调利率上限、放松利率管制以及利率市场化改革三个步骤进行。何海峰（2010）、魏国雄（2012）、范育涛等（2013）指出利率市场化改革是对我国银行业既有的创新发展能力、经营结构、管理水平以及盈利模式的多方面考验，将改变现有金融市场分布格局，创新能力强、管理水平高以及经营结构优的银行才可能经受住利率市场化磨炼。肖欣荣等（2011）对20世纪80年代美国的利率市场化背景及过程进行了考察，结果发现，利率市场化引起了存贷利差的缩窄，由于贷款所占资产比例提高，改革初期对银行的净息差冲击不大；但随着金融脱媒深化与利率市场化改革的逐步完善，净息差呈下降态势；利率市场化显著促使银行中间业务转型，并加剧了行业竞争以及行业集中度的提升。万荃等（2012）构建面板数据模型，并实证分析了美、法、日等发达国家的利率市场化对金融体系的影响，结果显示利率市场化改革进程中制度保证发挥了重要作用；利率市场化的重要前提条件是制度环境和产权制度质量；制度的稳定性与有效性对利率市场化改革的绩效水平具有显著影响。李颖（2012）、吴林蔚等（2012）、吴炳辉等（2014）总结了近代利率理论的主要观点和发展脉络，认为我国利率市场化改革将导致汇率风险、商业银行的流动性风险与信用风险，应当进行有效防范。李晓岩（2012）基于我国信用体系、银行内部管理、金融市场的培育以及宏观经济状况，认为我国具备进一步实施利率市场化改革的基本条件，但应进一步建立职业经理人体系、改进计结息方式、完善社会信用体系、丰富金融市场产品以及完善存款保险计划，直至全面实现利率市场化。周凯（2013）指出中国金融改革的重要内容之一是利率市场化，其对于优化金融资源的配置效率以及充分发挥我国市场机制作用具有重要的意义。目前中国利率市场化改革已处于全面冲刺阶段，这既给商业银行带来机遇，也给商业银行的适应能力与管理带来挑战。通过借鉴美国的利率市场化改革经验，就利率政策效应以及利率市场化改革对中国商业银行所产生的影响进行了实证分析，并提出了中国商业银行在应对利率市场化改革挑战时的政策建议。金中夏等（2013）在封闭经济条件下探讨了价格完全弹性时利率市场化对数量型货币政策调控的影响效应。庄雷等（2015）探讨了在互联网金融不断创新的利率市场化条件下 P2P 借贷双方对于网络借贷的认知过程，并通过"拍拍贷"网站的相关交易数据，从借款的利率水平、中标概率以及信用等级等角度来分析资金借贷中的学习效应。结果表明，网络借贷过程中的借款订单频率与借款利率呈负相关，与中标概率和信用等级呈正相关，反映人们在网络借贷中具有明显的干中学效应，有利于借贷双方在利率市场化进程中通过多轮借款博弈找寻均衡利率，进而提高了资金的配置效率。杨坤等（2015）将利率双轨制和非正规金融这两个特征事实引入新凯恩斯的动态随机一般均衡模型中，分析了信贷政策实施效果。结果表明，信贷的正向冲击降低了企业对非正规金融系统的可贷资金需求，阻碍了市场化利率进程，信贷政策即包括信贷资金成本调节，也包括供给调节的双重效应，信贷政策调控效果得到强化。减少企业对信贷依赖应减轻非正规金融体系的借贷摩擦，可扩大非正规金融借贷资金的供给促进市场化利率降低。李威和吕江林（2016）通过引入利率管制等方程并构建六部门新凯恩斯 DSGE 模型来探讨我国中央银行的货币政策行为，把资本利用率引入生产函数中，将折旧引入资本利用率并写成资本利用率的函数形式，对我国利率市场化改革所引起的冲击效应进行模拟。研究发现，利率市场化与宏观经济冲击效应之间并不存在显著关系，大部分宏观经济变量对我国利率市场化的冲击并不敏感，利率市场化风险可能并不是很大。

2. 对于利率市场化对商业银行的影响进行研究

（1）关于利率市场化与银行经营绩效之间的关系，国内外已有文献主要集中在利率市场化对银行业经营风险与系统性风险的影响研究。黄金老（2001）认为利率市场化不仅会加剧银行阶段性与恒久性风险的发生，还会不断强化金融系统的脆弱性。Betty 和 John（2007）认为对于银行体系完善的国家，在利率市场化初期，银行体系较完善的国家能够获得风险较低的经济增长，但随着利率市场化的逐步推进，后期即使政府实施有效监控也难以避免商业银行非系统性风险的发生。Tarhan 等（2009）指出存款利率的市场化可以改善中国货币政策传导效率，强化对金融服务欠缺部门的支持，在利率市场化条件下，管理绩效和效率更高的银行以及中小银行所获利益更大。Angkinand 等（2011）认为银行风险水平随金融自由化程度提升而呈现出先升后降的倒 U 型特征。朱霞和刘松林（2010）认为利率市场化会促使商业银行利率风险发生，必须把利率风险统一纳入风险管理体系中。Delis 和 Kouretas（2011）认为欧洲银行业低利率能够提升银行的风险承担能力，充分的利率市场化水平也可以有助于银行风险承担能力的提高。Nicholas（2011）指出人民币存款利率管制将不利于商业银行风险评估能力的提高。张宗益等（2012）认为银行价格竞争可以缓解信贷风险，但银行整体经营的风险不会明显降低。李文峰和劳芬（2013）通过构建随机前沿理论模型进行实证研究的结果表明，利率市场化可能导致银行财务困境，进而增加银行的非系统性风险和违约风险。左峥等（2014）基于银行存贷利率差收窄认为，存款利率的市场化虽然会导致银行的资本化水平降低，但不会引起银行风险水平的提高，且有助于银行收入波动性的缓解以及银行破产概率的降低。吴炳辉和何建敏（2014）基于金融风险理论，提出了利率市场化导致银行汇率风险、信用风险和流动性风险三种风险的产生。彭星等（2014）认为存款利率市场化有利于城市商业银行收入波动性的降低，但其所导致的价格竞争则可能加剧城市商业银行的破产风险。吴琼（2016）在中国利率市场化改革基础上，利用 2006—2014 年 9 家重组城市商业银行与 38 家未重组城市商业银行的数据，对城市商业银行的重组效应以及经营绩效的变化进行了分析。结果显示，利率市场化引起的价格竞争加剧与存贷款净利差收窄会阻碍城市商业银行的盈利能力，但也明显降低了风险承担；利率市场化对于削弱未重组城市商业银行的盈利能力以及增加风险的效应非常显著，而在重组效应与利率市场化交互影响下提高了重组城市商业银行的经营绩效。邓向荣等（2018）通过我国 186 家银行 1997—2015 年间的非平衡面板数据，对在货币政策冲击银行流动性派生过程中银行承担风险所产生的中介效应进行了实证检验。结果显示，利率市场化水平会影响货币政策对银行流动性派生和银行风险承担的作用，也就是说，货币政策对银行承担风险的影响随利率市场化水平的提升而有所削弱，并降低价格型货币政策对于银行流动性派生的影响。

（2）有关利率市场化与银行盈利能力之间的关系研究，净利率差具有重要传导作用，已有研究成果可分为两类。一是利率市场化对银行净利流出差的影响研究。Rajan（2005）认为利率市场化导致商业银行间的激烈竞争，从而缩小了净利差空间。钟伟和沈闻一（2006）、盛松成等（2007）则指出 2000 年以后我国银行业的净利差表现为稳中有升，但净利差的不断扩大对宏观调控和商业银行业务转型不利。周开国等（2008）认为 1996—2003 年间我国银行业的净利差呈现出逐年下降趋势。赵旭（2009）研究发现我国商业银行的净利差处于适中且有所偏高的水平。银监会（2012）指出，美、日、拉美国家以及中国台湾等地区的商业银行净利差在利率市场化改革完成后均有不同程度的收窄。巴曙松等（2012）基于微观视角，认为利率市场化将降低银行总数量并加剧行业竞争和提高行业集中度；促使银行转型综合化经营和提升表外业务收入来实现盈利增长模式；利率市场化初期会导致银行存贷利差缩窄，而长期内会处于稳定水平甚至扩大。孙森等（2012）则发现虽然我国银行业的净利差在 2001—2010 年处于逐渐上升水平，但相较于其他主要的新兴市场国家或地区仍处于偏低状态，且其上升态势属于临时性、应对性的利差上浮。丁宁（2013）阐释了我国经济增长的正向变动与银行净利差的不合理性现象，并指出这种现象的发生主要与我国严格限制外资银行与民营银行的市场准入有关。隋聪和李恒（2014）认为我国市场份额有限和利率管制使得外资银行的进入并没有表现出竞争效应。袁庆禄（2015）采取河南省的 24 家银行机构数据，通过面板门槛模型就利率市场化对地方银行的盈利能力是否具有门槛效应进行了检验。结果表明：利率市场化对我国地方银行的盈利能力具有单一的门槛效应。利率市场化所产生的净利率差收窄对地方银行的盈利能力随中间业务收入所占比重提高存在负向影响且呈现出递减趋势。地方银行需保持合理的净利率差水平和积极进行信贷结构调整；加快业务转型，调整传统盈利模式；提高银行存贷利率定价水平。

二是金融深化程度对净利差的影响机制研究。金融自由化的关键与核心是利率市场化，其理论基础主要是基于麦金农和爱德华·肖（1973）开创的金融深化和金融抑制理论，该理论认为实际利率管制放松是金融深化和金融自由化的实质。Saunders 和 Schumacher（2000）研究发现银行的净利差对市场的垄断势力具有正向影响。王国松（2001）认为金融约束虽然有利于促进经济发展与金融稳定，但利率政府管制政策也有诸多不足之处，利率市场化是利率改革的必然选择。Kunt 等（2003）、Maudos 和 Guevara（2004）、Schwaiger 和 Liebeg（2007）、Hawtrey 和 Liang（2008）进一步指出由于银行运营效率的提高、成本的降低以及非传统业务的发展，银行利差整体上随经济和金融深化发展而表现出不断下降态势。陆军和赵越（2015）认为，存款和贷款利率在存款利率市场化的初期会同时处于上升水平，但贷款利率的上升水平慢于存款利率，存贷款利率差收窄；长期内存贷款利率在存款利率市场化后会回落，利率会上升。王磊和朱太辉（2016）结合存贷利差模型与信用约束模型，建立了利率市场化的宏观经济效应信用约束模型，通过模拟冲击就存贷利差变动对模型稳定状态的影响进行了考察。结果显示，降低存贷利差会增强经济主要变量的稳定状态，且贷款价值比重越大，其变动越敏感。

（3）关于放松利率管制与商业银行脆弱性之间的关系研究。自20世纪70年代金融自由化以后，许多学者基于放松利率管制的角度对商业银行脆弱性进行了研究。放松利率管制对商业银行产生强烈冲击并加剧了商业银行脆弱性，从而导致整个金融市场体系脆弱性的产生。因为放松利率管制后，将加剧商业银行竞争，降低了存款稳定性，引起资金频繁流动，易导致商业银行产生流动性风险（Chari & Jagannathan，1988）；放松利率管制后，商业银行净利差将减少，银行为实现绩效目标将倾向于放贷高风险与高收益的项目，而逆向选择和道德风险容易导致银行信用风险上升（Caprio & Summers，1993；Hellmann et al.，1994）；放松利率管制后，可能加剧银行业结构调整，与大银行相比，中小银行在技术优势、人才储备、金融产品定价和运用、存款基础等方面均存在先天不足，易引起中小银行倒闭，进而导致金融系统性危机（Demirg - kunt & Detragiache，1998）。Carter（1989）指出明斯基金融内在的脆弱性本质是利率在投资过热后突然提高所产生的负面影响，投机性企业与抵补性企业在利率不变下，都能偿付债务，但利率突然提高，则容易出现金融困境与企业破产，导致银行形成不良资产。McKinnon和Pill（1998）指出放松利率管制以后，金融机构会激烈争夺资金来源，逐渐缩小存贷利差，压缩盈利空间，进而减弱银行抵御风险的能力。Caprio和Summers（1993）指出放松利率管制以后，加大了银行间的竞争，降低了银行利润水平，促使银行从事高风险投资的动机得到强化，增大其破产概率。Hellmann等（1994）指出取消利率上限后，银行进入壁垒降低会减少银行特许价值权，扭曲银行部门的风险管理行为，进而导致银行内在体系的不稳定。Stiglitz和Weiss（1981）认为提高存款利率不仅会增加存贷款，还会增加储蓄边际倾向，但储蓄边际倾向效应会高于存贷款增加；利率明显上升后，总体上会扩大商业银行体系风险。钟永红（2008）采用我国1997—2007年的季度数据，通过SVAR方法探讨了利率变动对各种不同类型银行信贷所产生的影响，结果发现，利率的变动对各种不同类型的贷款在效果与时滞方面存在一定的差异性，加息对短期的工商业贷款与中长期的企事业贷款的作用不明显，而消费贷款对利率变动较为敏感。张荣峰（2008）对利率超调的形成机理及其对银行业稳定所产生的冲击效应进行了深入的理论分析。结果发现，实际利率超高将会对商品市场、外汇市场以及货币市场产生冲击，从而对银行的稳定造成不利影响。实际利率超低将会引起货币需求趋于无穷大，容易导致流动性陷阱的发生，经济主体倾向于抛售各种有价证券以增加货币的持有量，从而引致各类资产价格下跌，社会财富将大幅度缩水，进而对银行业稳定性产生不利影响。胡援成和舒长江（2015）采用我国2005年第一季度至2014年第一季度的数据，从商业银行脆弱性角度，引入银行间同业拆借市场理论框架，对利率冲击对商业银行的金融加速器效应及差异性进行了检测。研究发现，利率冲击对不同类型商业银行既存在明显的金融加速器效应，也具有显著的非对称性非线性特征。央行货币政策应考虑外部融资溢价而相机决策，通过差异化操作手段来提升货币政策有效性。

3. 对利率市场化对经济增长、消费、投资、收入和储蓄等的影响进行研究

Devereux 和 Smith（1994）指出利率市场化虽带来更好的金融服务，但会减少预防性储蓄。Obstfeld（1994）、Ueda（2006）分别基于金融服务的水平与金融部门的竞争程度实证分析了利率市场化对投资和储蓄存在正向影响。Bandiera 等（2000）利用发展中国家的面板数据，发现利率自由化对储蓄的增长并不具有显著的关系。Galindo（2002）实证检验了利率市场化对经济增长存在正面影响。Bekaert 等（2005）认为金融自由化对经济增长和投资具有正面效应。李安定和白当伟（2006）在阐释我国利率市场化演进基础上，对利率市场化进行了分析。结果表明，利率市场化的推进不仅有助于经济增长，还有助于央行宏观经济调控方式转变、金融微观主体金融创新以及竞争力提高。同时利率市场化是一项系统性改革工程，需具备诸多前提条件，才能实现良好效果。James（2007）、Elijah（2012）指出存款利率的市场化有助于发展中国家经济增长和金融部门发展。王舒军、彭建刚、Feyzioglu 等（2009）基于垄断市场条件构建了利率市场化模型，认为利率市场化改革的加速推进虽然会降低投资，但也会明显改进货币政策传导机制和金融媒介效率。戴国海和陈涤非（2011）认为中国已基本形成了管制利率与市场利率并存的双轨制利率体系，市场化利率在一定程度上对我国经济增长具有促进作用，管制利率则抑制了我国经济增长，但自2004年10月放开贷款利率上限以来，这种抑制效应有所削弱。整个利率体系在管制利率和市场利率同时并存的双轨利率制度下是扭曲与割裂的，市场利率的信号无法在金融体系中进行有效传导，从而不能对实体经济的调整进行有效引导。Funke 和 Paetz（2012）基于直接融资市场深化改革与利率市场化构建了动态随机的一般均衡模型（DSGE 模型），认为中央银行如果保持实施金融机

构数量型的干预政策，则维持利率严格管制能够降低产出水平和通货膨胀的波动。王莹（2013）指出，自2012年以来中国利率市场化的步伐不断加大。中国对贷款利率放开管制将会引起一系列连锁效应：贷款利率放开具有冲击小的短期效应而有利于中小企业与实体经济发展的长期效应；激发企业创新活力，促使商业银行进行有效的差异化竞争；有利于强化金融市场与信贷市场的联动，推动双轨制有序并轨。同时还对当前我国利率市场化所面临的形势及其应对进行了分析，并基于此对我国下一步推进利率市场化进行了理性展望。孙艳军（2014）认为上调实际存款利率在利率市场化条件下能有效提高居民收入水平和消费率。肖卫国等（2015）建立了四部门动态随机的一般均衡模型，分析了国内经济受到冲击在利率与汇率市场化改革协同推进过程中对产出和通货膨胀的影响。若国内经济遭受国内利率与技术正向冲击，对利率进行适度管制可以促进经济增长和稳定物价水平；若国内经济遭受国外利率与技术正向冲击，市场化快速推进可以抵消外部冲击的负面影响；若国内经济同时遭受国内外利率负向冲击，市场化快速推进无法同时满足稳增长与控通胀目标。为确保我国宏观经济稳健运行，货币当局应依据具体经济形势来推进利率市场化改革。胡小文和章上峰（2015）利用开放经济条件下的DSGE模型分析框架，比较并分析了我国利率市场化改革对价格型与数量型货币政策宏观调控效果的影响。结果表明，在数量型货币政策情形下，利率市场化导致货币政策调控产出与通胀能力的提高；在价格型货币政策情形下，利率市场化没有导致其调控产出能力的提高，但较大幅度导致其调控通胀能力的提高。利率市场化改革能够提高货币政策调控的能力，从调控影响度与作用时间角度看，价格型货币政策的调控效应较好。姚惠泽和石磊（2015）研究发现，居民财产性收入与金融抑制之间具有负相关关系，利率降低实际上会导致居民补贴政府与企业财富分配体制机制的产生。邓柏峻和黄宇元（2015）采取1996—2013年间的月度数据，通过LSTVAR模型实证研究了利率市场化条件下利率对产出和通货膨胀的影响效应与差异以及货币政策传导过程中的非对称效应。结果显示，中国货币政策在不同经济增长时期的实施效应存在非对称性。在经济增长较高时期，货币供应量的短期调控效果明显，而利率的长期调控效果显著；利率冲击在经济增长较慢时期的通货膨胀效应相对较小，而货币供应量冲击在经济增长较慢时期可以在更短时间内对通货膨胀产生一定影响。因此经济新常态下运用利率手段对通货膨胀进行调控的效果更有效。李增来和李体欣（2017）采用我国2002—2014年间的年度数据实证分析了中国利率市场化改革的收入分配效应。结果显示，利率市场化改革背景下，提高商业银行的理财产品收益率既引起银行间同业拆借利率的上涨，也导致商业银行人民币存款利率的上浮。银行间同业拆借利率上涨负向作用于居民财产性资产价格；人民币存款利率上浮正向作用于低收入阶层、中等收入阶层和高收入阶层，且作用强度依次递增。人民币利率的市场化改善了利率政府管制对居民福利所产生的负向影响，从而有助于增进我国居民的福利水平。

4. 对利率市场化程度的测度进行研究

张孝岩和梁琪（2010）以贷款利率浮动范围作为利率市场化设定参数，同时乘以年化处理后的短期贷款基准利率，以此成为衡量利率市场化程度的指标。顾海兵等（2013）采用专家评估方法，从民间隐性利率市场层面和制度显性层面测定了 2010 年利率市场化程度，在此基础上倒推出其他年份利率市场化程度。陶雄华和陈明珏（2013）利用利率浮动范围与幅度、利率决定方式以及实际利率水平三个指标，根据区间分等赋值方法度量指标，再通过简单平均方法合成了我国 1979—2012 年间的利率市场化指数。左峥等（2014）基于理财产品收益率、债券市场利率、货币市场利率和存贷款利率四个方面，构建利率市场化程度的测度指标体系，梳理了我国利率市场化 1986—2013 年间的改革历程，构造了我国利率市场化指数，并在此基础上构建 VAR 模型，实证检验了利率市场化指数对经济增长与银行信贷的影响。研究发现，利率市场化水平对经济增长和银行短期信贷均存在正面效应，信贷资源配置效率得到提升，但这种效应具有明显的滞后性。

2.4 利率对证券市场的影响研究

已有大量学者对利率对债券市场与股票市场的影响效应进行了研究。国外学术界对此问题研究较早并取得了有意义的研究成果。Long（1974）从理论角度解释了利率变动与股票收益之间的关系，指出市场利率变动会引起投资机会调整，从而对于风险规避型的投资者进行风险补偿产生了影响，进而促使股票收益变动。Blanchard（1981）利用 IS－LM 模型，分析了利率变动、产量和名义资产价值之间的关系，研究表明封闭经济条件下利率变动与股价呈现出负相关关系；把利率变动分为正面消息与负面消息两种情况，并探讨了这两种情况的股价波动方向。许多学者通过经验数据实证考察了利率变动与股价波动之间的关系，但研究结论并不一致。Barsky（1989）认为高市场利率与低经济增长率会导致实际利率和公司利润下降，从而造成股价与债券价格之间的反向变动。Spiro（1990）研究发现许多发达国家的股价波动都可利用利率调整来解释，且两者之间存在一种负相关关系。有些学者（Bae，1990；Bomfim，2003；Guo，2004；Bernanke & Kuttner，2005）对美国联邦利率与英国中央银行利率对于股票市场的影响进行了研究，指出利率变动对普通股票收益率具有显著的负向影响。Fama（1990）利用1953—1987年间纽约证券交易市场的样本数据，发现美国利率变动可以解释年度证券市场价格变动的58%部分。而Schwert（1990）采用更长时间的区间数据，结果表明，利率变动对证券价格并不存在显著的相关关系。Litterman和Scheinkman（1991）认为对利率变动的影响因素可分为斜度因素（Slope）、凸度因素（Curvature）与水平因素（Level），进而对利率期限结构与债券收益率曲线的移动可分解为倾斜移动、曲度移动与平行移动，在此基础上通过主成分分析方法对这些曲线移动的贡献度进行研究。Roley和Sellon（1995）指出虽然偶有观察数据说明利率变动与股价之间具有某种密切相关，但这种相关关系存在易变性。Rigobon和Sack（2002）认为在欧洲金融货币市场中，美元期货合约中未被市场预期到的利率调整和股市存在稳定相关性。Rigobon等（2003）认为如果经济处于繁荣或衰退时期，股市会影响到货币政策的实施，利率和股价之间具有正相关关系，同时美联储往往根据股市的影响来制定货币政策，中央银行通过股票市场股价变动来判断其对产出水平和通胀的影响方向与大小，在此基础上制定政策。Lobo（2004）指出未预期到的利率调整和股市收益率之间存在明确的短期关系，而这种关系在长期内变得不明确。Ehrmann等（2004）对西方多个国家的利率与股票市场之间的波动联动性进行了研究，认为美国市场的利率波动对股票市场存在显著的溢出效应。Sander和Kleimeier（2004）、Gopalan和Rajan（2015）认为由于新兴市场经济体金融市场不完善，即没有建立债券收益率期限结构，从而使得货币市场利率无法有效传导到债券市场的长期利率，因而新兴市场经济体的货币政策利率传导呈现出货币市场利率直接影响信贷市场利率的特征。Chuliá等（2010）对联邦基金利率变动对S&P500指数股票相关性、波动性和收益率的非对称效应影响进行了分析，将利率变动冲击分解为正向和负向冲击，结果显示个股对于利率正负冲击的反应存在差异，对利率正的冲击反应更敏感。Yin和Yang（2011）检验了联邦基金的利率变化对不同特征上市银行股票的影响，检验结果表明联邦基金的利率变动对小银行的影响效应比大银行更弱，依赖于低资产负债率与非存款类资金来源的银行对联邦基金利率变动的反应更明显，而银行各种业务活动对联邦基金利率变动冲击的反应则不敏感。Sarno 和 Thornton（2003）指出利率变动对债券收益率的影响非常显著。Viceira（2007）对利率期限结构与债券收益率波动性、风险之间的关系进行了研究，结果发现，债券的收益率波动性、CAPMBeta 和名义利率期限结构具有系统相关性，短期名义利率对债券的收益率波动率、CAPMBeta 具有一定预测作用，可以揭示债券波动率、收益率和 Beta 的时变性。Goyenko 和 Ukhov（2009）构建向量自回归模型对债券市场和股票市场的流动性进行了实证研究，在阐释宏观经济变量对债券市场与股票市场的非流动性影响效应时发现利率上升提高了债券市场和股票市场的非流动性，从而对市场收益率造成了不利的冲击效应。

国内学者对利率与股票债券市场之间的关系也进行了有益的探索，探讨了利率变动对债券市场和股票市场的影响。张绍斌和齐中英（2003）认为名义短期与长期利率、实际短期与长期利率均和股价指数之间呈现出较强的负向关系。罗健梅和王晓黎（2003）通过误差修正模型和协整检验对银行拆借利率与证券价格间的关系进行了研究，认为利率与证券价格指数之间具有显著的负相关关系。唐革榕和朱峰（2003）、朱世武和陈键恒（2003）、刘海东（2006）等认为斜度因子、凸度因子与水平因子可以解释中国国债收益率曲线 90% 以上的变动，尤其是水平因子的变动可解释利率 40%～50% 的变动。郭金龙与李文军（2004）利用 Ross 套利定价模型考察了利率调整对股票指数的影响，认为利率变动与股票指数之间存在一种负相关关系。郭金龙和李文军（2004）认为利率变动对股指变化具有一定的负向影响，利率变化的短期效应相对不大，而中期效应则较大，这说明利率变动信息对股市具有滞后性。李春涛和唐齐（2005）选取央行每次降息前后的上证综合指数和深圳成分指数 N 个交易日的数据，对降息后股指均值与方差是否发生显著变化进行了检验，并基于统计学角度分析了我国股市的降息效应。董研等（2005）通过单因素方差的分析方法对存贷款利率调整对我国国债收益率曲线变化的影响进行了实证研究，结果显示，存贷款利率上升对债券收益率曲线在倾斜因素和水平因素方面都存在显著的影响，长期债券收益率对于存贷款利率的反应程度大于短期债券收益率。李彪和杨宝臣（2006）、刘海东（2006）分析了货币政策对国债利率的期限结构的影响，发现货币政策对国债利率期限结构（或国债收益率曲线）斜率的影响非常显著，但对国债收益率曲线水平移动能力的影响相对较低，也就是说，货币政策对国债收益率曲线具有显著的短期效应，但基本不存在长期效应。李明扬和唐建伟（2007）指出各国央行经常通过调整利率来影响股票市场价格。利率调整通过对上市公司和投资者的影响传递到股市价格。对我国的实证研究发现利率调整与股市价格存在一定的影响，但因两者间的传导机制不明确，其影响的具体效果也不明确。熊正德和谢敏（2007）建立多变量的 EGARCH 模型实证研究了我国利率对沪深股市波动溢出效应的影响，结果显示，股票市场收益率对利率收益率存在明显的短期动态效应影响；沪深股市与利率之间具有明显的双向波动溢出效应，除利率对深市方向以外，其他方向波动溢出效应均具有不对称性。孙伶俐（2008）认为货币政策信息是一种对整个市场或行业都会产生一定影响的宏观经济信息，也是市场参与主体可以获取的公共信息，货币政策信息公布将引起股票市场价格行为的变化。把利率政策看作货币政策信息的主要代表，可用来测算利率政策即期的公告效应，同时通过事件研究法对存贷利率的调整对我国股票市场的公告效应进行研究，发现存贷利率的调整会对我国股票市场的价格波动产生非常显著的影响，而利率调整的宣告对我国股票市场的影响却并不明确。何运信（2008）首先建立一个预期利率期限结构的理论模型来论证"在预期假说的框架体系下货币政策只可能导致债券收益率曲线的平行移动但不会引起其坡度的改变"这一判断的谬误性；其次在预期的利率期限结构的理论框架下构建一个局部均衡模型来证明货币政策的行为模式（即参数）会对利率期限结构（即收益率曲线）的斜率及其动态特征、市场利率的效果产生重要影响；最后基于中国和美国这两个国家的经验证据进而阐明上述理论解释的合理性与可靠性。康书隆和王志强（2010）认为交易所国债市场与银行间国债市场的相互分割以及国债流动性偏低，使得中国国债利率期限结构表现出与成熟国债市场明显不同的特征：即期利率变化非连续，长期利率调整浮动较大。陈其安等（2010）利用 GARCH 模型的实证研究发现，在不考虑宏观经济环境的条件下，利率变化对股票市场波动存在显著的反向关系；在考虑宏观经济环境的条件下，利率变化对股票市场波动却不存在显著的影响。何志刚和王鹏（2011）采取方差分解与脉冲相应函数等分析法，实证研究了货币政策对中国股市和债市流动性的影响，结果表明，利率正向冲击会增加股市和债市的非流动性指标，阻碍股市和债市的流动性。罗明华和田益祥（2012）运用订单流蕴含的利率变动所引起的跨市场信息量，建立似不相关模型来分析利率变动所产生的跨市场效应，构建时变参数状态空间模型检验利率变动的跨市场效应所具有的时变特征。结果表明，利率变动导致股票市场与企业债市场、股票市场与国债市场之间投资转移的现象以及企业债市场与国债市场之间风险传染的问题。利率变动不仅通过国债市场渠道对股票市场产生了跨市场的负向冲击，还通过企业债市场渠道对股票市场产生了跨市场的正向冲击。企业债市场和国债市场是利率变动产生跨市场效应的重要传导渠道。吴言林等（2013）把利率变动分成预期部分和未预期部分，构建扩展指数广义自回归的条件异方差模型，就央行利率变动的未预期部分对股票市场的影响进行分析。实证研究发现，利率变动的未预期部分与股票市场收益率呈负相关关系，每1%未预期的利率调整将引起次日股票市场收益率负向变动0.34%；未预期的利率变动部分将降低次日股市波动性。贾凯威和杨洋（2015）以美国、英国、新西兰以及加拿大为研究对象，利用汇率、周度 LIBOR、股票价格指数以及石油价格建立了估计门限误差修正模型，根据 LIBOR 的变动来划分利率的下调期与上调期，并对利率变动对股票市场的影响进行了研究。结果显示，不管是利率下调期还是上调期，这些国家的利率对股价均具有显著的门限效应；利率变动的高低利率区制对股价也存在影响，不管是高利率区制还是低利率区制，在利率上调期这些国家的股价收敛速度明显慢于利率下调期的收敛速度；市场主体对于利率变动空间的预期水平以及由此而引起的股票和债券间的替代效应解释了利率变动初期与股价之间的同向变动现象。尹海员和乔小乐（2015）采用 2003 年 1 月至 2014 年 6 月的月度数据，检验了货币市场的利率水平及其短长期预期波动在不同市场条件下对股票市场收益率的冲击效应。研究发现货币市场的即期、短期和长期利率水平预期均会对股票市场收益率等中介变量产生显著影响，但长期利率水平预期的冲击效应偏弱；冲击效应在不同市场条件下表现出非对称性，股市收益率在熊市中更易受到货币市场的利率水平及其预期变动的影响。谢乔昕和宋良荣（2016）在利率市场化背景下从理论和实证两方面探讨了利率政策调整对股票市场的冲击效应，采用中国股市 1996—2013 年间的经验数据，实证检验了利率政策的调整对股票市场冲击效应和利率市场化调节的影响。结果显示，短期内利率政策调整对股票市场收益率不存在显著影响，但对股市波动性存在明显的正向影响；长期内利率政策调整将引起股市收益率持续性的扰动。同时提出相关的政策措施，以抑制利率政策调整在利率市场化背景下对我国股票市场的扰动效应。

2.5 利率联动效应研究

国内外学者对在岸利率与离岸利率之间的联动效应研究主要集中在以下三个方面：

1．关于在岸利率对离岸利率的影响研究

Hendershott（1967）、Argy 和 Hodjera（1973）、Levin（1974）都认为美国的国债利率变动主导欧洲美元利率的调整，但后者跟随变动所费时间较长。Giddy 等（1979）认为与美国国内利率相比，欧洲美元利率在市场环境变化条件下反应更快。Rich（1972）认为美国 3 个月期限国债利率对欧洲 3 个月期限美元存款利率存在显著的影响。Kaen 和 Hachey（1983）分别实证检验了英镑和美元的国内市场利率与相对应的欧洲英镑和欧洲美元利率之间的引导关系，认为国内货币市场反应在经济和货币环境变化下因交易成本与结构差异而快于离岸市场。也有些学者研究了加拿大、太平洋国家、欧洲货币联盟（EMU）、德国等国家或地区之间的利率联动性（Glick，1990；Karfakis & Moschos，1990；Boothe，1991；Katsimbris & Mille，1993；Hansen，1996；等）。David 和 Raymond（1996）认为 1973—1982 年欧洲美元的市场利率被美国国内的市场利率单向引导，但 1983—1992 年美国国内市场被欧洲美元市场单向引导。这可能归因于欧洲美元市场的宽松监管优势和快速发展。Apergis（1997）认为 1975—1993 年间，德国、日本、英国和美国的汇率制度影响了欧洲市场利率和国内市场利率间的关联效应。邢毓静（2000）认为美国利率调整是世界利率调整的领先指标，首先是全球经济一体化和美元利率的主导地位，导致西方国家间的利率趋势逐渐趋同；其次是世界各国经济发展不平衡，美元利率的变动对发展中国家利率政策的实施存在较大压力。Batten 和 Covrig（2004）采用日元 LIBOR 和东京 TIBOR3 个月的数据，发现 1988—1995 年在岸利率与离岸利率存在协整关系，但 1995—1999 年两者之间则不存在协整关系。顾嵩楠和万解秋（2019）研究结果发现，人民币在岸汇率与离岸汇率之间具有双向传导效应，且随着汇率改革的推进，两者之间的联动关系更加紧密。

2．关于在岸利率与离岸利率间的因果关系研究

Lo 等（1995）、Yang 等（2007）将日元样本数据分为两个阶段，认为样本初期只具有从离岸利率到在岸利率单向的因果关系，而样本后期则存在双向因果关系。Frankel（1996）认为美联储利率的提高会促使新兴市场经济体迅速采取盯住美元汇率制度的利率政策，美联储利率每上浮 1%，新兴市场经济体利率水平将上浮超过 1%。Mougoué 和 Wagster（1997）对三个不同时期的美元在岸利率和离岸利率之间的动态因果关系进行了考察，发现两个利率之间在初期具有双向因果关系，随后只具有从离岸利率到在岸利率单向的因果关系，后期则仅存在显著的在岸利率对离岸利率单向的因果关系。Ann 和 Alles（2000）以

澳大利亚元为样本,发现样本初期只具有澳大利亚元从在岸利率到离岸利率单向的因果关系,样本后期两者间仍具有双向因果关系。何帆(2004)指出美联储利率调整对世界尤其是新兴市场经济体的货币政策和资本流入等方面产生影响,也是引起发展中国家出现金融危机的重要根源之一。钟伟(2004)认为美国利率政策的调整与制定主要针对美国自身经济运行情况,较少考虑对世界经济的影响,而实际上美国的利率政策调整具有显著的"溢出效应",导致欧亚其他国家较多面对美国利率变动的国际经济联动效应。Jian 等(2007)探讨了1983—2002 年间美国与欧洲美元利率的因果关系,发现伴随离岸美元市场发展,应重视境外离岸市场才能发挥境内货币调控效果。Ajayi 和 Serletis(2009)认为虽然美国存款利率对于欧洲美元利率只存在明显的单向线性的因果关系,但两者间存在明显的双向非线性的因果关系。

3. 关于在岸利率与离岸利率之间的波动溢出效应研究

Tse 和 Booth(1996)以欧洲美元期货利率和美国国债期货利率为研究对象,认为两个市场利率间不具有明显的波动溢出效应。Yu 和 Zhang(2008)认为人民币远期汇率对中国货币市场利率存在明显的波动溢出效应。林霞和秦磊(2009)以美国利率为标杆,若我国利率变动是对美国利率的镜像过程,则我国利率变动历程可以分为无镜像、滞后镜像与近似镜像这三个阶段。这种镜像影响逐步增强应归因于人民币汇率刚性、利率体制差异和中美经济领域联系日益密切。这种被动、滞后性且非独立性的利率变动过程会影响货币政策效果。刘亚等(2009)对人民币离岸市场的利率互换、银行之间市场的利率互换与金融债和国债的联动效应进行了研究,指出境内外人民币利率之间存在显著的双向溢出效应,且境外利率的波动溢出效应高于境内。He 和 McCauley(2010)指出在资本管制有限情况下,离岸利率对在岸利率的影响效应和在岸利率、国际利率以及经济规模的相对水平呈负相关关系。于孝建和菅映茜(2011)以SHIBOR 为标的对 3 个月、6 个月、9 个月与 1 年期的境内外人民币利率互换市场的联动效应进行了研究,结果表明,人民币境内外市场之间的价格溢出效应不显著;3 个月期的境内外市场利率间存在双向波动的溢出效应,其他都体现出境内对境外的单向溢出效应。冯永琦等(2014)指出日本在岸和离岸两个市场利率之间的波动溢出效应在利率市场化全面实现之前并不显著,此后则具有明显的双向波动溢出效应。周先平等(2014)对香港银行间人民币同业拆放利率与上海银行间人民币同业拆放利率之间的关联关系进行了分析,认为两个市场的双向波动溢出效应不显著,且上海主导定价权。严佳佳等(2015)建立了包括人民币利率的在岸与离岸的人民币流动模型，在理论上讨论了在岸离岸利率的联动效应影响机制，并检验了在岸离岸人民币利率的联动效应。结果显示，各期限利率之间的 CNY 对 CNH 存在明显的溢出效应，但 CNH 对 CNY 溢出效应的影响只适合于较长期限利率的组合中。闵敏和丁剑平（2015）构建面板宏观金融模型，分析了离岸市场利率期限结构，认为人民币境内外市场利率的期限结构之间具有双向波动关系。张喜玲和沈骏（2015）采用 2013 年 6 月至 2015 年 5 月的数据，通过二元 VAR – GARCH（1,1）– BEKK 模型和格兰杰因果检验对香港银行间人民币同业拆放率（即 HIBORCNY）和上海银行间同业拆放率之间的联动效应进行分析。结果表明：人民币利率价格信息的主导地位是境内市场；境内外人民币市场利率都具有持久波动性和时变波动性冲击的特征；人民币境内外市场利率间的双向波动溢出效应偏弱，仅境内市场利率短期变动冲击对人民币境外市场利率变动存在持久性影响。刘华等（2015）在利率改革背景下对在岸与离岸金融市场溢出效应的方向和大小进行了实证研究，分析了利率市场化改革和在岸与离岸金融市场溢出效应之间的关系。结果显示，离岸金融市场对在岸金融市场具有显著的报酬溢出效应，在岸金融市场和离岸金融市场之间具有双向波动的溢出效应，且在岸金融市场波动的溢出效应要更高，利率市场化改革会增强离岸金融市场对在岸金融市场的报酬溢出效应。阙澄宇和马斌（2016）利用 2013 年 7 月 22 日—2016 年 8 月 31 日的日度数据，对不同期限在岸和离岸人民币利率之间的非对称效应、波动溢出效应和均值溢出效应以及两者溢出效应的时变性进行了研究。研究发现，伴随离岸人民币市场的迅猛发展，在岸利率与离岸利率之间存在非对称效应、波动溢出效应和均值溢出效应；在岸利率与离岸利率之间的溢出效应在取消存款利率上限后变化明显，两个市场的利率联动性明显加强。张莹莹（2020）基于债券利率期限结构角度，通过滚动回归技术与溢出指数方法，对各种到期期限下在岸人民币与离岸人民币债券收益率间的时变性及其溢出效应进行了定量研究。研究结果表明，在岸人民币债券与离岸人民币债券各种期限品种间都存在波动溢出效应和报酬溢出效应，并且相同期限间溢出弱于不同期限间溢出，这也说明相同期限品种和不同期限品种在跨市场信息传递过程中均存在重要影响。其中，在岸人民币债券市场仍居于信息波动中心地位，而离岸人民币债券市场也具备一定的"定价权"。各种期限品种间的溢出效应在两个市场中均存在较强时变性，在岸债券市场伴随资本账户开放的推进而开始逐步处于"定价权"地位，同时在两个市场的互动中日益发挥着主导作用。丁剑平等（2020）基于全球宏观环境，通过构建

VECM – BEKK – GARCH 模型探讨了离岸人民币与在岸人民币汇率之间均值波动溢出效应和溢出效应中美元因素及其套利因素的作用。

2.6 利率与汇率的关系研究

利率和汇率之间的关系一直是许多学者与政策制定者关注的焦点问题之一，从利率平价理论到价格黏性模型（Dornbusch，1976；Mussa，1984），再到优化理论模型（Grilli & Roubini，1992；Obstfeld & Rogoff，1996），以及现代金融理论中都涉及利率和汇率关系的研究。

传统利率平价理论中的平价方程式所含有的利率与汇率，是央行货币政策制定的主要手段和政府进行宏观经济调控的两个重要工具，两者在传导过程和运用中存在紧密的联动制约关系。利率和汇率在开放经济条件下相互影响与制约，对一国或地区经济的内部和外部均衡产生了非常重要的影响，因而深受学术界广泛关注。Aliber（1973）指出大多数学者忽视了没有被利用但以套利为目的的获益机会和基于预期角度利率平价的重要性，并提出了通过违约风险、交易成本以及相关收益等因素的组合来重新解释利率平价理论。Frankel（1979，1985）基于刚性价格货币模型建立了实际利差实证模型，实证分析了1980—1985 年间美元实际汇率上升是否归因于美元的长期期望汇率变动，抑或是美国、七国集团和其他国家之间的实际加权利差增大。结果表明，实际利差上升大多数情况下导致了美元升值。Smets 和 Wouters（1999）指出汇率调节充当了连接国家之间经济活动的桥梁，并因此而引起了与其他货币汇率间的交互效应，可被各国 GDP 和物价等指标快速地反映，进而导致国家之间的利率交互影响。Flood 和 Rose（2002）采取 23 个国家的样本数据考察了 20 世纪 90 年代发生金融危机前后的非抛补利率平价，强调非抛补利率平价的表现在金融危机阶段比金融稳定阶段更为显著。Chinn 和 Meredith（2004）的实证检验表明西方七国非抛补利率平价在短期内不成立，但在长期内成立。Mark 和 Moh（2005）构建非线性的可调整动态模型，运用美元利率及其对他国的汇率，认为利率与汇率之间的联动关系在较长区间要大于短期区间。Kim（2006）区分了价格指数，分别建构了总体价格、非贸易品价格和贸易品价格的实际利率，利用单位根检验法对国家间的实际利差平稳性进行了考察，认为价格指数的不同对实际利率平价会产生非常显著的影响。Mehl 和 Cappiello（2009）选取美国和 10 个新兴市场经济体、8 个工业化国家 1971—2006 年间的双边利率、汇率的月度数据，研究发现工业化国家与美国之间的非抛补利率平价理论成立，但新兴市场经济体的汇率风险溢价与政治风险使得非抛补利率平价理论在新兴市场经济体与美国之间不成立。张萍（1996）较早将交易成本纳入模型中，构建了修正的利率平价模型，但并没有在数学公式上进行推导。易纲和范敏（1997）认为汇率变动应等于利差再加上一个取决于体制等因素的摩擦系数，该摩擦系数会随着我国利率市场化水平与开放度的提高而逐渐缩小，利率平价预测能力也会愈来愈强。Berk 和 Knot（1999）根据美国、德国、法国、英国、日本和瑞士的债权利差，通过购买力平价理论认为利率与汇率互动趋势不明确。钟云波（2002）通过利率平价理论、参考换汇成本理论以及汇率超调理论，实证检验了改革开放以来我国利率与人民币汇率波动的关系，考虑利率平价理论在我国的适用程度差异性，引入资本管制和交易成本等因素，对利率平价公式进行修正，构建了人民币汇率调整模型，有力地揭示了目前我国利率、资本流动与人民币汇率之间的关系。薛宏立（2002）将交易成本和制度摩擦系数引入利率平价模型中，认为伴随金融市场对外开放度的提升和经济体制改革的深化，交易成本会趋于下降，制度摩擦系数会逐渐趋于零，利率平价理论将成为远期外汇市场上汇率预测和汇率定价的良好工具。刘淄和张力美（2003）认为利率政策是中央银行实施货币政策的主要工具之一，利率调整对汇率变动产生影响时，汇率调整也对利率水平决定起到一定作用。王爱俭和张全旺（2003）总结了汇率与利率间联动关系的作用机制，通过格兰杰因果检验法考察了汇率与人民币利率之间的联动性，认为利率平价理论在我国不成立。张宗新（2006）认为利率与汇率间的关系伴随资本流动自由化日益提升而变得越来越紧密，因利率平价机制而引起的交互作用与效应日益突出。荀玉根（2008）引入制度摩擦系数和交易成本，并拓展了传统利率平价理论，认为伴随中国金融市场进一步开放和国际经济一体化，制度摩擦系数与交易成本会逐渐降低，利率平价解释利率与汇率联动机制的能力将会得到强化。刘威和吴宏（2010）实证评估了中国与美国利率和汇率的相互影响效应，提出利率是美国国内利率变化和美元兑换人民币汇率的格兰杰原因，而中国利率政策变动对美国利率政策和美元兑换人民币汇率的影响仍较弱；但美国利率政策变动对中国利率政策变动和美元兑换人民币汇率的影响则相对较强。范立夫（2010，2011）利用资产价格套利模式修正了利率平价模型，构建了加权资产收益率平价模型，通过数值模拟法检验了该模型，并提出了中国利率和汇率相互协调配合的建议。陈福中和陈诚（2012）基于非抛补利率平价理论分析框架，对美、日等发达经济体的汇率与利率的交互效应动态机制进行了考察。结果显示，在美国和日本的货币汇率与利率的交互影响中各变量之间存在长期稳定均衡的协整关系和密切的相互影响；各变量对本身的影响及其通过模拟所引起的误差可以根据本身解释部分均比另两个变量更大，这为我国今后利率和汇率的政策提供了借鉴。潘锡泉（2013）对传统利率平价理论进行适度修正与拓展，采取汇率改革后的两阶段样本数据，实证检验了修正后利率平价理论的成立与否以及中美利率与汇率的动态影响效应。结果表明，伴随汇率改革后汇率市场化的推进，交易成本放松假设下修正后的利率平价理论成立；增加交易成本能显著降低汇率波动幅度；利率和汇率间具有明确的传导机制，其通过利率或汇率变动影响本外币资产转换、资本项目变化以及经常项目变化所产生的效应进行传递；要使汇率政策和利率政策的有效性得到充分发挥，应建立一种可以实现利率—汇率联动的协调机制。还有学者质疑利率平价理论中所解释的利率对汇率的决定关系（Mishkin，1984；Cumby & Obstfeld，1984；Meese & Rogoff，1988）。Flood 和 Rose（2002）采取 20 世纪 90 年代金融危机时期 OECD23 个国家的日度数据，对非抵补利率平价进行了验证。

也有学者对利率与汇率相关性及其联动机制进行研究。Baxter（1994）、Eichenbaum 和 Evans（1995）、Edison 和 Pauls（1993）等也都得出了真实利率与真实汇率之间具有一定程度的明确联系的一致结论。Dominguez（1998）研究发现美联储通过联邦利率调整对美元汇率存在显著的影响。Macdonald 和 Nagayasu（2000）采取 14 个工业比较发达国家的面板数据，认为利率与汇率之间存在着长期稳定的协整关系。So（2001）构建多变量 EGARCH 模型对美元利率和汇率短期动态关系进行了研究，结果显示利率变动对汇率调整存在显著影响，但汇率变动无法解释利率变动，而在货币市场与外汇市场之间具有波动率溢出效应，利率和汇率是一种非线性的二阶矩紧密相关。Dekle 等（2001）利用周数据对韩国汇率与利率的关系进行了研究，认为利率与汇率之间存在先导—滞后关系，利率提高会对韩元名义汇率产生升值的影响。Kim（2002）认为货币政策在汇率管制阶段对本币汇率的波动溢出效应影响非常显著，且在法、德等国家得到检验。Biag 和 Gldfajn（2002）通过脉冲响应函数和 VAR 方法对 6 个新兴市场经济体利率和汇率的关系进行了研究，认为利率的变动并不能够解释汇率的大幅变动。Hironobu（2002）利用非线性门限法，通过交易成本进行门限设置，实证分析了实际利差与实际汇率的理论关系，认为实际利差与实际汇率在不同汇率制度下的价格及其波动表现不一样。Calvo 和 Reinhart（2002）认为在发展中国家中真实利率与真实汇率两者之间并不具有明显关系。Laxton

（2003）在债券指数化中开创性地选出利率指标，采用英国 1982—1997 年间的实际汇率和实际利率的月度数据构建了线性回归模型，认为引入债券指数因素以后，实际汇率与实际利率之间存在更加显著的正相关关系。Carriero（2006）基于贝叶斯分析框架对 10 年期英镑利率差、汇率和 1979—2005 年间美元进行向量自回归估计，认为非抛补利率平价理论在短暂偏离情境下是成立的。但基于发展中国家的实证分析则对利率平价理论存在质疑。Bautista（2006）构建 DCC – GARCH 模型，对泰国、菲律宾、新加坡、马来西亚、韩国和印度尼西亚 1986 年 9 月—2004 年 8 月的利率与汇率间的联动效应进行了研究，指出这些国家的实际汇率与实际利差之间具有某种联系。Carlos（2006）对泰国、菲律宾、新加坡、马来西亚、韩国和印度尼西亚这 6 个亚洲国家的利率—汇率数据进行实证分析，认为虽然仍是盯住美元汇率制度，但实际汇率与实际利差间存在联系。张宗新（2006）认为利率、套利资本流动与汇率在金融市场开放条件下具有内在联系，中国在进行货币政策改革、金融市场改革与汇率制度改革时应考虑三者的整体平衡和协调发展，找寻汇率政策与利率政策间的最优政策组合，促进汇率改革和利率改革的协同效应。因此，应协调配合好货币政策等各类改革工具，强化汇率利率联动机制，有力推动利率市场化与汇率市场化相协调的形成机制，进而实现货币内外均衡。赵华（2007）通过二元 VAR – MGARCH 模型，认为中国对货币市场利率与美元汇率并不存在显著的短期溢出效应，但欧元汇率和日元汇率分别对中国利率存在显著的双向波动溢出效应。王爱俭和林楠（2007）指出利率和人民币名义汇率之间具有交替互动的关系，即两者表现为“盘整—上升—盘整—下降—盘整”的态势，且一方具有显著的上升下降状态时，另一方则处于调整趋势。Carlos（2008）指出理论推导和数据实证均不能证明利率与汇率之间存在明确关系。何慧刚（2008）实证分析了 1985—2006 年间人民币实际汇率和中美利差之间的相关关系，认为由于我国利率与汇率市场的严格管制，导致这两者间的相关性和 M – F – D 模型不吻合，需对利率与汇率市场化改革进一步推进，强化利率和汇率之间的联动机制。Hoffmann 和 Mac-Danald（2009）构建 VAR 模型对 1978—2007 年的时间序列季度数据进行了实证分析，研究发现真实利率与真实汇率之间具有明确且显著的关系，同时真实利率利差能够解释这一时间区域的贬值，真实利率利差每提高 1%，G7 国家汇率将贬值 0.19～0.53。郭树华等（2009）实证分析了中国和美国的利率与汇率的联动关系，认为中美两国利率与汇率存在长期协整关系，而短期内不具有联动关系。Haque（2010）分别对美国和菲律宾、泰国、印度、巴基斯坦、新加坡、韩国、马来西亚 1996—2007 年间利率和汇率之间的关系进行了 t 检验，发现美国与亚洲新兴市场经济体在长期内具有利率平价理论中所阐释的关系。Bhargava 等（2011）利用中、巴、俄、印 2004 年 3 月 29 日—2008 年 9 月 1 日的利差以及货币对美元即期汇率、远期汇率的日度数据进行了实证检验，认为这四个国家和美国利率与汇率之间的关系存在对利率平价理论的偏离。林霞等（2011）采取 G7 国家月度数据，通过面板格兰杰因果检验和面板协整检验方法，构建不变系数模型对利率与汇率之间的互动关系进行了分析，认为两者间存在互动联系：实际汇率每调整 1%，长期实际利率调整 − 0.118%；长期实际利率每调整 1%，实际汇率调整 0.35%。与 G7 国家的实证结论不同，利用我国 2005 年 8 月—2010 年 7 月间样本数据构建的时间序列回归模型，其协整检验和估计方程都拒绝了汇率与利率两者的联动关系。整体上，我国利率—汇率机制还不健全，其市场影响力有限。赵胜民等（2013）构建 DCC - GARCH 模型实证分析了在实施汇率市场化改革的前后，利率与汇率之间的相关关系具有较大的差异性，在此基础上阐释了利率与汇率市场化进行改革的最优次序。黄晓薇等（2013）认为汇率波动和利率波动在我国市场化程度加快和对外开放度提高条件下表现出明显的联动性。研究发现，汇率政策与利率政策存在显著的价格效应，且汇率政策的负价格效应大于利率政策的负价格效应，汇率政策对物价的稳定作用效应很强，政府应协调配合好利率政策与汇率政策。连飞（2014）基于 Frankel 实际利差模型，通过两区制门限协整检验法，实证分析了中国和美国的汇率与利率之间的联动效应。研究发现：中美实际利差和人民币兑美元汇率之间具有非线性门限协整关系，且两者正逐渐减少对长期均衡的偏离；在不同区制下中美实际利差和人民币汇率存在调整差异，且中美两国实际利差在两个区制内对误差修正反应较快；短期内中美两国实际利差和人民币汇率的联动影响程度不高。马明霞和王立军（2014）将汇率因素引入传统的泰勒规则中，建立了对外开放条件下扩展的泰勒规则，基于对外开放的动态随机一般均衡框架对利率调控的宏观经济效应进行分析，认为我国当前的货币政策调控应以控制通货膨胀为主，并兼顾汇率稳定和经济增长目标。钟永红和邓数红（2020）基于 2012 年 4 月 30 日—2019 年 1 月 11 日人民币离岸与在岸市场汇率、利率的数据，构建静（动）态的波动溢出指数，分阶段研究境内外汇率、利率四者间的联动关系及其变化。刘晓星等（2021）通过构建 TVP - SV - VAR 模型，选取 2006—2018 年间月度数据，探讨了人民币汇率波动和利率冲击对金融安全的时变效应。结果表明，三者之间的联动关系存在显著的时变特征，且在不同时期背景与不同政策下的影响程度不同。

2.7 简要的评述

综上所述,现有研究对于考察对外开放度对我国利率变动及政策效应的影响具有很重要的借鉴意义,但现有研究还存在以下不足之处:

首先,关于利率传导机制及效应、对宏观经济变量的影响、市场化效应、对证券市场的影响以及与汇率关系等方面的研究成果比较多,但就对外开放度对利率变动及政策效应的影响研究不多且不够深入。改革开放以来,我国的对外开放水平日益提升、计划经济逐渐向市场经济转型,经济发展和产业安全越来越受到外部经济不确定性冲击的影响。政府为了应对这些外部风险,通过调整利率来进行有效的宏观经济调控,而对这种特征进行理论研究和计量分析的文献颇少。

其次,现有研究大多从利率政策效应对经济增长、消费、投资的影响等角度进行分析,而对于在对外开放条件下利率政策如何影响经济增长的,以及内在影响机理如何,现有文献没有作出全面回答,鲜有研究通过构建理论分析模型和利用计量回归分析方法进行相关检验。尤为重要的是,已有文献忽略了在对外开放条件下从对价格的影响方面进行研究,因宏观经济政策有效性的大小取决于价格黏性程度,因此,将利率政策效应分解为产出效应与价格效应来进行分析是很有必要的。

最后,对外开放度是研究对外开放度对利率变动及政策效应影响的重要变量,而一国或地区的对外开放度涉及对外贸易、对外投资、对外金融等多方面。现有研究一般利用对外贸易、对外投资等单项指标来表示对外开放度,也有利用多项指标构建对外开放度的。对外开放度指标的不同会引起实证结果的差异性,对利率的变动及政策效应也会产生不同的影响。因此,构建测度对外开放度的综合性指标,才能更好地衡量对外开放度对利率变动和政策效应的影响。

第3章 对外开放度影响利率变动及政策效应的理论基础

3.1 马克思金融理论

金融是国民经济再生产运动和社会资源配置的重要载体，金融体制机制是否顺畅关系到社会再生产是否能够健康运行。马克思金融理论作为马克思主义经济学的重要组成部分，对市场经济本质的认识有着十分独特的视角，可以清楚地检视金融在社会主义市场经济中的存在形式及政府所采取的调控手段。

在不断提高对外开放水平的进程中，只有清晰地揭示出利率决定机制以及利率对宏观经济的调控作用机理，才能实现利率政策的制定和实施沿着既定目标与方向推进。马克思金融理论科学地阐释了利率的来源、形成、运动及其本质，在定性基础上进行了定量分析，将定性与定量分析进行有机结合，科学地揭示了利率运动规律和本质。因此，对马克思金融理论进行科学解释，不仅能强化历史方法的考察，还能客观地认识对外开放条件下利率管理体制的成因、机理及作用，为利率政策的正确制定与实施提供坚实的理论基础。

马克思在《资本论》第三卷第五篇的"利润分为利息和企业主收入，生息资本"中，集中论述了金融理论内容，有着非常丰富的思想内涵，主要包括以下三个方面：

一是利息来源于利润。利息是债务人由于利用债权人资金所付给债权人的一种补偿和报酬，与资本金具有十分密切的联系。利息体现出了占用资本并产生利润的能力高低。职能资本家通过借入资本投入生产并创造出利润，该利润由两部分构成，一部分是企业利润留存，另一部分是支付给借贷资本家作为占用借贷资本的一种补偿，而这种补偿便是形成利息的源泉。因此，利息是利润在从事产业经营的职能资本家与贷放货币的借贷资本家之间的分割。马克思指出"同一资本有双重规定：在贷出者手中，它是作为借贷资本；在执行职能的资本家手中，它是作为产业或商业资本。但它只执行一种职能，也只产生一次利润"。这说明利息的最高界限是利润。同时，马克思还指出"只有资本家分为货币资本家和产业资本家，才使一部分利润转化为利息，一般来说，才创造出利息的范畴；并且，只有这两类资本家之间的竞争，才创造出利息率"。这说明借贷资本家所获得的补偿和报酬的多寡取决于创造利润的产业资本家和提供资本的借贷资本家在进行利润与剩余价值分割时的竞争程度。可见，支付给借贷资本家的利息的多寡取决于两个方面：①总体上可供分配的利润总量制约了利息的多少，也就是说，如果资本创造的利润越高，那么总体可供分配的利润总量越大，可支付给借贷资本家的利息也就越多，反之，如果资本创造的利润越低，那么总体可供分配的利润总量越小，可支付给借贷资本家的利息相应地也越少。值得一提的是，这里所说的利润是指社会平均利润，而不是指个别企业或行业的利润，因此，也可以说利息是平均利润的一部分。②职能资本家支付的利息与留存的企业利润在总体利润里的分配关系是制约利息的一个重要因素，而借贷资本的供求关系又影响了这个分配关系。因此，马克思从职能资本家所创造的平均利润与借贷资本供求关系两个角度对利息和利率的确定问题进行了进一步探讨。

二是利润率决定利息率。利息率也可简称为利率，是借贷期满后的利息总额与所贷出本金总额之比。由于利润是利息的源泉，资本所产生的利润将在借贷资本家与职能资本家之间进行分割，并将企业所形成的纯收入进行再次分配，这也可被认为是马克思的利息本质。马克思认为总利润是在两个资本所有者（即职能资本家与借贷资本家）之间以不同名义进行的分配，因此，利润大小决定了利息的多少，利息率的高低受制于利润率的高低。马克思指出"利息率对利润率的关系，同商品市场价格对商品价值的关系类似。就利息率由利润率决定来说，利息率总是由一般利润率决定，而不是由可能在某个特殊产业部门内占统治地位的特殊利润率决定，更不是由某个资本家可能在某个特殊营业部门内获得的额外利润决定"。这里所说的一般利润率就是社会平均利润率，社会平均利润率是指社会总利润与社会总资金之间的比率，并不是某一部门或行业的个别利润率。虽然社会平均利润率与各个企业或部门的个别利润率存在差异，但社会平均利润率也反映了大部分企业或部门的个别利润率。马克思从平均利润率这个角度分析利率问题，得出了一些具有重要价值的结论。首先是平均利润率决定了利率的范围，由于利息取决于利润总额，利息率取决于平均利润率，利率的最高界限就是平均利润率。"因为利息只是利润的一部分，按照我们以上的假定，这个部分要由产业资本家支付给货币资本家，所以，利润本身就成为利息的最高界限，达到这个最高界限，归执行职能的资本家的部分就会等于

0。"至于利息的最低界限，马克思认为："利息的最低界限则完全无法规定。它可以下降到任何程度。不过这时候，总会出现起反作用的情况，使它提高到这个相对的最低限度以上。"一般可以把零作为利息的最低界限。利息不能为零，否则借贷资本家会因为无法获得收益而不把资本贷出。因此，利率的变化区间是介于零与社会平均利润率之间，社会平均利润率越低，则利率越小；社会平均利润率越高，则利率越高。同时借贷资本家与职能资本家在分割利润的过程中，既在利益上具有一致性，又存在一定的竞争和分歧。一方面，借贷资本家所能获取的利息回报（即利率大小）取决于职能资本家所追逐的利润率，显然，利润率对于职能资本家和借贷资本家都非常重要，在这一点上，两者的经济利益一致。另一方面，利息取决于平均利润，而不论是借贷资本家还是职能资本家，都想从既定利润总量中获取最大利益，因此，在对利润总量进行分割时，职能资本家与借贷资本家又存在矛盾和竞争。最后是平均利润制约了利率的变化范围与趋势，平均利润率伴随资本主义生产发展而趋于下降，从而利率也必然处于下降趋势。

三是利率具有市场性。由于利息是使用货币资本的价格，是价格的一种形式，则货币资本的供求关系也必然会影响到利息水平。长期来看，平均利润的稳定性在一定时期内导致利率呈现出不变态势，而短期内，货币资金的供求关系会导致市场利率产生波动性。"生息资本虽然是和商品绝对不同的范畴，但变成特种商品。因而利息就变成了它的价格，这种价格，就像普通商品的市场价格一样，任何时候都由供求决定。""市场利息率是由供求关系直接地、不通过任何媒介决定的。""借贷资本的供给和借贷资本需求之间的关系，决定着当时市场的利息状况。"

我们可从以下三方面分析利率的市场性：第一，市场利率直接由借贷资金供求关系决定。既然借贷资金的供求关系决定了市场利率，那么货币资金的供求状况会直接影响到利率的变动，利率随着借贷资本的需求与供给的变化而变化。在市场经济条件下，如果借贷资本供给不变，借贷资本的需求增加，货币资本供不应求，导致市场利率上升；借贷资本的需求减少，货币资本供过于求，导致市场利率下降，借贷资本与需求量之间是正相关关系。如果借贷资本需求不变，借贷资本的供给增加，货币资本供过于求，导致市场利率下降；借贷资本的供给减少，货币资本供不应求，导致市场利率上升，借贷资本与供给量之间是负相关关系。如果借贷资本需求与供给都发生变化，借贷资本供需两者间的非均衡状态决定了市场利率的变动，借贷资本的需求大于供给时，导致市场利率上升；借贷资本的需求小于供给时，导致市场利率下降。市场利率的变动取决于借贷资本供需结构的非均衡性。第二，市场利率的波动最终归结于实际产业发展状况。马克思在研究利率影响因素时指出"货币资本的供求又是怎样决定的呢？毫无疑问，在物质资本的供给和货币资本的供给之间，有一种看不见的联系，同样毫无疑问，产业资本家对货币资本的需求，是实际生产情况决定的"。这表明，马克思金融理论不仅认为借贷资金供求之间的关系是引起市场利率变动的直接原因，还进一步认为实际产业发展状况决定了借贷资金供求之间的变动关系。实际产业发展部门在一定时期内既可能存在资本扩张也可能存在资本收缩，实际产业发展部门扩张资本时，固定资本投资和新增项目都会扩大，生产力会迅速扩张，对借贷资本的需求也会迅速增加，此时借贷资本的供给会相对不足，促使市场利率上升；实际产业发展部门收缩资本时，固定资本投资和新增项目都会减少，生产力则增长缓慢，对借贷资本的需求也会迅速减少，此时借贷资本的供给会相对过剩，促使市场利率下降。"如果利息率提得很高，那只是因为货币资本的需求比它的供给增长得更快，或者换句话说，因为工业生产在信用制度基础上的经营随着工业生产的扩大而扩大了。换句话说，实际的产业扩大，造成了对'信贷'需求的增加。"由此可见，借贷资本供求关系是决定市场利率波动的直接原因，而实际产业发展状况是决定市场利率波动的最终或根本原因。第三，市场利率与经济周期相关。马克思科学论述了经济周期各阶段因借贷资本和产业资本各自不同运动状态而对利率变动所产生的影响。在市场经济运行中不可避免会产生波动，经济波动不是某个或几个部门、行业所产生的局部波动，而是总体经济活动的波动。经济周期通常表现为社会再生产过程中的繁荣、危机、萧条和复苏四个阶段。在繁荣阶段，表现为"各种形式的固定资本的显著扩大和新型大企业的大批开设"，"充裕的货币资本和产业资本的显著扩大结合在一起"。社会生产迅速扩大、物价上涨、产业资本急剧扩张，对借贷资本的需求会快速增加，导致借贷资本的供给相对紧缺，进而促使市场利率上升到较高水平。在危机阶段，社会生产停滞，许多企业因商品销售困难无法按期偿还债务，导致产业资本过剩而借贷资本严重缺乏，引起支付关系紧张并出现信用危机，企业要求以现金支付而不是赊销方式出售商品，这时现金需求急剧增加，但借贷资金的需求远远高于借贷资金的供给，引起市场利率不断提高直至达到最高限度。在萧条阶段，由于上一轮衰退所导致的生产过剩，物价水平处于最低点，企业生产规模进一步缩减，产业资本也逐步收缩，整个社会生产处于一种停滞状态，此时借贷资金的供给远大于借贷资金的需求，造成市场利率处于最低水平，因而"在产业周期的开端，低利息率和产业资本的收缩结合在一起"。在复苏阶段，"借贷资本过剩同再生产过程的新扩大结合在一起"，使得"利息率虽然已经高于最低限度，但是仍然很低"。社会投资逐渐增长、物价逐步回升、社会生产规模开始扩张，产业资本也开始扩大，对借贷资本的需求日益增加，从而使得市场利率有所提高，但仍然处于较低水平。因此，马克思进一步指出："低利息率多数与繁荣时期或有额外利润的时期相适应，利息的提高与繁荣到周期的下一阶段的过渡相适应，而达到高利贷极限程度的最高利息则与危机相适应。"

3.2　蒙代尔－弗莱明模型

蒙代尔－弗莱明模型（Mundell－Fleming Mondel）是在凯恩斯主义理论框架下分析宏观经济均衡系统的延伸。米德在 1951 年出版的《国际收支》一书中综合了古典学派与凯恩斯主义对相对价格的考虑，将对外均衡分析置于一般均衡分析框架内进行处理，将凯恩斯的宏观经济理论分析延展到国际经济领域。20 世纪 60 年代，蒙代尔和弗莱明对米德在对外开放条件下分析不同政策效应进行了扩展，把产出决定分析扩展到对外开放环境中，把国际资本流动、利率和货币均衡引入 IS－LM 模型中并将其发展为开放经济理论模型，该开放经济理论模型被称为蒙代尔－弗莱明模型。蒙代尔－弗莱明模型与宏观经济理论分析中的 IS－LM 模型的关系十分密切，两者都分析了产品市场和货币市场之间的相互影响，并都讨论了导致总产出短期波动的因素。两个模型的主要差异体现在，蒙代尔－弗莱明模型的假设是开放经济，而 IS－LM 模型的假设是封闭经济。蒙代尔－弗莱明模型可以用来解释开放经济条件下的短期经济波动、汇率制定关系和宏观经济政策的效应。

1. 关键假设

蒙代尔－弗莱明模型的关键假设有三个：一是假设短期内价格是不会变化的，有效需求完全决定经济中的产出；二是假设实际货币需求与实际利率呈负相关，而与收入呈正相关，也就是说人们持有的货币既有交易性动机，也有投机性动机和预防性动机；三是假设资本完全可以在国际上自由流动，资本完全自由流动可以消除任何国际市场与国内市场的利率差别，即国内市场利率与国际市场利率是一致的。蒙代尔－弗莱明模型最主要的一个关键假设是所研究的经济是资本完全可以在国际上自由流动的小型开放经济。所谓"小型"，是指所研究的经济仅仅是国际市场的一小部分，那么这一小部分经济对国际的某些方面，尤其是对利率的影响微乎其微。所谓"资本完全自由流动"是指一国或地区居民能够完全融入国际金融市场，他国或地区居民也可以完全进入本国或地区金融市场，尤其是，该国或地区政府部门并不阻碍国际借贷，也就是说，不存在资本流动障碍，投资者呈现出风险中性特质，这种情况也可称为"完美的资本流动性"。基于该假设，可以推出小型开放经济中的利率 R 必与世界利率 Rw 相等，即 $R = Rw$。这是因为，小型开放经济中的人们不会以任何高于世界利率 Rw 的利率进行借贷，否则该国或地区人们总能够以世界利率 Rw 从他国或地区获得贷款；同理，该经济中的人们也不会以低于世界利率 Rw 的利率进行放贷，否则该国或地区人们总能够以通过向他国或地区借款而得到世界利率 Rw 的收益率。在小型开放经济中，如果短期内出现某国或地区利率略有上升的情况，他国或地区的居民就会利用该国或地区较高的利率优势并开始向其贷款，国外资本的不断流入促使该国或地区利率下降并与世界利率 Rw 一致；如果短期内出现某国或地区利率略有下降的情况，该国或地区的资本就会流出到他国或地区去赚取更高的收益，国内资本的不断流出促使该国或地区利率上升并与世界利率 Rw 一致。

2. 开放经济条件下的 IS 曲线

蒙代尔－弗莱明模型是在开放经济条件下对产品市场进行阐述的，在 IS－LM 模型的基础上增加了净出口这个新变量，即总产出方程为：

$$Y = C(Y) + I(R) + G + NX(E)$$

其中，总收入 Y 是消费 C、投资 I、政府购买 G 以及净出口 NX 之和，即总需求由四部门构成；消费 C 与总产出 Y 呈正相关关系；投资 I 与利率 R 呈负相关关系；净出口 NX 与名义汇率 E 呈负相关关系。[①] 资本完全自由流动意味着，当一国或地区资本与他国或地区资本之间存在报酬率的预期差异性时，那么投资者会将其所有财富转移到较高报酬率的资产上。因这两类资产都有相应的持有者，最终这两种类型的资产预期报酬率必然会相等。用一国或地区货币表示的他国或地区的资产预期报酬率，等于他国或地区利率加上其货币价格的预期

① 由于在长期内假设价格是自由变化的，故净出口表示为实际汇率的函数。而蒙代尔－弗莱明模型则假设短期内国内外物价水平均是固定不变的，故名义汇率与实际汇率是同比例变动的，即如果名义汇率贬值时，相对于本国或地区的产品而言，他国或地区的产品则变得更昂贵，从而导致出口增加和进口减少；同理如果名义汇率升值时，则出口减少和进口增加。因此，净出口可表示为名义汇率的函数。

性变化。在静态的预期汇率条件下，他国或地区的货币价格预期变动为零，预期报酬率相等则意味着满足国内利率与世界利率一致这一关键假设，即：

$$R = Rw$$

这表明利率是外生固定的，一国或地区的实际利率是由世界市场的均衡利率所给定的常数。因此，开放经济条件下四部门经济的总产出方程为：

$$Y = C(Y) + I(Rw) + G + NX(E)$$

可将这个方程称为开放经济条件下的 IS* 曲线方程。如果把这一方程绘制在利率为纵轴、收入为横轴的几何图形上，该曲线是向右下方倾斜的，这是由于较高的利率抑制了投资支出，投资支出的减少进一步降低了总产出。影响开放经济条件下的 IS 斜率的因素主要有：一是投资对利率变动的敏感程度，当投资对利率变动不敏感，那么 IS 曲线的斜率就比较大，即 IS 曲线较陡峭。这是因为投资对利率不敏感时，利率的较大变动不会造成投资的较大变化，从而不会导致收入的较大变化，反映在 IS 曲线上表现为：利率的较大变化需与收入的较小变化相配合，才能实现产品市场的均衡。二是边际消费倾向，当边际消费倾向较小时，IS 斜率就比较大。这是因为边际消费倾向较小意味着支出乘数较小，当利率变化导致投资变化时，收入将以较小幅度变化，从而导致 IS 曲线比较陡峭。三是税率，当税率越大时，乘数越小，IS 曲线就会越陡峭；当税率越小时，乘数越大，IS 曲线就会越平坦。四是边际进口倾向，当边际进口倾向较大时，IS 斜率就比较大，IS 曲线就会越陡峭。这也说明开放经济条件下的 IS 曲线比封闭经济条件下的 IS 曲线更陡峭。这是因为开放经济条件下一部分增加的收入被用到进口商品中去了，开放经济下的 IS 斜率不仅受到边际消费倾向和投资需求利率弹性的影响，还受到边际进口倾向的影响。

需要强调的是，上述影响开放经济条件下 IS* 斜率的因素解释是以预期不变为前提条件。如果考虑预期因素，开放经济条件下 IS* 曲线会表现得更加陡峭。因为加入预期因素，人们认为不能持久的收入变动预期将对投资和消费的影响比较有限，引起边际消费倾向降低，导致乘数偏小，也就是说，不存在预期的乘数要大于存在预期的乘数。

3. 开放经济条件下的 LM 曲线

蒙代尔 - 弗莱明模型是在开放经济条件下对货币市场进行阐述的，用与 IS - LM 模型中相类似的 LM 曲线方程式来表示货币市场的均衡。由于一国或地区利率等于世界利率，可将开放经济条件下的货币市场均衡写成：

$$M/P = L(Rw, Y)$$

这个方程式表明实际货币供给 M/P 与货币需求 $L(Rw, Y)$ 相等。实际货币需求 L 与利率 Rw 呈负相关关系，与收入 Y 呈正相关关系。由于蒙代尔 – 弗莱明模型分析的是短期经济波动并假设价格水平 P 外生且固定不变，所以实际货币余额只和货币供给 M 有关，这样货币供给 M 是由中央银行控制的外生变量。如果把这一方程式绘制在利率为纵轴、收入为横轴的几何图形上，LM 曲线是垂直于横轴的一条直线。由于汇率因素并未进入开放经济条件下的 LM* 方程式，LM 方程式是与世界利率结合在一起的，不管汇率水平如何，货币市场实现均衡的收入与名义汇率无关，开放经济条件下的 LM* 方程式决定了总收入，所以开放经济条件下的 LM* 方程式是垂直的。影响开放经济条件下的 LM 斜率的因素主要有：一是货币需求的收入弹性，当货币需求的收入弹性越小，即货币需求对收入变化的敏感程度越低，LM 斜率值越小，LM 曲线就会越平坦；反之当货币需求的收入弹性越大，即货币需求对收入变化的敏感程度越高，LM 斜率值越大，LM 曲线就会越陡峭。二是货币需求的利率弹性，当货币需求的利率弹性越小，即货币需求对利率的敏感程度越低，LM 斜率值越大，LM 曲线就会越陡峭；反之，当货币需求的利率弹性越大，即货币需求对利率的敏感程度越高，LM 斜率值越小，LM 曲线就会越平坦。

4. 开放经济条件下的 IS – LM 模型

把前述的开放经济条件下的 IS* 曲线方程和 LM* 曲线方程联立在一起就形成了蒙代尔 – 弗莱明模型，即可以用两个方程来表示：

$$IS^*: Y = C(Y) + I(Rw) + G + NX(E)$$
$$LM^*: M/P = L(Rw, Y)$$

第一个方程 IS* 曲线方程表示产品市场实现了均衡，第二个方程 LM* 曲线方程表示货币市场实现了均衡。方程中的政府购买 G、世界利率 Rw、货币供给 M 以及价格水平 P 均是给定的外生变量，收入 Y 和名义汇率 E 均是内生变量。通过联立产品市场和货币市场两个市场均衡方程可解得均衡水平的收入和名义汇率。

值得注意的是，短期内假设价格水平固定不变可能是合理的，但长期内，价格水平会产生变化，此时蒙代尔 – 弗莱明模型就会出现一定的变化。实际汇率 e 等于 $E \cdot P_f/P$，如果价格发生变化，实际汇率 e 与名义汇率 E 之间就不存在固定比例的关系，产品市场均衡方程中的净出口是实际汇率 e 的函数，而不是名义汇率 E 的函数，于是蒙代尔 – 弗莱明模型就可以表示为：

$$IS^*: Y = C(Y) + I(Rw) + G + NX(e)$$
$$LM^*: M/P = L(Rw, Y)$$

IS*曲线方程表示产品市场实现了均衡，LM*曲线方程表示货币市场实现了均衡。价格水平变动会引起产品市场和货币市场同时发生相应变动：首先是在产品市场，若价格水平上升时，IS*曲线并不受价格水平上升的影响而产生任何移动，这会引起实际汇率的上升以及产出水平的减少，最终减少均衡收入；其次是在货币市场上，若价格水平上升时，会减少实际货币余额，又由于国内利率与世界利率相等，使得货币市场均衡产出水平降低，引起LM*曲线向左移动。因此，通过蒙代尔－弗莱明模型，同时利用长期均衡分析法，可分析开放经济条件下一国或地区的短期和长期均衡关系以及宏观经济政策效应。

5. 蒙代尔－弗莱明模型的应用

蒙代尔－弗莱明模型被称为"研究开放经济条件下宏观经济政策的主导政策范式"，其在宏观经济理论中最重要的应用是分析不同的财政政策和货币政策变化在不同汇率制度下对汇率与总收入的影响。下面分别考察在蒙代尔－弗莱明模型分析框架中，固定汇率制度下和浮动汇率制度下财政政策、货币政策以及贸易政策的影响。

（1）固定汇率制度下财政政策、货币政策和贸易政策的影响。

在固定汇率制度下，中央银行会对外汇市场进行适度干预，并随时通过买卖本币以使汇率维持在所宣称的固定水平值，中央银行有义务保持汇率固定在一定比率，其货币供给应完全遵循汇率稳定目标。

首先，考察固定汇率制度下财政政策的影响。假定政府实施了诸如减少税收或增加政府购买支出等扩张性财政政策，将导致总需求扩大，促使IS*曲线向右移动，从而对汇率产生了升值压力。中央银行为了保持汇率稳定且不变，必须对外汇市场进行干预，由于套利者在汇率升值时会把外汇卖给中央银行，使得中央银行增加本币供应，货币扩张引起LM*曲线向右移动，直至均衡汇率回落到中央银行所承诺的固定汇率水平值，最终导致总收入水平增加。反之，假定政府实施了诸如增加税收或减少政府购买支出等紧缩性财政政策，将导致总需求萎缩，促使IS*曲线向左移动，从而对汇率产生了贬值压力。中央银行为了保持汇率稳定且不变，必须对外汇市场进行干预，由于套利者在汇率贬值时会从中央银行买进外汇，使得中央银行减少本币供应，货币紧缩引起LM*曲线向左移动，直至均衡汇率回升到中央银行所承诺的固定汇率水平值，最终导致总收入水平减少。

其次，考察固定汇率制度下货币政策的影响。假定中央银行实施了诸如在公开市场购买政府债券、降低再贴现率或降低法定存款准备金率等扩张性货币政策，促使 LM* 曲线向右移动，从而使得汇率下降。中央银行为了保持汇率稳定且不变，必须对外汇市场进行干预，由于套利者在汇率下降时会向中央银行出售本国货币，使得中央银行不得不缩减本币供应，货币紧缩引起 LM* 曲线向左移动，直至回到其初始位置。反之，假定中央银行实施了诸如在公开市场出售政府债券、提高再贴现率或提高法定存款准备金率等紧缩性货币政策，促使 LM* 曲线向左移动，从而使得汇率上升。中央银行为了保持汇率稳定且不变，必须对外汇市场进行干预，由于套利者在汇率上升时会把外汇卖给中央银行，使得中央银行不得不增加本币供应，货币扩张引起 LM* 曲线向右移动，直至回到其初始位置。因此，货币政策在固定汇率制度下一般是无效的。

最后，考察固定汇率制度下贸易政策的影响。假定政府实施了诸如增加关税或增加进口许可、进口配额、数量限制和技术性壁垒等非关税贸易壁垒措施来减少进口，将导致进口减少而净出口增加，促使净出口曲线 NX（E）向右移动，进而 IS* 曲线向右移动，这会对汇率产生升值压力。中央银行为了保持汇率稳定且不变，必须对外汇市场进行干预，由于套利者在汇率升值时会把外汇卖给中央银行，使得中央银行增加本币供应，货币扩张引起 LM* 曲线向右移动，直至均衡汇率回落到中央银行所承诺的固定汇率水平值，最终导致总收入水平增加。反之，政府实施了诸如减少关税或减少进口许可、进口配额、数量限制和技术性壁垒等非关税贸易壁垒措施来增加进口，将导致进口增加而净出口减少，促使净出口曲线 NX（E）向左移动，进而 IS* 曲线向左移动，这会对汇率产生贬值压力。中央银行为了保持汇率稳定且不变，必须对外汇市场进行干预，由于套利者在汇率贬值时会向中央银行出售本国货币，使得中央银行减少本币供应，货币紧缩引起 LM* 曲线向左移动，直至均衡汇率回升到中央银行所承诺的固定汇率水平值，最终导致总收入水平减少。

（2）浮动汇率制度下财政政策、货币政策和贸易政策的影响。

在浮动汇率制度下，中央银行没有义务对外汇市场进行干预并维持汇率固定不变，汇率是由外汇市场供求关系决定并随经济状况变化而自由浮动，汇率自由调整以实现产品市场和货币市场的共同均衡。若供求关系改变市场均衡时，允许汇率达到新的均衡水平值。

首先，考察浮动汇率制度下财政政策的影响。假定政府实施了诸如减少税收或增加政府购买支出等扩张性财政政策，将导致 IS* 曲线向右移动，从而对汇率产生升值压力，但总收入水平并没有产生任何变化。这与在封闭经济 IS - LM 模型中实施扩张性财政政策会引起总收入增加的影响不同。这是因为，在封闭经济中，总收入增加扩大了货币需求，从而使得利率上升，但在开放经济条件下，只要国内利率 R 高于世界利率 Rw，他国或地区的资本就会迅速流入该国或地区以便获得较高回报直至国内利率回到世界利率水平；同时，资本流入使得他国或地区投资者需购买本币才能在本国或地区投资，增加了外汇市场对本国货币的需求，抬升了本币购买力，本币汇率升值导致国内商品相较于国外商品变得更昂贵，引起净出口减少，这进一步完全抵消了扩张性财政政策对总收入的影响。反之，假定政府实施了诸如增加税收或减少政府购买支出等紧缩性财政政策，将导致 IS* 曲线向左移动，从而对汇率产生了贬值压力，汇率贬值导致国内商品相较于国外商品变得更便宜，引起净出口增加，这也进一步完全抵消了紧缩性财政政策对总收入的影响。

通过货币市场均衡方程也可进一步解释开放经济条件下财政政策的无效性。货币市场均衡方程式为：$M/P = L\,(R, Y)$，由于在短期内价格水平 P 固定不变即存在黏性，名义货币供给 M 由中央银行外生决定即固定不变，所以不论是在封闭经济状态下还是在开放经济状态下，实际货币供给 M/P 也是固定不变的。由利率 R 和收入 Y 决定的货币需求量也必定会等于这个固定不变的货币供给量。如果在封闭经济条件下实施扩张性（紧缩性）财政政策将会提升（降低）均衡市场利率，利率上升（下降）会减少（增加）货币需求量，此时只有提高（降低）均衡收入才能增加（减少）货币需求量，进而保持货币市场均衡。如果在开放经济条件下，由于国内利率 R 是与世界利率 Rw 相等的一个固定常数，扩张性（紧缩性）财政政策不会造成均衡利率的上升（下降），总收入 Y 将维持不变，货币市场也实现了均衡。因此，政府实施扩张性（紧缩性）财政政策时，汇率升值（贬值）与净出口减少（增加）会大到可以完全抵消财政政策对总收入的扩张（紧缩）作用。

其次，考察浮动汇率制度下货币政策的影响。假定中央银行实施了诸如在公开市场购买政府债券、降低再贴现率或降低法定存款准备金率等扩张性货币政策，促使 LM* 曲线向右移动，从而使得收入提高和汇率下降。在封闭经济状态下，扩张性货币政策会降低利率并刺激投资，从而增加了就业与总产出水平。但在开放经济状态下，由于利率由世界资本市场的均衡利率决定并与世界利率水平相等，扩张性货币政策对本国或地区利率形成了下降压力，本国或地区的资本就会迅速流出他国或地区以便获得更高收益，资本的流出阻碍了本国或地区利率下降至低于世界利率水平；同时，资本流出使得本国或地区投资者需购买外币才能在他国或地区投资，增加了外汇市场对外国货币的需求，从而减少了本币的需求，降低了本币购买力，本币汇率贬值导致国内商品相较于国外商品变得更便宜，引起净出口增加，进而提高了总收入水平。反之，假定中央银行实施了诸如在公开市场出售政府债券、提高再贴现率或提高法定存款准备金率等紧缩性货币政策，促使 LM* 曲线向左移动，从而使得收入降低和汇率上升。资本流入减少了外汇市场中的本国或地区货币，本币汇率升值导致国内商品相较于国外商品变得更昂贵，造成净出口减少，进而降低了总收入水平。

最后，考察浮动汇率制度下贸易政策的影响。假定政府实施了诸如增加关税或增加进口许可、进口配额、数量限制和技术性壁垒等非关税贸易壁垒措施来减少进口，将导致进口减少而净出口增加，促使净出口曲线 NX（E）向右移动，进而 IS* 曲线向右移动，这会对汇率产生升值压力。而汇率升值反过来会阻碍净出口增加，最终导致产出水平不变。由于贸易政策影响的是净出口 NX，进而只影响 IS* 曲线，但并不影响 LM* 曲线。所以浮动汇率制度下贸易政策的影响与浮动汇率制度下财政政策的影响是相同的，所不同的是导致 IS* 曲线移动的因素，财政政策是源于税收、政府购买、转移支付等因素，而贸易政策则是源于净出口 NX 因素。

3.3 马克思金融理论与西方经济学利率理论的比较

马克思金融理论与西方经济学利率理论在利率形成机制、调节机制、目的与动机等方面存在本质区别，但两者在借贷资金决定市场利率、利率具有重要经济功能等方面又存在着一些相同之处，而且马克思金融理论在经济功能方面隐含着更重要的内在作用机制。

1. 马克思金融理论与西方经济学利率理论的本质区别

（1）利率形成机制不同。

马克思金融理论认为利息是与资本相联系的，作为资本的货币具有一种特殊的获取平均利润的使用价值。借贷资本家将货币按一定期限借贷给职能资本家，实际上是将货币获取平均利润的使用价值让渡给职能资本家。因此，职能资本家为取得借贷资本家的货币就必须把借入货币所获取平均利润的一部分作为利息补偿给借贷资本家。也就是说，马克思金融理论认为利息是随着借贷资本的出现，职能资本家与借贷资本家相分离而形成的经济范畴，是借贷资本家出让货币资本使用权的补偿，是职能资本家取得借贷资本使用权所支付的代价。

西方经济学利率理论认为利息是一种对使用货币所支付报酬的货币现象，

是货币价格的表现形式；利率是在一定时期内所支付利息与所借本金的比重，利率表示使用所借入资本而支付给借出者的价格。因此，西方经济学利率理论把利息看作取得或放弃货币流动性所产生的代价或回报，货币的流动性体现在货币交换媒介的职能上。

（2）利率调节机制不同。

马克思金融理论认为职能资本家使用借贷资本家所提供的资本而取得的平均利润，一部分以利息形式支付给借贷资本家，另一部分以企业利润留给自己，即平均利润分割为利息与企业利润。因此，平均利润总量以及利息和企业利润各自在平均利润中所占比重决定了利息的多少，马克思金融理论是从平均利润与借贷资本的供求关系这两个角度来分析利率的调节问题。利率长期内是由平均利润率调节的，利率也总表现为一般（或平均）利率。平均利润制约了利率变动的区间范围与波动趋势，平均利润对利率的调节机制具体体现在：一是利率的最高界限取决于平均利润；二是当利息在平均利润中所占比重保持不变时，利息将伴随平均利润率和平均利润量的变化而变化；三是平均利润率随着资本主义生产的发展而趋于下降，利率也将处于下降趋势。由于长期内平均利润率相对稳定，因此，取决于平均利润率的一般（或平均）利率在一定时期内也是相对稳定的。短期内，在平均利润量既定情形下，利息和企业利润各自在平均利润中所占比重决定了利率的调节问题，而利息和企业利润各自在平均利润中所占比重又取决于借贷资本家和职能资本家之间的竞争程度，借贷资本的供给与需求对两者之间的竞争起决定作用。因此，短期内借贷资本的供求关系直接决定了市场利率水平。这样，马克思金融理论又将利率分为一般（或平均）利率和市场利率，两者之间的关系表现在：一是一般（或平均）利率是基于长期角度，其平均数与波动趋势取决于平均利润率，而市场利率是基于短期角度，其取决于借贷双方竞争导致的借贷资本供给与需求关系；二是一般（或平均）利率水平及变动趋势只能位于平均利润率以下，而市场利率因受制于借贷资本供求关系、经济周期等诸多因素，在短期内可能会大于平均利润率；三是由于平均利润率起着支配作用，市场利率会趋向于一般（或平均）利率。值得一提的是，长期内若利率不低于或大于平均利润率，可能会引起职能资本向借贷部门转移；若利率低于平均利润率，则可能会引起借贷资本向职能部门转移。

西方经济学认为利息是一种货币现象，利率是由货币市场中的货币需求和货币供给决定的。关于货币需求，凯恩斯认为对货币的需求也可称为流动性偏好，人们持有货币是出于交易动机、谨慎或预防性动机和投机动机这三种动机，因此人们对货币的总需求包括货币的交易需求、预防需求和投机需求。其中，货币的交易需求和预防需求是由收入决定，货币的投机需求是由利率决定。货币总需求函数可写成：$L = L_1 + L_2 = L_1(Y) + L_2(R) = kY - hR$，式中 L_1 表示交易和谨慎动机所引起的实际货币需求量，L_2 表示货币的投机需求，Y 表示实际收入，R 表示利率，k 表示交易和谨慎动机所引起的实际货币需求量与实际收入的比例关系，h 表示货币投机需求的利率系数。因此，交易和谨慎动机所引起的实际货币需求是收入的递增函数，投机需求是利率的递减函数。货币需求曲线在几何图形上表现为一条向右下方倾斜的曲线。关于货币供给，西方经济学家认为货币供给是一个存量概念，是一国或地区在某一时点所拥有的非政府和银行所属的硬币、纸币以及银行存款之和。货币供给量是由货币当局决定的一个重要政策变量，是中央银行制定和实施货币政策的一个外生变量。在货币政策不改变条件下，货币供给量将保持不变，其高低与利率大小无关，因此，货币供给量可写成：$m = M/P$，式中，m、M、P 分别表示实际货币供给量、名义货币供给量、价格指数。货币供给曲线在几何图形上表现为一条垂直于横轴的直线。由于利率是通过货币市场上的货币需求与货币供给的均衡水平决定的，利率也就由一条向右下方倾斜的货币需求曲线与一条垂直于横轴的供给直线相交决定。在货币供给量既定情形下，货币市场上的利率均衡点只能通过移动货币需求曲线而发生变动；在货币需求曲线不变情形下，货币市场上的利率均衡点会随着货币供给变化引起货币供给曲线移动而发生变动。

（3）研究利率目的与动机不同。

马克思金融理论把利息作为经济分配范畴，从揭示利息与企业主收入、企业利润与剩余价值等相互经济关系的本质中，探讨利息的来源和实质以及利率决定等问题。马克思金融理论认为利息的本质是由产业工人创造，通过职能资本家把剩余价值的一部分让渡给借贷资本家，是借贷资本家和职能资本家共同分割剩余价值的一种表现形式。短期内，市场利率取决于借贷资本的供给与需求关系；长期内，利率水平取决于平均利润率。

西方经济学利率理论把利率作为重要经济变量，从经济运行的角度研究利率与产品市场和货币市场均衡、国民收入决定、货币供给与需求等相互关系，分析利率决定作用以及利率对宏观经济的调节作用。西方经济学利率理论认为利率取决于货币市场中的货币供给与货币需求关系，利率作为重要经济变量，对产品市场和货币市场的均衡、国民收入决定等宏观经济方面产生作用。

2. 马克思金融理论与西方经济学利率理论的共同之处

（1）利率决定与调节机制方面的共同之处。

短期内市场利率取决于借贷资金的需求和供给，而在市场经济条件下，借贷资金的需求和供给是通过银行实现的，并直接表现为货币的需求和供给。因此，市场利率取决于借贷资金的需求和供给，直接表现为由货币的供给和需求决定并调节利率。马克思金融理论与西方经济学利率理论在利率决定与调节机制方面存在共同之处，具体体现在：

第一，马克思金融理论虽然认为市场利率取决于借贷资金的需求和供给，但借贷资本的供需及其变化需借助货币的供需及其变化来实现。在市场经济条件下，借贷资本主要是通过银行等金融机构提供，借贷资本的需求直接表现为对银行等金融机构贷款的需求，借贷资本的需求量直接表现为银行等金融机构的贷款量；借贷资本的供给基本表现为银行等金融机构所提供的货币供给，借贷资本的供给量基本表现为银行等金融机构所提供的货币供给量。

第二，西方经济学利率理论虽然认为利率取决于货币的供给和需求关系，但对利率决定与调节机制产生影响的实际上还是借贷资金的供给与需求。西方经济学利率理论在假定货币需求曲线不变条件下，通过货币供给的变动引起货币供给曲线变动，使得货币市场的利率均衡点发生移动，从而导致利率变动。由于货币供给是由中央银行调控并通过商业银行提供，这实际上就是借贷资金的供给。首先，从范围上看，西方经济学利率理论认为货币的供给与需求包括作为借贷资金的货币供给与需求和作为借贷资金以外的货币供给与需求两部分。而作为借贷资金以外的货币供给与需求部分对市场利率决定与调节并不直接产生影响，也就无法作为市场利率的决定与调节机制。因此，货币供给实际上就是借贷资金的供给，借贷资金的供给与需求实际上决定了市场利率。其次，从西方经济学利率理论中关于中央银行运用三大政策工具来调控货币供给量来看，也是通过借贷资金的调控来影响市场利率的：通过再贴现率政策，中央银行可以提高（降低）再贴现率，商业银行向中央银行的借款减少（增加），导致商业银行借贷资金规模缩减（增加），从而减少（增加）货币供应量；通过公开市场业务，中央银行可以在金融市场上公开买卖政府债券以影响商业银行借贷资金规模，从而影响货币供应量；通过法定准备金率政策，中央银行可以提高（降低）法定准备金率，使得商业银行借贷资金的能力降低（提高），从而减少（增加）货币供应量。

（2）利率作为重要经济变量方面的共同之处。

马克思金融理论关于利息与平均利润、企业利润以及剩余价值等之间关系的研究，揭示了利率作为重要经济变量的功能。西方经济学利率理论也解释了利率作为重要经济变量调节宏观经济运行的作用。马克思金融理论与西方经济学利率理论在利率作为重要经济变量方面存在共同之处，具体体现在：

第一，利率具有稳定经济功能。马克思金融理论把利息看作职能资本家利用借贷资本产生利润能力的回报，借贷资本和职能资本必须在资本产生的平均利润中进行分割，利息仅仅是平均利润的一部分而已。利率的上限受制于平均利润率，这也界定了利率变动的区间范围以及趋势，也就是说，长期内利率一定在平均利润率水平之下，并沿着平均利润率波动趋势而变动，其轨迹与平均利润率相似。进一步地，平均利润率在长期内具有相对稳定性，从而取决于平均利润率的利率水平在长期内也具有相对稳定性，利率的稳定性对于借贷资金的供给和需求也能够起到相对稳定的作用，进而消费和投资也具有相对稳定性，国民经济运行状态平稳。西方经济学利率理论认为通过"相机抉择"货币政策可以实现社会经济稳定发展，当社会总需求的产出水平低于充分就业，即失业水平扩大时，政府应实施扩张性货币政策以增加货币供给量并降低利率水平，使得社会总需求与总供给均衡，降低失业率；当社会总需求的产出水平高于充分就业，即发生通货膨胀时，政府应实施紧缩性货币政策以减少货币供给量并提高利率水平，使得社会总需求与总供给均衡，降低通货膨胀率。西方经济学利率理论是通过"逆经济风向"的政策来实现宏观经济的稳定。

第二，利率对投资的调节功能。马克思金融理论认为在平均利润率不变条件下，利息在平均利润中所占比重会引起投资对利率的弹性即利率对投资的影响程度。如果利率在平均利润中所占比重较低，则企业利润在平均利润中所占比重较高，企业利用借贷资本所获取的利润就会明显高于其使用借贷资本所支付的利息，企业增加投资有利可图，此时利率对投资的影响程度不大即投资对利率的弹性较小；如果利率在平均利润中所占比重较高，则企业利润在平均利润中所占比重较低，企业利用借贷资本所获取的利润就会明显低于其使用借贷资本所支付的利息，企业增加投资无利可图，此时利率对投资的影响程度较大即投资对利率的弹性较大。西方经济学利率理论认为投资是利率的递减函数，即利率上升会导致投资需求量下降；利率下降会导致投资需求量上升。因为企业用于投资的资金主要是依靠融资借款，投资成本主要表现为利息，利率上升促使投资者减少企业投资，利率下降促使投资者增加企业投资。投资与利率两者之间的关系可表示为投资函数：$I = I(R) = e - dR$，其中，I 表示投资；R 表示利率；e 表示自主投资；d 表示投资的利率弹性，即投资对利率变动的敏感程度；$-dR$ 表示投资需求与利率相关的部分。因此，提高利率会使企业投资成本加大，使盈亏平衡的企业处于亏损状态，企业会选择不再借款，其他企业也会减少资金需求，压缩借贷规模，并更加谨慎有效地使用资金。

第4章 对外开放度对利率变动及政策效应的影响机理

4.1 对外开放度对利率变动及政策效应影响的理论模型结构

在对外开放条件下，蒙代尔－弗莱明模型不仅是宏观经济政策分析中最具代表性的理论模型，也是宏观经济研究的重要应用工具之一。蒙代尔－弗莱明模型在 IS－LM 模型的基础上引入国际贸易、汇率和资本流动等变量，研究了一国或地区货币政策和财政政策在不同汇率制度下的有效性。但蒙代尔－弗莱明模型的某些假设偏强且不符合我国经济转型期的特征，因此，在阐释我国对外开放条件下利率变动及政策效应问题时应对蒙代尔－弗莱明模型的某些强假设作适当修正。同时，蒙代尔－弗莱明模型侧重于研究对外开放条件下总需求的均衡，对总供给均衡的分析有所缺乏，忽视了对整个经济系统总供求同时均衡的探讨。

本书将基于修正后的蒙代尔－弗莱明理论模型，采用 AS－IS－LM 模型分析框架来探讨对外开放度与利率变动及政策效应之间的关系。对于对外开放度对利率变动的影响，主要是从两个方面来解释：一是在对外开放条件下通过财政政策渠道对利率变动产生影响；二是在对外开放条件下通过货币政策渠道对利率变动产生影响。政府主要通过财政政策和货币政策这两种手段来进行宏观经济调控和制定宏观经济政策，而积极性（紧缩性）财政政策会抬升（降低）利率，扩张性（紧缩性）货币政策会降低（抬升）利率。而且，在对外开放条件下，面对外部风险加剧以及不确定性因素增多，政府更加重视通过宏观经济的调控和宏观经济政策的调整来避免经济遭受外部风险的不确定性冲击。因此，对于对外开放度对利率政策效应的影响也从财政政策和货币政策两个角度来进行分析。对外开放度对利率政策效应的影响，主要表现在两个方面：一是对外开放条件下利率政策对经济增长有多大的促进作用，即产出效应；二是对外开放条件下利率政策影响物价水平的力度有多大，即价格效应。从宏观经济调控角度看，利率政策效应主要体现在物价是否稳定和经济是否增长，这也是政府在制定和实施利率政策时所追求的"高经济增长、低通货膨胀"的调控目标。因此，对于对外开放度对利率政策效应的影响也从利率政策通过财政政策渠道和货币政策渠道在促进经济增长和稳定物价水平（即产出效应和价格效应）这两种途径来进行探讨。

为简便起见和更具一般性，更好地阐释对外开放度对利率、产出和价格等实际宏观经济变量变化趋势的影响程度，理论模型构建中的函数表达式用抽象的一般函数表达形式取代具体函数表达形式。一般函数表达形式可以避免具体函数表达形式对理论模型构建与推导所产生的烦冗，并有利于高度概括理论模型中各经济变量之间的实际关系。基于 AS – IS – LM 模型分析框架，运用如下的一般函数等式来考察对外开放度对利率变动、利率政策的产出效应以及利率政策的价格效应的影响机理。

$$Y = C(Y) + I(Y, r - \pi^e) + G + NX(Y, Y^*, \varphi P^*/P) \qquad (4-1)$$

$$M/P = L(Y, r) \qquad (4-2)$$

$$P = S(Y) \qquad (4-3)$$

$$CF = CF(r - r^*) \qquad (4-4)$$

$$NX(Y, Y^*, \varphi P^*/P) + CF(r - r^*) = 0 \qquad (4-5)$$

$$(1 - \omega)P + \omega P_f = P_t \qquad (4-6)$$

（4 – 1）式表示对外开放条件下产品市场的均衡方程，即 IS 曲线方程。其中，$C(Y)$ 表示消费函数，C_Y 是 $C(Y)$ 的导数，表示边际消费倾向，且 $C_Y \in (0,1)$，表明消费与总产出呈正相关关系。$I(Y, r - \pi^e)$ 是投资函数，I_Y 和 $I_{r-\pi^e}$ 是投资函数 $I(Y, r - \pi^e)$ 的偏导数，且 $I_Y \in (0,1)$，$I_{r-\pi^e} \in (-\infty, 0)$，表明投资与总产出呈正相关，与利率呈负相关。$NX(Y, Y^*, \varphi P^*/P)$ 是净出口函数，NX 是净出口，Y 是国内实际收入，Y^* 是国外实际收入，φ 是名义汇率，P^* 是国外价格水平，P 是国内价格水平，$\varphi P^*/P$ 则表示真实汇率，由于名义汇率 φ 上升时进口减少而出口增加，名义汇率 φ 下降时进口增加而出口减少，则 NX 是关于 $\varphi P^*/P$ 的递增函数，同时 NX 负向取决于国内实际收入，正向取决于国外实际收入。如果与封闭状态相比较，对外开放条件下的 IS 曲线更平坦，因为对外开放下利率的下降会引起一国或地区货币贬值，导致出口增加而进口减少。

（4 – 2）式表示对外开放条件下货币市场的均衡方程，即 LM 曲线方程。其中，M 是名义货币供给量，M/P 是实际货币供给量，$L(Y, r)$ 是实际货币需求函数，L_Y 和 L_r 是 $L(Y, r)$ 的偏导数，且 $L_Y \in (0, +\infty)$，$L_r \in (-\infty, 0)$，表明实际货币需求与收入正相关，而与利率负相关。

(4-3) 式表示总供给函数。在宏观经济理论中附加预期的菲利普斯曲线占有重要地位，其被认为是表达总供给函数的一种合理形式。由于价格不是充分地完全可变，导致了价格水平对总产出产生了各种外部冲击以及不确定性影响。由于市场不完美性的性质，附加预期的菲利普斯曲线可基于价格信息不完全和价格工资刚性等角度构造模型并推导出总供给函数。不管是从何种角度何种假设何种重点构建的各种模型，其对总产出的含义相似，也就是说，所有模型所推导出来的总供给函数都可写成函数表达式：$P = \varepsilon(Y - Y_f) + P^e$。其中，$Y_f$ 是充分就业（或自然水平）的总产出，ε 表示实际总产出与充分就业总产出偏离程度，且 $\varepsilon \in (0, 1)$，P^e 是预期价格水平。对该函数表达式进行简单的变换即可得 $P - P^e = \varepsilon(Y - Y_f)$，表明总产出与充分就业总产出的偏离和价格与预期价格的偏离之间存在一种相关关系。如果实际价格高于预期的价格水平时，总产出会高于其充分就业水平；如果实际价格低于预期的价格水平时，总产出则会低于其充分就业水平。由于 Y_f 和 P^e 都是可被观察的外生变量，可把方程式 $P - P^e = \varepsilon(Y - Y_f)$ 进一步写成更为一般的总供给函数表达式：$P = S(Y)$，即 (4-3) 式。其中，S_Y 是 $P = S(Y)$ 的导数，$S_Y \in (0, +\infty)$，表明价格水平与总产出呈正相关。

(4-4) 式表示资本流动函数。蒙代尔-弗莱明模型假设资本完全流动且一国或地区利率的上升会导致国外资本持续流入国内。但李荣谦（2006）指出，国际投资者在某一时点之后将会重新安排组合国际资产，此时资产净流入将减缓并最终停止，一国或地区必须不断提高其利率水准才能吸引国外资本持续流入。我国对资本项目一直存在一定程度上的管制，资本流动不仅受到准入条件的限制，还受到投资者偏好、转移成本以及投资环境等因素的制约，同时投资组合多样化的意愿导致国际投资者不会将资本持续投入单一国家，这些都降低了国际资本流动的完全自由性。因而，假设资本不完全流动基本符合我国的实际情况。在对外开放条件下，资本不完全流动约束下的资本流动额取决于国内外利差，即一国或地区资本流动额是国内外利率之差变量的函数。其中，CF 是资本流动额，r 是国内利率水平，r^* 是国外利率水平。CF_{r-r*} 是 $CF(r - r^*)$ 的偏导数，$CF_{r-r*} \in (0, +\infty)$，表明资本流动额是国内利率水平的递增函数，即当 r 降低时资本流出国外，当 r 上升时资本流入国内。

(4-5) 式表示国际收支平衡方程，即 BP 曲线方程。根据国际收支平衡关系，净出口 NX 与资本流动额 CF 之和必须为零。

(4-6) 式表示价格水平是由本国或地区价格水平与国外价格水平进行加

权平均构成。其中，P_t 是一国或地区的价格总水平，P_f 是国外价格水平，ω 表示国外价格水平在本国或地区价格总水平中的份额，$\omega \in [0,1]$，则 $1-\omega$ 表示国内价格水平在本国或地区价格总水平中的份额，赋予加权平均的权重取决于份额 ω。从理论角度看，由于价格开放程度反映了一国或地区的对外开放水平，那么该国或地区的对外开放度可通过价格对外开放度来衡量（Karras，1999；姜波克，1999）。姜波克等（1999）认为一国或地区的对外开放度可以从总量上的开放度（即对外开放广度）与价格上的开放度（即对外开放深度）两个方面来衡量。范从来和廖晓萍（2003）指出，价格开放度是测度一国或地区对外开放度的理想指标。份额 ω 反映了一国或地区对外开放度：当 ω 取值为 0 时表示该国或地区对外处于封闭状态；当 ω 取值为 1 时表示该国或地区对外处于完全开放状态；ω 取值越大表示对外开放度越大，反之则越小。

将（4-4）式、（4-5）式代入（4-1）式可得到方程式：

$$Y = C(Y) + I(Y, r - \pi^e) + G - CF(r - r^*) \qquad (4-7)$$

至此，方程中已经没有汇率变量，这有利于简化理论模型，但对问题的分析并不会产生实质性的影响，也并不会削弱汇率变量对利率变动及政策效应的影响。因为尽管可利用国际收支平衡方程将汇率变量从理论模型中消除，但汇率变量已隐性地被理论模型内生地决定了。

因此，联立（4-2）式与（4-7）式则表达了对外开放条件下的总需求均衡方程形式。

将（4-6）式代入（4-3）式可以得出对外开放条件下的总供给函数为：

$$(1-\omega)P + \omega P_f = S(Y) \qquad (4-8)$$

利用已有（4-2）式、（4-7）式、（4-8）式，可得到对外开放条件下的 AS-IS-LM 模型：

$$Y = C(Y) + I(Y, r - \pi^e) + G - CF(r - r^*)$$
$$M/P = L(Y, r)$$
$$(1-\omega)P + \omega P_f = S(Y)$$

将对外开放条件下 AS-IS-LM 模型的三个方程式进行全微分，且国外经济变量 r^* 和 P_f 都可作为外生变量进行处理，于是可以得出：

$$(1 - C_Y - I_Y)\partial Y + (CF_{r-r^*} - I_{r-\pi^e})\partial r = \partial G \qquad (4-9)$$
$$L_Y \partial Y + L_r \partial r + (M/P^2)\partial P = (1/P)\partial M \qquad (4-10)$$
$$S_Y \partial Y - (1-\omega)\partial P = 0 \qquad (4-11)$$

根据（4-9）式、（4-10）式、（4-11）式，可将其微分结果写成矩阵形式：

$$\begin{vmatrix} 1-C_Y-I_Y & CF_{r-r^*}-I_{r-\pi^e} & 0 \\ L_Y & L_r & M/P^2 \\ S_Y & 0 & -(1-\omega) \end{vmatrix} \begin{vmatrix} \partial Y \\ \partial r \\ \partial P \end{vmatrix} = \begin{vmatrix} 1 & 0 \\ & \\ 0 & 1/P \end{vmatrix} \begin{vmatrix} \partial G \\ \\ \partial M \end{vmatrix} \tag{4-12}$$

由（4-12）式，可以得到该矩阵形式的判别式：

$$|D| = \begin{vmatrix} 1-C_Y-I_Y & CF_{r-r^*}-I_{r-\pi^e} & 0 \\ L_Y & L_r & M/P^2 \\ S_Y & 0 & -(1-\omega) \end{vmatrix}$$

$$= S_Y(M/P^2)(CF_{r-r^*}-I_{r-\pi^e}) - (1-\omega)[L_r(1-C_Y-I_Y) + L_Y(I_{r-\pi^e}-CF_{r-r^*})] \tag{4-13}$$

明确判别式 $|D|$ 即（4-13）式是否大于零还是小于零，是探讨对外开放条件下利率变动对总产出、价格和就业等宏观经济实际变量产生影响的前提条件。为此，可推导出 $|D|>0$，具体推导过程如下：

判别式 $|D|$ 中的前半部分 $S_Y(M/P^2)(CF_{r-r^*}-I_{r-\pi^e})$ 的正负号容易确定，根据前面的分析，易知 $S_Y>0, M/P^2>0, CF_{r-r^*}>0, I_{r-\pi^e}<0$，直接可推导出 $S_Y(M/P^2)(CF_{r-r^*}-I_{r-\pi^e})>0$。判别式 $|D|$ 中的后半部分 $-(1-\omega)[L_r(1-C_Y-I_Y)+L_Y(I_{r-\pi^e}-CF_{r-r^*})]$ 的正负号不易直接确定，但只需确定 $[L_r(1-C_Y-I_Y)+L_Y(I_{r-\pi^e}-CF_{r-r^*})]$ 的正负号，因为 $\omega\in[0,1]$，则 $-(1-\omega)\leq0$。对于 $[L_r(1-C_Y-I_Y)+L_Y(I_{r-\pi^e}-CF_{r-r^*})]$ 正负号的确定，如果只根据前述结果难以推导出明确的结论，尽管已知 $L_Y>0, L_r<0, I_{r-\pi^e}-CF_{r-r^*}<0$，但 $C_Y\in(0,1)$、$I_Y\in(0,1)$，则 $(C_Y+I_Y)\in(0,2)$，从而无法确定 $1-C_Y-I_Y$ 的正负号，进而难以推导出 $[L_r(1-C_Y-I_Y)+L_Y(I_{r-\pi^e}-CF_{r-r^*})]$ 的正负号。所幸的是，可以通过产品市场和货币市场的均衡关系来分析，即运用 IS 曲线和 LM 曲线斜率的相互关系推导出 $[L_r(1-C_Y-I_Y)+L_Y(I_{r-\pi^e}-CF_{r-r^*})]$ 的正负号。从全微分方程（4-9）可知产品市场 IS 曲线的斜率为 $\partial r/\partial Y|_{IS}=(1-C_Y-I_Y)/(I_{r-\pi^e}-CF_{r-r^*})$，货币市场 LM 曲线的斜率为 $\partial r/\partial Y|_{LM}=-L_Y/L_r$。由于 IS 曲线与 LM 曲线的斜率之差为 $(\partial r/\partial Y|_{IS}-\partial r/\partial Y|_{LM})=(1-C_Y-I_Y)/(I_{r-\pi^e}-CF_{r-r^*})-(-L_Y/L_r)=[L_r(1-C_Y-I_Y)+L_Y(I_{r-\pi^e}-CF_{r-r^*})]$，只要能够比较产品市场 IS 曲线斜率 $\partial r/\partial Y|_{IS}$ 与货币市场 LM 曲线斜率 $\partial r/\partial Y|_{LM}$ 的大小，就能确定 $[L_r(1-C_Y-I_Y)+L_Y(I_{r-\pi^e}-CF_{r-r^*})]$ 的正负号。

一般情况下，产品市场 IS 曲线向右下方倾斜且斜率 $\partial r/\partial Y\,|_{\text{IS}}$ 为负，货币市场 LM 曲线向右上方倾斜且斜率 $\partial r/\partial Y\,|_{\text{LM}}$ 为正，此时 IS 曲线与 LM 曲线的斜率关系满足不等式：$\partial r/\partial Y\,|_{\text{IS}} - \partial r/\partial Y\,|_{\text{LM}} < 0$，也就是 $[(1-C_Y-I_Y)/(I_{r-\pi^e} - CF_{r-r^*}) - (-L_Y/L_r)] < 0$，即 $[L_r(1-C_Y-I_Y) + L_Y(I_{r-\pi^e} - CF_{r-r^*})] < 0$。因此，可以确定判别式 $|D|$ 中的后半部分 $-(1-\omega)[L_r(1-C_Y-I_Y) + L_Y(I_{r-\pi^e} - CF_{r-r^*})] \geqslant 0$，而判别式 $|D|$ 中的前半部分 $S_Y(M/P^2)(CF_{r-r^*} - I_{r-\pi^e}) > 0$，也就是说，在一般情形下可推导出判别式 $|D| > 0$。

特殊情况下，产品市场 IS 曲线可能会出现向右上方倾斜（即斜率为正）或水平（即斜率为零）的情形，此时 IS 曲线与 LM 曲线的斜率关系可能满足三种组合：$\partial r/\partial Y\,|_{\text{IS}} - \partial r/\partial Y\,|_{\text{LM}} < 0$ 或 $\partial r/\partial Y\,|_{\text{IS}} - \partial r/\partial Y\,|_{\text{LM}} > 0$ 或 $\partial r/\partial Y\,|_{\text{IS}} - \partial r/\partial Y\,|_{\text{LM}} = 0$。首先可排除 $\partial r/\partial Y\,|_{\text{IS}} - \partial r/\partial Y\,|_{\text{LM}} = 0$ 即 $\partial r/\partial Y\,|_{\text{IS}} = \partial r/\partial Y\,|_{\text{LM}}$ 的情形，因为出现 IS 曲线与 LM 曲线重叠或平行的组合的可能性很低。其次，如果出现 $\partial r/\partial Y\,|_{\text{IS}} - \partial r/\partial Y\,|_{\text{LM}} < 0$ 即 $\partial r/\partial Y\,|_{\text{IS}} < \partial r/\partial Y\,|_{\text{LM}}$ 的情形，整个经济系统将会出现收敛性路径依赖，可沿用在一般情况下的方法推导出判别式 $|D| > 0$。最后，如果出现 $\partial r/\partial Y\,|_{\text{IS}} - \partial r/\partial Y\,|_{\text{LM}} > 0$ 即 $\partial r/\partial Y\,|_{\text{IS}} > \partial r/\partial Y\,|_{\text{LM}}$ 的情形，整个经济系统将会出现发散性路径依赖，无法实现经济系统的稳定性均衡，可用产品市场和货币市场的一般均衡图形分析方法来说明该种情形即 $\partial r/\partial Y\,|_{\text{IS}} > \partial r/\partial Y\,|_{\text{LM}}$ 的不合理性。

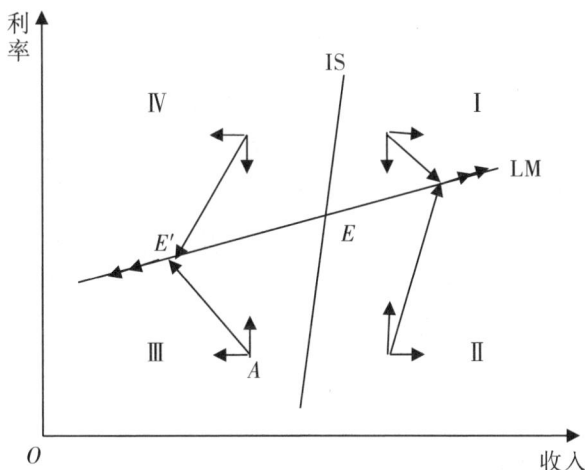

图 4-1　$\partial r/\partial Y\,|_{\text{IS}} > \partial r/\partial Y\,|_{\text{LM}}$ 的情形

从图 4-1 可以看出，产品市场 IS 曲线与货币市场 LM 曲线通过均衡点 E 把坐标平面划分为Ⅰ、Ⅱ、Ⅲ、Ⅳ四个区域，这四个区域均存在各种不同组合的 IS 与 LM 非均衡状态，但产品市场和货币市场的非均衡状态会得到调整。产品市场的非均衡会引起收入变动：投资高于储蓄会引起收入增加，投资低于储蓄会引起收入减少；货币市场的非均衡会引起利率变动：货币需求高于货币供给会引起利率增加，货币需求低于货币供给会引起利率减少。均衡点 E 的出现只存在于 $\partial r/\partial Y|_{IS} < \partial r/\partial Y|_{LM}$ 的情形中。当 IS 曲线的斜率小于 LM 曲线的斜率时，这种调整最终才会收敛于均衡收入与均衡利率，达到共同的均衡点 E。当 IS 曲线的斜率小于 LM 曲线的斜率，即图 4-1 中 $\partial r/\partial Y|_{IS} > \partial r/\partial Y|_{LM}$ 的情形，这种收敛性均衡不仅不能达到，还会出现发散于经济系统均衡点 E。例如，在图 4-1 中，区域Ⅲ的 A 点表示经济处于收入与利率组合的非均衡状态。一方面，产品市场存在超额产品供给，从而收入会减少，收入将从 A 点沿着平行于收入轴的箭头方向向左移动；另一方面，货币市场存在超额货币需求，从而引起利率增加，利率将从 A 点沿着平行于利率轴的箭头方向向上移动。这两方面的同时调整将导致收入与利率的组合沿着对角线箭头方向向左上方移动至 E' 点。在 E' 点，货币市场实现了均衡，但产品市场仍处于非均衡状态，于是经济系统会继续再调整，但产品市场仍存在超额产品供给，从而收入会继续减少，收入将从 E' 点沿着货币市场 LM 曲线上的箭头方向继续向左下方移动。显然，这种再调整将永远无法实现产品市场的均衡，也永远无法达到产品市场与货币市场的共同均衡点 E，该调整发散于经济系统均衡点 E，最终只会越来越偏离于均衡收入与均衡利率。同理可分析其他区域的情况。也就是说，Ⅰ、Ⅱ、Ⅲ、Ⅳ四个区域的非均衡点的调整路径，即首先都会沿着其收入与利率组合所构成的对角线方向移动至 LM 曲线上，从而实现了货币市场的均衡，但区域Ⅰ、Ⅱ的产品市场仍处于非均衡状态且存在超额产品需求（即投资大于储蓄），导致收入不断增加并继续沿着 LM 曲线向右上方移动；而区域Ⅲ、Ⅳ的产品市场也处于非均衡状态且存在超额产品供给（即投资小于储蓄），导致收入不断减少并继续沿着 LM 曲线向左下方移动；最终Ⅰ、Ⅱ、Ⅲ、Ⅳ四个区域的非均衡点只实现了货币市场的均衡，而产品市场始终处于非均衡状态且越来越发散于经济系统均衡点 E。然而，一个良好的经济系统应该是稳定均衡而非处于发散状态，因此产品市场 IS 曲线的斜率大于货币市场 LM 曲线的斜率即 $\partial r/\partial Y|_{IS} > \partial r/\partial Y|_{LM}$ 是不合理的。

综合一般情况和特殊情况的分析，判别式 $|D| > 0$ 是恒成立的。在此基础上，可分析对外开放度对利率变动及政策效应的影响机理。

4.2 对外开放度对利率变动的影响机理

为了分析对外开放度通过财政政策渠道和货币政策渠道对利率变动所产生的影响，可以通过（4-12）式的矩阵形式，运用克莱姆法则得出：

$$\partial r/\partial G = [(1-\omega)L_Y + (M/P^2)S_Y]/|D| > 0 \qquad (4-14)$$

$$\partial r/\partial M = [-(1/P)(1-\omega)(1-C_Y-I_Y)]/|D| < 0 \qquad (4-15)$$

由（4-14）式，可推出如下结论：

命题一：财政政策对利率变动随对外开放度不同而具有同向的影响。当 $\omega=0$ 时，即如果一国或地区对外处于封闭状态时，有 $\partial r/\partial G|_{\omega=0} = [L_Y + (M/P^2)S_Y]/|D|' > 0$[①]，这说明财政当局能够独立制定和实施财政政策，积极性财政政策在一定时期内会导致本国或地区利率上升；当 $\omega \in (0,1)$ 时，即如果一国或地区对外处于不完全开放状态时，有 $\partial r/\partial G|_{0<\omega<1} = [(1-\omega)L_Y + (M/P^2)S_Y]/|D| > 0$，积极性财政政策对利率变动存在正向影响，但这种正向有效性取决于 ω 的高低。当 $\omega=1$ 时，即如果一国或地区对外处于完全开放状态时，有 $\partial r/\partial G|_{0<\omega<1} = (M/P^2)S_Y/|D| > 0$，此时积极性财政政策对利率变动同样存在正向影响。因此，不管一国或地区是否处于对外封闭、对外不完全开放还是对外完全开放状态，积极性财政政策对利率变动均存在正向影响，财政支出增加会推动利率的上升。

根据（4-15）式，可得出如下结论：

命题二：货币政策对利率变动因对外开放度不同而具有不同的影响。当 $\omega=0$ 时，即如果一国或地区对外处于封闭状态时，有 $\partial r/\partial M|_{\omega=0} = [-(1/P)(1-C_Y-I_Y)]/|D|' < 0$[②]，这说明货币当局能够独立制定和实施货币政策，扩张性货币政策在一定时期内会导致本国或地区利率的下降；当 $\omega \in (0,1)$ 时，即如果一国或地区对外处于不完全开放状态时，有 $\partial r/\partial M|_{0<\omega<1} = \partial r/\partial M =$

---

① 其中 $|D|' = S_Y(M/P^2)(CF_{r-r*}-I_{r-\pi^e}) - [L_r(1-C_Y-I_Y)+L_Y(I_{r-\pi^e}-CF_{r-r*})]$，由前述可知，$S_Y(M/P^2)(CF_{r-r*}-I_{r-\pi^e}) > 0$、$[L_r(1-C_Y-I_Y)+L_Y(I_{r-\pi^e}-CF_{r-r*})] < 0$，显然 $|D|' > 0$。

② 这里只考虑产品市场 IS 曲线在正常情况下的情形，此时 IS 曲线向右下方倾斜且斜率为负，由于 IS 曲线的斜率 $\partial r/\partial Y|_{IS} = (1-C_Y-I_Y)/(I_{r-\pi^e}-CF_{r-r*}) < 0$，其中 $I_{r-\pi^e}-CF_{r-r*} < 0$，所以必有 $1-C_Y-I_Y > 0$。

$[-(1/P)(1-\omega)(1-C_Y-I_Y)]/|D|<0$，扩张性货币政策对利率变动存在负向影响，但这种负向有效性由 ω 决定；当 $\omega=1$ 时，即如果一国或地区对外处于完全开放状态时，有 $\partial r/\partial M|_{0<\omega<1}=0$，此时货币当局实施积扩张性货币政策对利率变动不存在负向影响，呈现出一种中性特质。

根据命题一和命题二的结论，可在封闭状态和对外开放两种不同的经济运行方式下对利率变动的影响作横向比较，比较结果见表4-1。

从表4-1中可以看出，无论是处于封闭状态还是对外开放状态，通过财政政策渠道对利率变动均产生了正向影响，通过货币政策渠道对利率变动均产生了负向影响。但从表中利率变动差异结果看，无论是财政政策渠道还是货币政策渠道，封闭状态下对利率变动的影响都要大于对外开放状态下对利率变动的影响。这说明对外开放状态下的利率变动幅度比封闭状态下更小。由此可得到如下结论：

命题三：从横向比较看，一国或地区不论处于封闭状态还是对外开放状态，通过财政政策渠道和货币政策渠道（即政府制定和实施的宏观经济政策）对利率变动产生的影响均是同向的，但对外开放状态下对利率变动产生的影响要弱于封闭状态。

表4-1　不同经济运行方式对利率变动的影响

经济运行方式	财政政策渠道
封闭状态 （$\omega=0$）	$[L_Y+(M/P^2)S_Y]/|D|'>0$
对外开放 （$0<\omega\leqslant1$）	$[(1-\omega)L_Y+(M/P^2)S_Y]/|D|>0$
变动差异 （封闭—开放）	$[\omega L_Y S_Y(M/P^2)(CF_{r-r^*}-I_{r-\pi^e})]/(|D|'|D|)>0$
经济运行方式	货币政策渠道
封闭状态 （$\omega=0$）	$[-(1/P)(1-C_Y-I_Y)]/|D|'<0$
对外开放 （$0<\omega\leqslant1$）	$[-(1/P)(1-\omega)(1-C_Y-I_Y)]/|D|<0$
变动差异 （封闭—开放）	$[\omega S_Y(M/P^3)(1-C_Y-I_Y)(CF_{r-r^*}-I_{r-\pi^e})]/(|D|'|D|)>0$

为进一步考察一国或地区对外开放度与利率变动之间的关系，也可从纵向比较来分析伴随对外开放度的日益提升，通过财政政策和货币政策渠道对利率变动所产生的影响。因此，可将（4 – 14）式、（4 – 15）式中的 $\partial r/\partial G$、$\partial r/\partial M$ 分别对对外开放度 ω 求导数，于是可得：

$$\partial(\partial r/\partial G)/\partial\omega = [-S_Y L_r(M/P^2)(1-C_Y-I_Y)]/|D|^2 > 0 \qquad (4-16)$$

$$\partial(\partial r/\partial M)/\partial\omega = [-S_Y(M/P^3)(1-C_Y-I_Y)(CF_{r-r^*}-I_{r-\pi^e})]/|D|^2 < 0$$
$$(4-17)$$

（4 – 16）式、（4 – 17）式表明伴随一国或地区对外开放度的日益提升，积极性财政政策对该国或地区的利率上升会产生持续的扩大作用，而扩张性货币政策则对该国或地区的利率下降会产生持续的缩减作用，这两方面综合作用的结果导致利率变动总体上随着对外开放度的日益提升而不断上升。由此，关于对外开放度对利率变动产生的影响有如下重要结论：

命题四：对外开放度与利率变动之间呈现出一种较强的联动关系。对外开放度越大，利率变动也越大：即财政政策渠道对利率变动的影响随着对外开放度的提高而持续扩大，货币政策渠道对利率变动的影响随着对外开放度的提高而持续缩减。

4.3　对外开放度对利率政策效应的影响机理

由上述可知，对外开放度对利率变动的影响机理主要通过财政政策和货币政策两个渠道对利率变动产生影响。由前述结论也可以明显地观察到：在对外开放状态下，宏观经济政策对利率变动会产生同向影响，即积极性财政政策对利率上升的影响随着对外开放度的日益提升而持续放大，扩张性货币政策对利率下降的影响随着对外开放度的日益提升而持续减弱，而积极性财政政策渠道和扩张性货币政策渠道两方面的同时作用将伴随对外开放度的日益提升对利率上升产生持续放大的影响。在对外开放状态下，利率的持续上升将会对产出和价格等实际经济变量产生重要影响。一方面，一国或地区利率上升会导致国内外利差差距扩大，这会吸引国外资本不断流入，从而进一步推升本国或地区的利率，强化利率对投资的"挤出效应"，不利于发挥投资对经济增长的拉动作用；另一方面，根据货币市场均衡方程式即 LM 曲线方程式：$M/P = kY - hr$，其中，M/P 表示实际货币供给，$kY - hr$ 表示实际货币需求，k 是货币需求关于产出变动的系数（即货币需求的产出弹性），h 是货币需求关于利率变动的系数

（即货币需求的利率弹性），显然，当一国或地区利率 r 上升且总产出 Y 与名义货币供给 M 不变时，价格水平 P 会上升。因此，利率上升将分别通过财政政策渠道和货币政策渠道对产出效应和价格效应产生影响。为此，在对外开放状态下分析利率政策效应可先分别考察财政政策渠道和货币政策渠道对总产出和价格这些经济变量的影响，根据（4-12）式以及克莱姆法则可得：

$$\partial Y/\partial G = [-(1-\omega)L_r]/|D| \geqslant 0 \qquad (4-18)$$

$$\partial P/\partial G = (-S_Y L_r)/|D| > 0 \qquad (4-19)$$

$$\partial Y/\partial M = [(1/P)(1-\omega)(CF_{r-r^*} - I_{r-\pi^e})]/|D| \geqslant 0 \qquad (4-20)$$

$$\partial P/\partial M = [(1/P)S_Y(CF_{r-r^*} - I_{r-\pi^e})]/|D| > 0 \qquad (4-21)$$

（4-18）式和（4-19）式表示对外开放状态下财政政策渠道对利率政策的产出效应和价格效应；（4-20）式和（4-21）式表示对外开放状态下货币政策渠道对利率政策的产出效应和价格效应。根据（4-18）式和（4-20）式，可直观地得到关于产出效应的如下结论：

命题五：当一国或地区处于封闭状态即 $\omega = 0$ 时，$\partial Y/\partial G|_{\omega=0} = -L_r/|D|' > 0$，$\partial Y/\partial M|_{\omega=0} = [(1/P)(CF_{r-r^*} - I_{r-\pi^e})]/|D|' > 0$，政府能够独立制定和实施宏观经济政策，积极性财政政策或扩张性货币政策在一定时期内都可增加总产出，促进经济增长，扩大就业机会；当一国或地区处于不完全对外开放状态即 $\omega \in (0,1)$ 时，$\partial Y/\partial G|_{0<\omega<1} = [-(1-\omega)L_r]/|D| > 0$，$\partial Y/\partial M|_{0<\omega<1} = [(1/P)(1-\omega)(CF_{r-r^*} - I_{r-\pi^e})]/|D| > 0$，此时宏观经济政策是有效的，积极性财政政策和扩张性货币政策都能增加总产出，但其产出效应大小要由 ω 决定，因为政府制定宏观经济政策的独立性受到国内外诸多不确定性因素的制约而遭到削弱；当一国或地区处于完全对外开放状态即 $\omega = 1$ 时，$\partial Y/\partial G|_{\omega=1} = 0$，$\partial Y/\partial M|_{\omega=1} = 0$，此时政府实施的宏观经济政策是没有效果的，无论是积极性财政政策还是扩张性货币政策，其产出效应是无效的，表现出中性状态。

根据（4-19）式和（4-21）式，可得到关于价格效应的如下命题：

命题六：一国或地区无论处于封闭状态、对外不完全开放状态还是对外完全开放状态，也不论实施积极性财政政策还是扩张性货币政策，对价格始终存在放大效应。积极性财政政策直接导致政府支出的扩大，从而加剧了产品市场上产品和劳务的竞争性购买，增加了总需求，促进了价格水平的上涨。扩张性货币政策会引致利率的下降，刺激投资增加，总需求进一步扩大，进而推动了价格水平上涨。

根据命题五和命题六的结论，可进一步比较封闭状态和对外开放状态下利率政策的产出效应和价格效应的差异，见表 4－2 和表 4－3。

表 4－2　基于财政政策渠道的不同经济运行方式对利率政策产出效应和价格效应的影响

经济运行方式	产出效应
封闭状态（$\omega = 0$）	$-L_r / \mid D \mid ' > 0$
对外开放（$0 < \omega \leqslant 1$）	$[-(1-\omega)L_r] / \mid D \mid \geqslant 0$
效应差异（封闭—开放）	$[\omega L_r S_Y (M/P^2)(CF_{r-r^*} - I_{r-\pi^e})] / (\mid D \mid ' \mid D \mid) > 0$
经济运行方式	价格效应
封闭状态（$\omega = 0$）	$(-S_Y L_r) / \mid D \mid ' > 0$
对外开放（$0 < \omega \leqslant 1$）	$(-S_Y L_r) / \mid D \mid > 0$
效应差异（封闭—开放）	$\{-\omega S_Y L_r [L_r(1 - C_Y - I_Y) + L_Y(I_{r-\pi^e} - CF_{r-r^*})]\} / (\mid D \mid ' \mid D \mid) < 0$

表 4－3　基于货币政策渠道的不同经济运行方式对利率政策产出效应和价格效应的影响

经济运行方式	产出效应
封闭状态（$\omega = 0$）	$[(1/P)(CF_{r-r^*} - I_{r-\pi^e})] / \mid D \mid ' > 0$
对外开放（$0 < \omega \leqslant 1$）	$[(1/P)(1-\omega)(CF_{r-r^*} - I_{r-\pi^e})] / \mid D \mid \geqslant 0$
效应差异（封闭—开放）	$[-S_Y (M/P^3)(CF_{r-r^*} - I_{r-\pi^e})^2] / (\mid D \mid ' \mid D \mid) > 0$
经济运行方式	价格效应
封闭状态（$\omega = 0$）	$[(1/P)S_Y (CF_{r-r^*} - I_{r-\pi^e})] / \mid D \mid ' > 0$
对外开放（$0 < \omega \leqslant 1$）	$[(1/P)S_Y (CF_{r-r^*} - I_{r-\pi^e})] / \mid D \mid > 0$
效应差异（封闭—开放）	$\{\omega(1/P)S_Y (CF_{r-r^*} - I_{r-\pi^e})[L_r(1 - C_Y - I_Y) + L_Y(I_{r-\pi^e} - CF_{r-r^*})]\} / (\mid D \mid ' \mid D \mid) < 0$

从表 4 - 2 和表 4 - 3 中效应差异的分析可以看出，不管是基于财政政策渠道还是基于货币政策渠道，对外开放比封闭状态的利率政策的产出效应要小，而利率政策的价格效应要大。这说明了对外开放下的利率政策效应要比封闭状态下的利率政策效应更弱，因此，可以得出：

命题七：政府实施的宏观经济政策在对外开放条件下的利率政策效应明显低于封闭状态下的利率政策效应。

为进一步分析一国或地区对外开放度对利率政策效应的影响，可以从对外开放度日益提升的角度考察其对总产出和价格这些实际经济变量的影响。因此，可对（4 - 18）式、（4 - 19）式、（4 - 20）式、（4 - 21）式分别就对外开放度 ω 求导数，于是有：

$$\partial(\partial Y/\partial G)/\partial \omega = [S_Y L_r(M/P^2)(CF_{r-r^*} - I_{r-\pi^e})]/|D|^2 < 0$$

$$(4-22)$$

$$\partial(\partial P/\partial G)/\partial \omega = S_Y L_r[L_r(1 - C_Y - I_Y) + L_Y(I_{r-\pi^e} - CF_{r-r^*})]/|D|^2 > 0$$

$$(4-23)$$

$$\partial(\partial Y/\partial M)/\partial \omega = [-S_Y(M/P^3)(CF_{r-r^*} - I_{r-\pi^e})^2]/|D|^2 < 0$$

$$(4-24)$$

$$\partial(\partial P/\partial M)/\partial \omega = \lambda[-(1/P)S_Y(CF_{r-r^*} - I_{r-\pi^e})]/|D|^2 > 0 \text{①}$$

$$(4-25)$$

（4 - 22）式至（4 - 25）式共同表明了伴随一国或地区对外开放度的日益提升，外部风险以及国外诸多变量的不确定性变化将成为制约利率政策效应的重要因素。在封闭状态下，一国或地区制定宏观经济政策的独立性和计划性很高，宏观经济政策的实施完全可以依靠自身内部因素来促进经济增长。但在对外开放条件下，尤其是随着对外开放水平的不断提高，政府无法独立和计划制定宏观经济政策，加大了政府对宏观经济变量的控制难度，进而直接影响到一国或地区宏观经济政策的传导机制及政策效应。因为，外向型经济变量的"非计划性"大大增加了政府通过计划控制手段的实施难度，大规模的国际生产要素流动加大了政府对于宏观经济政策的控制难度。而且在对外开放条件下，国内外诸多不确定性因素具有"非计划性""随机性"的特点，政府难以事先进行正确的预判，更为重要的是，国内外生产要素流动在规模和速度上都大幅度提高，国际生产要素的流动结构也发生了剧变。因此，外向型经济因素的随机变动直接影响到一国或地区利率政策的传导机制及其效应。从财政政策角度看，

---

① 其中，$\lambda = [L_r(1 - C_Y - I_Y) + L_Y(I_{r-\pi^e} - CF_{r-r^*})]$。

对外开放条件下的积极性财政政策会引起本国利率上升，国内外利差将鼓励域外资本不断流入，从而进一步提升本国利率水平，形成"棘轮效应"，这不仅加大了财政支出对私人投资的"挤出效应"，还降低了投资对推动经济增长的刺激作用，利率政策的产出效应趋于减弱。从货币政策角度看，一国或地区货币政策的变化对他国或地区存在"溢出效应"，会对本国或地区的利率等经济变量产生影响，同时也会受到其他国家或地区货币政策的制约，从而影响到本国或地区的利率政策效应。例如，当一国或地区实施扩张性货币政策，会引起本国或地区利率下降导致资本外流，使得本币贬值而外币升值，这意味着进口产品的本币价格上升，本国或地区的通货膨胀趋于上升，利率政策的价格效应趋于放大。国外的财政政策和货币政策也会以同样的方式对本国或地区产生影响，这种产出效应由于对外开放而产生的不确定性以及价格效应的相互输出，随时干扰着本国利率政策的有效性。因此，可推出一个关键性命题：

命题八：对外开放度与利率政策效应之间存在一种递减关系。对外开放度越大，利率政策效应越小：即利率政策的产出效应随着对外开放度的提高而不断减弱，利率政策的价格效应随着对外开放度的提高而不断放大。

为全面分析对外开放条件下利率政策的产出效应和价格效应，可把利率政策效应分解为短期影响与长期影响两个角度进行考察。无论是从封闭状态到对外开放，还是随时间推移对外开放度的日益提升，都表明了对外开放条件下利率政策的产出效应和价格效应的短、长期动态调整机制。由此，基于前面的分析，可以揭示出一个重要结论：

命题九：在对外开放条件下，不管是通过财政政策渠道，还是通过货币政策渠道，利率下降在短期内具有明显的产出效应，总产出会增加，有利于促进经济增长和就业；但在长期内，利率政策效应将趋于中性状态，利率政策的产出效应只是暂时性增加了总产出和就业，利率政策效应最终会释放到价格水平持续上升的放大效应上。

至此，本书已从数学函数的角度就对外开放度对利率变动及政策效应的影响进行了严密的数理逻辑推导，为进一步解释对外开放状态下通过财政政策渠道和货币政策渠道对利率变动及其短期与长期政策效应的影响，可用几何图形进行深入探讨，从而作为数理逻辑推导证明的一种有益补充。下面通过图 4-2 和图 4-3，从几何图形的角度揭示对外开放度对利率变动及政策效应的影响。

1. 对外开放条件下财政政策渠道对利率变动及其短长期政策效应的影响

图 4-2 从几何图形的角度揭示了对外开放条件下财政政策渠道对利率变动及其短长期政策效应的影响。

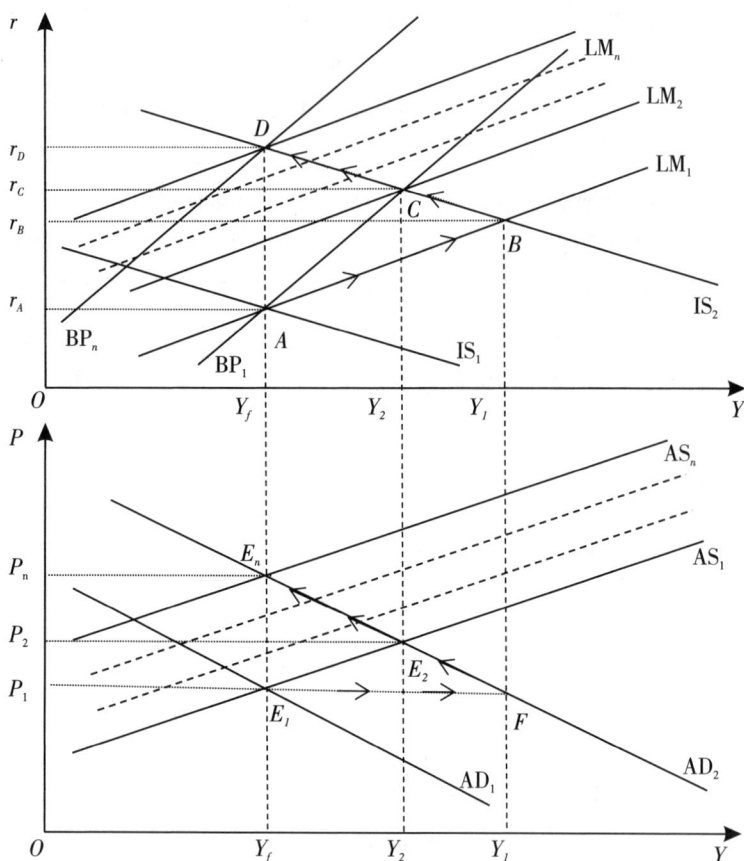

图 4-2　对外开放条件下财政政策渠道对利率变动及其短长期政策效应的影响

（1）短期影响。

在图 4-2 中，均衡点 A 表示实现了产品市场和货币市场的初始均衡，也实现了国际收支平衡。均衡点 E_1 表示实现了总需求与总供给的初始均衡，也实现了充分就业水平。此时均衡产出是 Y_f，均衡价格是 P_1，均衡利率是 r_A。当一国或地区经济发生了外来的波动，其根源来自扩张性财政政策（$\Delta G > 0$）的总需求冲击。在产品市场上，财政政策的扩张导致 IS_1 曲线右移至 IS_2 曲线，均衡点由初始均衡点 A 移动至点 B，利率水平由 r_A 上升至 r_B。而在点 B 处的利率水平抑制了本国或地区投资的增加，降低了本国或地区的收入水平，从而促使点 B 沿着 IS_2 曲线向左上方移动。在国际收支平衡市场上，由于国内利率水平高于国外利率水平而导致本国或地区汇率升值，会引起国际收支平衡 BP 曲线向左移动。在总需求市场上，扩张性财政政策使得 AD_1 曲线的斜率没有发生变化并向右平行移动至 AD$_2$ 曲线，均衡点由 E_1 移动至 F。扩张性财政政策提高了产出水平，初始均衡水平由 Y_f 增加到 Y_1。在总供给市场上，总产出水平显著提高，促进经济持续增长，产品需求上升，社会就业岗位和就业机会明显增加，于是对劳动力的需求趋于旺盛，劳动力工资水平也随之水涨船高，人们的购买力得到增强，促使价格水平上升，均衡点由 E_1 沿着 AS$_1$ 曲线移动至 E_2。在货币市场上，价格上升导致实际货币供给 M/P 的进一步下降，从而导致 LM$_1$ 曲线向左平移至 LM$_2$ 曲线，新的经济均衡点由点 B 移动至点 C，此时利率由原来的 r_A 上升至 r_B，高于初始均衡水平。高于初始均衡水平的新的利率水平会传导到总需求市场上，投资由于利率水平的上升而遭到抑制，总产出水平也从 Y_1 下降至 Y_2，新的经济均衡点由 F 移动至 E_2。在新的经济均衡点 E_2 处实现了短暂的总需求与总供给相等，此时的产出水平 Y_2 高于初始均衡水平 Y_f，价格水平 P_2 也高于初始均衡水平 P_1。因此，在短期内，对外开放条件下扩张性财政政策对利率变动存在明显的正向影响，对利率政策效应具有短期影响：利率明显上升（$r_B > r_A$），产出增加（$Y_2 > Y_f$），价格略有上升（$P_2 > P_1$）。

（2）长期影响。

由上述短期分析可知，扩张性财政政策使得经济由初始均衡点 E_1 移动至点 E_2，在该点处存在产出高于初始均衡水平，经济将处于一种非均衡状态，经济的波动与不断调整也将成为一种新的常态。在总供给市场上，若产出大于初始均衡充分就业水平，经济增长强劲导致就业岗位和就业机会增加，劳动力市场将供不应求，整个社会的劳动力工资水平也将不断上涨，进而使得价格水平上升。这会导致三方面的影响：首先，总供给市场会因价格水平上升而引起总供给曲线 AS$_1$ 向左移动；其次，货币市场会因价格的上升而使得实际货币供给 M/P 下降，引起 LM$_2$ 曲线向左移动，这会使得利率水平上升，抑制了投资的增加，从而导致产出水平下降；最后，产品市场会因利率水平上升而抑制了本国或地区投资的增加，降低了本国或地区的收入水平，从而促使均衡点 C 沿着 IS$_2$ 曲线向左上方移动。只要存在产出水平对初始均衡充分就业水平的偏离，经济的波动和调整过程就会一直进行下去：总供给市场 AS$_1$ 曲线会不断地向左移动直至 AS$_n$ 曲线，货币市场 LM$_2$ 曲线会不断地向左移动直至 LM$_n$ 曲线，产品市场上均衡点 C 会沿着自身不断地向左上方移动直至点 D，总需求市场上均衡点 E_2 会沿着自身不断地向左上方移动直至点 E_n，国际收支平衡市场 BP$_1$ 曲线会不断地向左移动直至 BP$_n$ 曲线。在这个波动和调整过程中，随着对外开放度的日益提升，扩张性财政政策对利率变动产生了持续上升的正向影响；但对利率政策效应却产生了不断趋于减弱的影响，产出不断下降，价格不断上升，经济实现了长期的稳定性均衡：产出水平回到了初始均衡充分就业水平，但价格水平从初始的 P_1 上升到了较高的 P_n。

（3）结论。

因此，在对外开放条件下，不管是短期内还是长期内，扩张性财政政策对利率变动均具有上升的影响，且随着对外开放度的日益提升，对利率的上升存在持续性推动作用。同时，扩张性财政政策短期内对利率政策的产出效应和价格效应有影响，产出会增加，有利于促进经济增长；但在长期内，扩张性财政政策对利率政策效应没有影响。也就是说，在对外开放条件下，利率政策通过财政扩张渠道对产出和就业等实际经济变量没有产生影响，而是释放到价格的放大效应上，表现出一种中性特质。

2. 对外开放条件下货币政策渠道对利率变动及其短长期政策效应的影响

图 4-3 从几何图形的角度揭示了对外开放条件下货币政策渠道对利率变动及其短长期政策效应的影响。

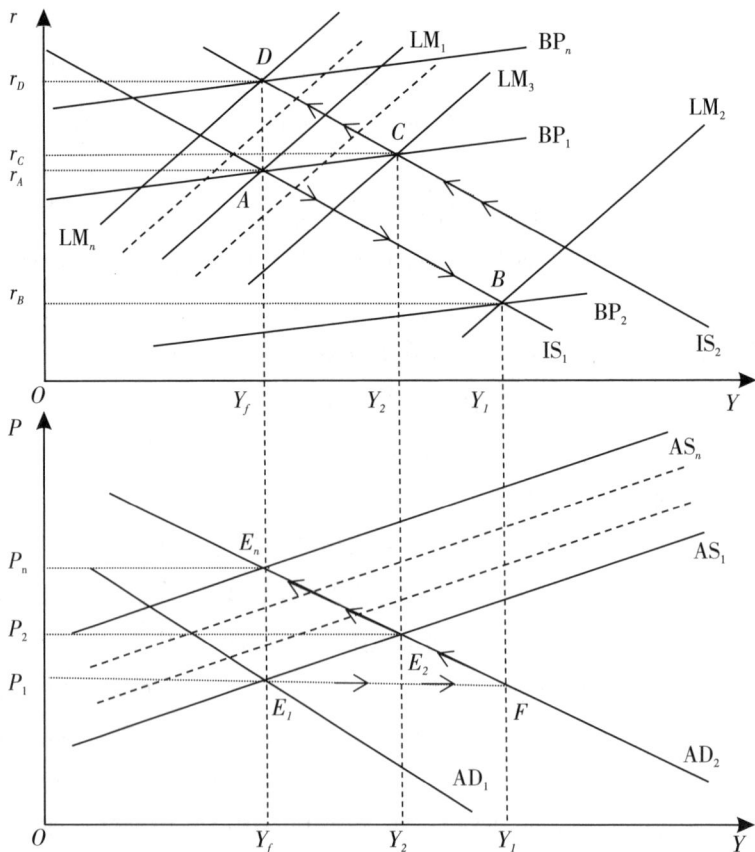

图 4-3　对外开放条件下货币政策渠道对利率变动及其短长期政策效应的影响

（1）短期影响。

在图 4 - 3 中，均衡点 A 表示实现了产品市场和货币市场的初始均衡，也实现了国际收支平衡。均衡点 E_1 表示实现了总需求与总供给的初始均衡，也实现了充分就业水平。此时均衡产出是 Y_f，均衡价格是 P_1，均衡利率是 r_A。当一国或地区经济发生了外来的波动，其根源来自扩张性货币政策（$\Delta M > 0$）的总需求冲击。在货币市场上，货币政策的扩张导致 LM_1 曲线右移至 LM_2 曲线，均衡点由初始均衡点 A 移动至点 B，国内利率水平由 r_A 下降至 r_B。而在点 B 处的国内利率水平低于国外利率水平，引起国内资本流入国外，导致本国或地区汇率贬值而使得出口增加、进口减少，提高了本国或地区产品的竞争力，从而促使 IS_1 曲线向右移动至 IS_2 曲线。在国际收支平衡市场上，由于国内利率水平低于国外利率水平而导致本国或地区汇率贬值，会引起 BP_1 曲线向右移动至 BP_2 曲线。在总需求市场上，扩张性货币政策使得 AD_1 曲线的斜率发生了更平坦的变化并向右移动至 AD_2 曲线，均衡点由初始均衡点 E_1 移动至 F。扩张性货币政策提高了产出水平，初始均衡水平由 Y_f 增加到 Y_1。在总供给市场上，总产出水平显著提高，促进经济持续增长，产品需求上升，社会就业岗位和就业机会明显增加，于是对劳动力的需求趋于旺盛，劳动力工资水平也随之水涨船高，人们的购买力得到增强，促使价格水平上升，均衡点由 E_1 沿着 AS_1 曲线移动至 E_2。在货币市场上，价格上升导致实际货币供给 M/P 的进一步下降，从而导致 LM 曲线向左平移至 LM_3 曲线，新的经济均衡点由点 B 移动至点 C，此时利率由原来的 r_B 上升至 r_C，高于初始均衡利率水平。高于初始均衡水平的新的利率水平会传导到总需求市场上，投资由于利率水平的上升而遭到抑制，总产出水平也从 Y_1 下降至 Y_2，新的经济均衡点由点 F 移动至点 E_2。新的经济均衡点 E_2 处实现了短暂的总需求与总供给相等，此时的产出水平 Y_2 高于初始均衡水平 Y_f，价格水平 P_2 也高于初始均衡水平 P_1。因此，在短期内，对外开放条件下扩张性货币政策对利率变动起初存在明显的负向影响（$r_A < r_B$），但随后这种负向影响遭到削弱（$r_C > r_B$）；对外开放条件下扩张性货币政策对利率政策效应具有短期影响：产出增加（$Y_2 > Y_f$），价格略有上升（$P_2 > P_1$）。

（2）长期影响。

由上述短期分析可知，扩张性货币政策使得经济由初始均衡点 E_1 移动至点 E_2，在该处产出高于初始均衡水平，经济将处于一种非均衡状态，经济的波动与不断调整也将成为一种新的常态。在总供给市场上，若产出大于初始均衡充分就业水平，经济增长强劲导致就业岗位和就业机会增加，劳动力市场将供不应求，整个社会的劳动力工资水平也将不断上涨，进而使得价格水平上升。这会导致三方面的影响：首先，总供给市场会因价格水平上升而引起总供给曲线 AS_1 向左移动；其次，货币市场会因价格的上升而使得实际货币供给 M/P 下降，引起 LM_2 曲线向左移动，这会使得利率水平上升，抑制了投资的增加，从而导致产出水平下降；最后，产品市场会因利率上升而抑制了投资的增加，降低了本国或地区的收入水平，从而促使均衡点 C 沿着 IS_2 曲线向左上方移动。只要存在产出水平对初始均衡充分就业水平的偏离，经济的波动和调整过程就会一直进行下去：总供给市场 AS_1 曲线会不断地向左移动直至 AS_n 曲线，货币市场 LM_2 曲线会不断地向左移动直至 LM_n 曲线，产品市场均衡点 C 会沿着自身不断地向左上方移动直至点 D，总需求市场均衡点 E_2 会沿着自身不断地向左上方移动直至点 E_n，国际收支平衡市场 BP_1 曲线会不断地向左移动直至 BP_n 曲线。在这个波动和调整过程中，随着对外开放度的日益提升，扩张性货币政策对利率变动产生了持续的负向影响；对利率政策效应也产生了不断趋于减弱的影响，产出不断下降，价格不断上升，经济实现了长期的稳定性均衡：产出水平回到了初始均衡充分就业水平，但价格水平从初始的 P_1 上升到了较高的 P_n。

（3）结论。

因此，在对外开放条件下，扩张性货币政策在短期内对利率变动存在下降的影响，但在长期内，随着对外开放度的日益提升，对利率的下降具有持续性的削弱作用，并最终导致利率上升。同时，扩张性货币政策在短期内对利率政策的产出效应和价格效应有影响，产出会增加，有利于促进经济增长；但在长期内，扩张性货币政策对利率政策效应没有影响。也就是说，对外开放条件下利率政策通过货币扩张渠道对产出和就业等实际经济变量没有产生影响，而是通过名义工资和价格吸纳了货币扩张对利率冲击的一切影响，利率政策效应呈中性状态。

从对外开放条件下财政政策渠道和货币政策渠道对利率变动及其短长期政策效应的影响分析可知其异同：①对外开放度通过财政扩张和货币扩张对利率变动的影响是略有不同的：财政扩张不管是在短期内还是在长期内，对利率变动均具有上升的影响，且随着对外开放度的日益提升，对利率的上升存在持续性推动作用；而货币扩张在短期内对利率变动存在下降的影响，但在长期内，随着对外开放度的日益提升，对利率的下降具有持续性的削弱作用，并最终导致利率上升。也就是说，对外开放度通过财政扩张和货币扩张对利率变动的影响只是在短期内不同，长期内还是相同的。②对外开放度通过财政扩张和货币扩张对利率政策效应的影响是相同的：短期内，对利率政策的产出效应和价格效应有影响，会使产出增加，有利于促进经济增长，价格略有上升；但在长期内，对利率政策效应没有影响，即对外开放条件下利率对产出和就业等实际经济变量没有影响，而是释放到价格的放大效应上，通过名义工资和价格吸纳了财政和货币扩张对利率冲击的一切影响，利率政策效应表现出一种中性特质。

表 4 - 4 总结了前面关于对外开放条件下财政和货币扩张对利率变动及政策效应的短期和长期影响的分析。

表 4 - 4 对外开放条件下财政和货币扩张对利率变动及政策效应的短期和长期影响

政策影响		利率变动	利率政策效应	
			产出效应	价格效应
		Δr	ΔY	ΔP
财政扩张	短期	↑	↑	↑
	长期	↑	−	↑
货币扩张	短期	↓	↑	↑
	长期	−	−	↑

注：本表说明了对外开放度通过各种经济政策渠道对利率变动 Δr、利率政策的产出效应 ΔY 和利率政策的价格效应 ΔP 影响的方向。其中，"↑"表示某变量的上升；"↓"表示某变量的下降；"−"表示没有影响。

从表 4 - 4 中可以直观地看出，对外开放度通过财政政策渠道和货币政策渠道对利率变动及政策效应的影响几乎相同，只有短期内财政政策对利率变动的影响与货币政策对利率变动的影响存在不一致，其他所有影响结果都相同。这表明，长期来说对外开放度通过财政政策渠道和货币政策渠道对利率变动、利率政策的产出效应以及利率价格效应的影响方向均是一致的。

劳动力工资水平和价格的黏性程度，即劳动力工资水平和价格二者调整速度的快慢决定了利率政策效应的大小。当劳动力工资和价格两者具有黏性且调整速度比较缓慢时，利率政策的合理调整将会促进经济增长，此时利率政策的产出效应较高。当劳动力工资和价格两者黏性程度较低且调整速度较快时，则利率政策的适度调整对经济增长的促进作用较小，产出效应较低。劳动力工资是企业生产成本的一个主要组成部分，而劳动力工资水平取决于劳动力市场的供求关系。如果劳动力供过于求、剩余劳动力较多、国民经济中许多部门存在大量隐性失业时，劳动力工资水平较低且存在黏性，那么经济生产成本也将处于较低水平，增加了企业投资利润，合理调整利率政策将会刺激投资的扩大，促使企业在低工资水平下雇佣更多的剩余劳动力以扩大生产规模，从而促进产出效应的增强。如果劳动力供不应求、大量剩余劳动力转移至劳动密集型产业部门时，劳动力工资水平黏性不大，调整速度较快，并且工资将不断上涨，使得经济生产成本也随之上升，压缩了企业投资的利润空间，利率政策调整对投资的刺激作用有限。由于企业必须在较高工资水平下雇佣劳动力，抑制了企业生产规模的扩张，从而阻碍了经济增长，产出效应不大。

对外开放主要通过国际贸易和外商直接投资这两个途径来影响一国或地区剩余劳动力的转移。国际贸易能够直接促进就业岗位的增加，促使剩余劳动力从过剩部门向贸易产业部门转移。这是因为，如果一国或地区拥有大量的剩余劳动力，其比较优势是劳动要素丰裕，劳动密集型产业在贸易结构中处于主要地位，伴随对外贸易水平的日益提高，劳动密集型产业部门会迅速扩张，使得对劳动力生产要素的需求量增加，劳动力在该产业部门的就业比重也将大幅度提高。这进一步增强了对外贸易产业部门吸收剩余劳动力的能力，对外贸易额越大，则对外贸易产业部门吸收剩余劳动力的能力越强，进而促使剩余劳动力不断向对外贸易产业部门转移。众所周知，对外贸易是拉动经济增长的重要因素之一，随着对外贸易额的不断增长，一国或地区的经济将迅速增长，该国或地区的工业化和城市化水平也将加快提升，这进一步提高了对剩余劳动力转移的偏效应。

外商直接投资会推动一国或地区剩余劳动力的跨部门流动，丰裕的剩余劳动力可以降低外资企业用工成本，增加外资企业的用工需求，而外资企业的产业集聚效应进一步加剧了上下游企业产业链的集中，这将创造出对剩余劳动力的更多需求。外商直接投资的产业集聚效应导致区域就业的不均衡，工业化和城市化水平较高的地区因人力资本、交通、地理区位等方面的优势对外资企业的吸引力较强，引起了剩余劳动力不断向该区域转移。同时，产业集聚效应进一步提高了工业化和城市化水平，对剩余劳动力将产生更多的需求。当一国或地区实施外向型经济发展战略时，随着外商直接投资的日益增多，外商企业对劳动生产要素的需求也会日益增加，这将加速剩余劳动力的转移。因此，对外开放通过外商直接投资渠道促进了剩余劳动力向劳动密集型产业部门转移，改变了劳动力市场的供给和需求结构。伴随对外开放水平的不断提高，剩余劳动力不断得到释放，劳动力供给越来越少，但对劳动力的需求因经济发展不仅没有减少反而增加，这种相对的供不应求必然会促使劳动力工资水平逐渐上升，劳动力工资向上调整将成为常态，在对外封闭状态下相对稳定的低工资水平将难以为继。对外开放状态下工资黏性的基础遭到削弱，进而抑制了利率政策的产出效应。

对外开放水平不断提升的过程实质上也是市场经济发展不断深化和升级的过程。随着对外开放度的日益提高，利率政策效应发挥所依赖的劳动力工资和价格黏性的基础遭到削弱。在对外开放水平较低阶段,劳动力工资和价格的变动幅度相对固定,黏性程度较高,利率政策效应较大。在对外开放水平日益提高的阶段,市场供求关系逐渐决定了劳动力工资和价格水平,价格的改革也逐步建立起市场价格形成机制,价格的变动幅度越来越大。而且,在对外开放条件下,价格不再只由本国或地区的产品价格来决定,国外产品价格的波动也会引起该国或地区的价格水平的变动。因此,对外开放水平的不断提高降低了价格的黏性程度,导致利率政策效应下降。

在对外开放条件下,利率政策在短期内存在一定程度的产出效应与价格效应。但由于长期内政府将面临极其复杂的不确定性的外部冲击,无法及时并准确掌握诸多客观因素,加大了制定和实施利率政策的难度,明显降低了利率政策效应。利率政策效应也伴随对外开放度的日益提升而不断趋于削弱。从横向比较看,利率政策调整的有效性在对外开放条件下要弱于对外封闭状态;从纵向比较看,对外开放度和利率政策效应两者之间表现出一种递减关系:即随着对外开放度的日益提升,利率政策的产出效应将趋于减少,而价格效应却将持续放大。也就是说,利率政策的实施在短期内对产出和就业等实际经济变量存在一定影响,但在长期内没有影响,利率政策效应完全释放到了价格水平之上,价格效应吸纳了其冲击的所有影响。

第5章　我国对外开放度的测算和波动分析

5.1　对外开放度的测度方法

对外开放度是指一国或地区的劳动、资本、土地与技术等生产要素融入经济全球化社会生产、分配、交换与消费总过程的程度或参与国际社会经济活动的活跃程度，反映了在特定范围内一个国家或地区的经济对外开放程度以及总体状况，是综合测度一国或地区对外开放水平的关键性指标。如果对外开放度愈高，表明该国或地区生产要素跨越区域参与全球经济资源配置活动的范围愈大，融入国际经济的程度愈高。在考察对外开放与利率变动、宏观经济利率政策效应等问题时，对外开放度指标是我们非常关注的重要变量。

对于对外开放度如何测度，国内外学者在具体测度指标选择以及测算方法上的观点莫衷一是。当前国外学者关于对外开放度的测度方法主要有两种：一种是指标体系分析方法，另外一种是模型构建分析方法。综合指标分析方法与单一指标分析方法是指标体系分析方法中的两种主要表现形式。20 世纪 40 年代中期以来，国外学术界一般利用单一指标分析方法中的常用指标对外贸易依存度（即一国或地区的进出口贸易总额与该国或地区的国内生产总值的比值）。对外贸易依存度主要体现为出口依存度和进口依存度（Quah & Rauch，1990；Helliwell & Chung，1991；Edwards，1992；等）。对外贸易依存度指标虽然具有应用较广、测度直观、方法简单等优势，但也存在一定缺陷性。该指标在进出口贸易占对外经济活动相当大份额的国家或地区中有一定适用性，且该指标容易遭受市场微观主体结构、经济总体规模等诸多因素的制约，难以客观而又准确地反映一个国家或地区的对外开放度。基于对外贸易依存度这一指标的局限性，有学者对其进行了部分修改，调整后的对外贸易依存度指标没有把诸如石油、粮食等刚性进口品和烟草、采矿等非贸易性产业部门纳入国内生产总值进行核算。20 世纪 90 年代以来，为了避免对外贸易依存度指标的缺陷，部分学者从贸易壁垒与约束方面来测度对外开放度，强调贸易壁垒与约束对一国对外开放度存在负面影响，主要采用的指标包括贸易有效保护率、贸易限制平均覆盖率、集体关税率（即关税总收入与进口额之比）、关税贸易壁垒覆盖率以及有效平均关税率等（Thomas et al.，1991；Anderson & Neary，1994）。Dollars（1992）采用对外开放条件下的商品价格对其实际价格的偏差程度，即用价格扭曲度指标来测算对外开放度，因对外开放条件下同一商品在全球各国的价格具有趋同性，故可以运用在不同国家或地区的商品实际价格差异程度来进行比较并测度对外开放度。Dollars 的测度方法是用计算公式 $p_i^t / (e^i p_j^t)$，其中 p_i^t、p_j^t 分别表示 i 国与 j 国可贸易的商品价格，e^i 表示 i 国或地区货币对 j 国或地区货币的名义汇率，价格扭曲度与对外开放度之间存在反向变动关系。但也有一些学者采取外汇市场中的黑市交易费用来表示价格的扭曲程度（Levine & Renelt，1992）。

由于单个指标存在片面反映一国或地区的对外开放度的情况，不能全面真实反映该国或地区的对外开放度，许多学者从综合指标的角度分析对外开放度。世界银行（1987）基于贸易战略提出一国对外开放度的划分标准，包括出口补贴与鼓励措施、直接干预进口程度、汇率定值高低以及有效保护率高低等，对国际贸易干预越多，对外开放度越低，以此构造了世界银行外向指数。Leamer（1988）通过构造诸如资本、劳动、土地、石油以及矿产等生产要素的 H－O－V 要素禀赋贸易理论模型，在三位数标准国际贸易分类下实证分析了全球 53 个国家或地区 183 种可贸易商品的净贸易流量以及贸易强度，同时利用商品贸易强度的模型模拟值与实际值两者之间的差额作为衡量对外开放度的数值。基于 Leamer 的方法，Wolf（1993）将市场要素集合与商品分类集合进行适当扩展，根据无扭曲情形下预测的贸易额与实际发生的贸易额的差值来描述对外开放度。世界经济论坛与洛桑国际管理发展学院（1994）均指出衡量一国或地区竞争力主要体现在对外开放度，而对外开放度指标体系包括进出口贸易年增长率、进出口商品与服务、贸易差额、外商直接投资吸引力、对外资的保护程度、国际市场准入、与外国公司的紧密度和保护主义倾向等。Sachs 和 Warner（1995）通过"二进制"方法，选取实施计划性经济体制与否、平均关税率、黑市外汇汇率溢价率、进口非关税贸易壁垒措施比率以及国家垄断企业是否涉及主要对外贸易出口企业 5 个指标构建了一个综合性的 Sachs-Warner（SW）对外开放度指标，把一国或地区的对外开放度区分为开放与不开放两种类型。美国传统基金会针对对外开放度综合指数进行了分类：一类是海关廉洁率、非关税壁垒措施以及平均关税率等一系列外贸政策指标；另一类是外国公民享有国民待遇、地方政府财政对国外企业支持程度以及外商投资相关法律法规等外商投资政策指标。在这两类指标基础上，依据对外开放度将一国或地区分为五种情形（Johnson & Sheely，1996）。Harrison（1996）采用 Summers-Heston 数据集，以土地资源禀赋、城市化指数以及人口数量等因素为解释变量，被解释变量用消费品的相对价格来表示，通过构建模型回归所得残差值作为价格扭曲程度指数，该残差值越小则表明价格扭曲程度越小，也即表示对外开放水平越高。Patrick 等（1998）利用修正后的国内生产总值与人均国内生产总值的二次方项、人口数量、对外贸易依存度等变量之间的关系，建立模型并进行计量实证回归分析来测度一国或地区的对外开放度。Edwards（1998）利用贸易开放度、世界银行外向指数、进口扭曲指数、关税与总贸易额之比、BMP、SW 测算法、NTBs、Leamer 开放度指数和工业制成品平均关税率 9 种指标构成了一个新的度量对外开放度的指标体系，其测算的准确性有明显提高。Stewart（1999）基于引力模型，回归得到贸易国与其他所有贸易往来国之间贸易额的预测值，并以贸易实际额度与其预测值之比计算出贸易强度，进而用该贸易强度来表示对外开放度。Cameron 等（1999）选择出口占国内总产出的比重、进口额占国内销售额的比重、对国内 FDI 与总产出之比、对国外 FDI 与总产出之比以及国际贸易进行加权的 R&D 存量占总产出的比重这 5 个指标，采用主成分分析技术对各个指标权重进行赋值，从而组合成为一维的对外开放度指数。Lloyd 和 MacLaren（2002）通过优化对外贸易依存度并基于能够计算的一般均衡模型（CGE），构建了一组测度对外开放度的指标体系，在此基础上，衡量了 14 个国家或地区的对外开放度。

国内学术界在借鉴国外现有研究成果的基础上，结合改革开放以来我国的具体国情以及所处的历史阶段，针对对外开放度的相关指标体系以及衡量方法进行了有益的探索。改革开放初期，由于对外商品与服务贸易在我国对外经济交往活动中所占份额很高，大多数学者主要采用对外贸易依存度来测算对外开放度（中国人民大学经济发展报告课题组，1995；乔超，1997；范红忠、王徐广，2008；焦娜，2012；程立茹、王分棉，2013；董利红、严太华，2015；高翔、黄建忠，2017）。

但随着我国对外开放的广度和深度不断向纵深推进，关于对外开放度的测度出现了许多新方法与新指标。程晓华和刘养洁（2016）根据黄土高原实际经济发展情况与对外开放水平，选取并赋予对外贸易依存度和外资依存度两个指标相同权重，利用不同年度截面数据进行算术平均来考察黄土高原各省区、地级市的对外开放度的变化及排序变动情况。也有学者采用该方法衡量对外开放度（兰宜生，2002；梁伟华，2012；朱慧、周根贵，2015）。还有学者直接采用对外贸易依存度与外资依存度之和来建立对外开放度指标（伞锋，2002；罗忠洲，2007；孙晋芳等，2008；张伟等，2008；吴雪明、黄仁伟，2009；杨丹萍、张冀，2011）。

解念慈和魏宁（1988）分别赋予劳务贸易额与国民生产总值（GNP）之比、对外贸易额与国民生产总值之比、资本国际流动额与国民生产总值之比这三项指标的权重为：1/7、4/7、2/7，以此对我国的对外开放度进行测度。罗龙（1989、1990）分别赋予有形商品与劳务的贸易关联度、无形商品与劳务的贸易关联度、出口部门贸易的覆盖率、部门内参与分工的程度、部门之间参与分工的程度以及资金流动的相关程度等 6 项指标相同的权重，在此基础上建构了一个综合指标来衡量一国或地区实物经济部门的对外开放度。吴园一（1998）选择利用外资投资开放度（即实际利用外资总额与固定资产投资总额之比）、实际到位外资占合同外资比重、出口开放度、制成品开放度（即出口制成品占出口总额比率）和国内资金供需比 5 个指标，并采用主观赋值法分别赋予这 5 个指标的权重为 20%、15%、10%、35% 和 20% 来测算中国的对外开放度。王元龙（1998）利用外贸开放度、外资开放度、外债开放度和金融开放度 4 个指标衡量对外开放度。李翀（1998）分别赋予进出口总额占国内生产总值的比重（即对外贸易比重）、外商直接投资和对外直接投资总额占国内生产总值的比重（即对外投资比重）以及对外资产和债务总额占国内生产总值的比重（即对外金融比重）这 3 个指标的权重为 40%、30%、30% 来度量中国的对外开放度。李心丹等（1999）采用包含服务和商品的贸易开放度以及包含货币市场和资本市场的金融开放度两个指标构建一个衡量我国对外开放度的综合指标，并分别赋予这两个指标各 50% 的权重。黄德发（2000）分别赋予对外贸易依存度、对外贸易结构水平、对外资本依存度、对外投资结构水平、经济效益和生产开放度这 6 个指标的权重为 20%、20%、20%、10%、10%、20% 来考察广东省的对外开放度。黄繁华（2001）选择对外商品贸易开放度、对外服务贸易开放度、国际间接投资开放度、国际直接投资开放度这 4 项指标来测算中国的对外开放度。刘朝明和韦海鸣（2001）采用聚类分析的方法对外贸依存度、投资依存度（即对外直接投资和接受外来直接投资的总和与国内生产总值之比）、金融依存度（即对外资产和对外债务的总和与国内生产总值之比）以及服务贸易开放度 4 个指标分别赋予不同权重，并进行加权平均来度量对外开放度。夏京文和高敬华（2002）根据对外贸易的比重（进出口总额/GDP）、对外投资的比重（外商直接投资与对外直接投资总额/GDP）以及对外金融的比重（对外债务与对外资产/GDP）3 个指标确定我国的对外开放度。谢守红（2003）选择对外贸易依存度和外资依存度两个指标，并利用算术平均法衡量我国各省区的对外开放度。刘玉玫和张芃（2003）从贸易自由化程度、投资国际化程度、金融一体化程度以及生产全球化程度等 4 个角度，利用主成分分析法构建了我国的综合性对外开放度指标，在此基础上，对我国与其他国家的对外开放度进行了比较。包群等（2003）、许和连等（2003）结合国外关于对外贸易依存度测算方法的最新进展，综合利用指标体系分析方法与模型构建分析方法，选取对外贸易比率、实际平均关税率、黑市交易费用比率、Dollars 指数和修正后的对外贸易比率等 5 个指标度量了中国 1978—2000 年间的对外开放度。郭妍和张立光（2004）选取外贸依存度、外资开放度、涉美对外贸易依存度以及实际平均关税率等指标对我国的对外开放度进行了测度。孙焕民和李国柱（2004）通过利用面板数据模型方法，采用国际商品贸易、国际投资与国际资本流动 3 个指标，测算了 15 个国家 1993—2002 年的对外开放度。胡智和刘志雄（2005）使用外贸依存度、外资依存度、对外金融开放度、生产依存度和实际平均关税率这 5 个指标，通过因子分析法对我国 1985—2002 年的对外开放度进行了测度，顺利地消除了这些指标之间的信息相互重叠问题。范良（2005）根据金融账户与经常账户两个项目，利用对外依存度与外资开放度构建了中国的对外开放度指标。康继军等（2007）采用对外商品贸易依存度、对外服务贸易依存度、金融主管当局开放度、国外对国内直接投资依存度、国内对国外直接投资依存度、证券投资对外依存度、其他投资依存度以及银行机构对外依存度等 8 个指标，利用主成分分析方法分配权重构造我国对外开放度指数。王鹏（2007）选取对外贸易开放度、外资依存度、港澳贸易开放度与实际平均关税率这 4 个指标，利用模型建构分析法度量了广东省的对外开放度。孙丽冬和陈耀辉（2008）通过外贸依存度、外资依存度、对外金融开放度、国际旅游依存度以及对外经济合作依存度这 5 个指标，运用层次分析法与主成分分析法相结合的方法，客观与主观相结合的赋权法，进而构建最优组合赋权模型来对对外开放度进行有效评价。杨晶（2008）从对外商品贸易依存度（包括出口开放度、进口开放度、对外贸易开放度以及经济外向度）、对外服务贸易开放度（即用国际旅游依存度和国际旅游的活跃程度表示）、投资依存度与生产开放度 4 个方面构建了测度我国各省市对外开放度的指标体系。龚晓莺等（2008）基于国际贸易、国际直接投资理论基础以及我国 1999—2006 年的数据，采用客观赋权法从贸易开放度、投资开放度与金融开放度 3 个方面构建了我国对外开放度的测度指标体系。庞智强（2008）选取对外贸易开放度、对外投资依存度、国际旅游依存度、对外技术依存度、国际互联网普及率以及对外工程与劳务合作开放度 6 个指标设计了我国省域对外开放度衡量指标体系。郑展鹏（2009）选择外资依存度与对外贸易依存度进行加权平均构建全面衡量区域对外开放度的指标，对 2000—2007 年我国中部六省的对外开放度进行了度量和分析。张庆君（2009）对外贸开放度、外资开放度、生产开放度 3 个单项指标进行指数化处理，并运用加权平均法对辽宁省对外开放度综合指数进行了计算。陈辉和牛叔文（2010）基于甘肃省1999—2008 年的统计数据，选取对外贸易依存度、外资开放度、国际旅游依存度与对外承包工程及劳务依存度构建了一个综合指数，并通过每个指标占所有指标之和的比重进行加权平均来衡量甘肃省的对外开放度。董锋等（2010）采取外贸依存度、FDI 依存度、GDP 与 GNP 之差 3 个指标对我国 1985—2006 年的对外开放度进行了测度。李子成和金哲松（2011）根据因子分析方法，选取进口与出口依存度、边境贸易开放度、外贸开放度、对外投资开放度以及国际旅游依存度作为计算云南省对外开放度的指标。白云等（2012）使用外贸总额、实际利用外商直接投资总额、旅游外汇收入总额、对外承包工程营业额以及对外劳务合作营业额这 5 个变量进行自然对数变换衡量了河北省 1985—2009 年的对外开放度。刘舒杨（2015）采用 1986—2013 年的对外贸易依存度、对外投资依存度、对外经济合作依存度以及国际旅游依存度这 4 个指标，利用摘权分析法，依据数据本身信息对指标权重进行科学客观赋值，进而测算了浙江省的综合对外开放度。吕艳玲（2015）选取对外贸易开放度、外商投资开放度以及对外合作率（即对外劳务贸易总额与国内生产总值之比）3 个指标度量长吉图区域的对外开放度，并赋予 3 个指标 1∶1∶1 的权重，即对外开放度 = 对外贸易开放度 × 100% + 外商投资开放度 × 100% + 对外合作率 × 100%。马忠新（2017）选取对外贸易开放度、对外投资开放度与对外社会开放度 3 个一级子指标，其中对外社会开放度包括国际旅游外汇收入与 GDP 之比和人均接待入境人数 2 个二级子指标，运用主成分分析法对我国各省的对外开放度进行了测算。杨朝均等（2018）遵循科学性、数据的可比性与可获得性相结合的原则，依据对外生产依存度、对外贸易依存度、对外劳务依存度、外资依存度、对外旅游依存度以及对外技术依存度这 6 大指标构建区域性的对外依存度评价指标体系，并运用熵权 – G1 方法对中国各个省级单位的区域对外开放度进行了有效评价。

　　综观国内外学术界关于对外开放度测度方法的理论与实证分析，如果只选择单个指标来测度对外开放度存在不合理之处。由于世界经济联系日益紧密，劳动、资本、信息、技术等生产要素跨域生产、分配、交换、消费的活动愈加频密，应当综合考虑这些经济要素的跨界流动才能比较全面地考察一国或地区的对外开放度。必须从一国或地区的外贸发展特征、经济发展水平以及对外开放的特点，来确定测度该国或地区对外开放度时应该选择哪些指标以及如何赋予各个指标权重，不能随意选择指标和盲目分配各指标权重，而应基于数据可获得性、指标可比性与连续性、操作简易性等原则来选取指标以及客观科学分配权重。

5.2 我国对外开放度的测度

5.2.1 测度对外开放度的指标选取

本书在借鉴国内外学术界关于对外开放度指标选取及其体系设计的研究基础上，结合我国经济发展阶段、实际国情和对外开放的特征，从国际商品贸易、国际投资、国际金融、国际服务贸易这 4 个角度考察我国对外开放度。同时根据数据的可获得性和指标的客观性，选取出口依存度、进口依存度、对外贸易依存度、外资依存度、对外金融开放度、对外经济合作开放度以及国际旅游开放度这 7 个指标作为测度我国对外开放度的指标体系。其中，出口依存度、进口依存度、对外贸易依存度这 3 个指标反映了国际商品贸易开放程度，国际旅游开放度反映了国际服务贸易开放程度，而国际商品贸易开放程度与国际服务贸易开放程度体现了一国或地区的国际贸易开放程度；外资依存度、对外经济合作开放度体现了一国或地区对外资本要素流动程度，反映了该国或地区国际投资方面的开放程度；对外金融开放度体现了一国或地区国际金融方面的开放程度。为了考察我国对外开放度随时间而变动的情况，选取了 1980—2018 年的相关数据进行测度。

1. 我国出口依存度、进口依存度和对外贸易依存度的测度与评价

这 3 个指标可以体现跨界经济活动来往程度对一国或地区社会发展的提升作用，是测度一国或地区对外开放度的基本指标。出口依存度指标用一定时期内全国对外贸易出口总额占我国国内生产总值的比重来表示。进口依存度指标用一定时期内全国对外贸易进口总额占我国国内生产总值的比重来表示。对外贸易依存度指标用一定时期内全国对外贸易进出口总额占我国国内生产总值的

比重来表示。对外贸易依存度是出口依存度与进口依存度的加总,出口依存度和进口依存度是对外贸易依存度的有益延伸。这 3 个指标都从国际贸易方面体现了对外开放对经济增长的重要程度,也体现了一国或地区经济增长对外向型经济的依赖程度。通过各指标的定义能够计算出口依存度、进口依存度和对外贸易依存度的指标值,其计算结果见表 5 - 1。

表 5 - 1　1980—2018 年我国出口依存度、进口依存度与对外贸易依存度

年份	出口额/亿元	进口额/亿元	进出口总额/亿元	GDP/亿元	出口依存度/%	进口依存度/%	对外贸易依存度/%
1980	271.2	298.8	570.0	4587.6	5.91	6.51	12.42
1981	367.6	367.7	735.3	4935.8	7.45	7.45	14.90
1982	413.8	357.5	771.3	5373.4	7.70	6.65	14.35
1983	438.3	421.8	860.1	6020.9	7.28	7.01	14.29
1984	580.5	620.5	1201.0	7278.5	7.98	8.53	16.51
1985	808.9	1257.9	2066.7	9098.9	8.89	13.82	22.71
1986	1082.1	1498.3	2580.4	10376.2	10.43	14.44	24.87
1987	1470.0	1614.2	3084.2	12174.6	12.07	13.26	25.33
1988	1766.7	2055.1	3821.8	15180.4	11.64	13.54	25.18
1989	1956.0	2199.9	4155.9	17179.7	11.39	12.81	24.20
1990	2985.8	2574.3	5560.1	18872.9	15.82	13.64	29.46
1991	3827.1	3398.7	7225.8	22005.6	17.39	15.44	32.83
1992	4676.3	4443.3	9119.6	27194.5	17.20	16.34	33.54
1993	5284.8	5986.2	11271.0	35673.2	14.81	16.78	31.59
1994	10421.8	9960.1	20381.9	48637.5	21.43	20.48	41.91
1995	12451.8	11048.1	23499.9	61339.9	20.30	18.01	38.31
1996	12576.4	11557.4	24133.9	71813.6	17.51	16.09	33.60
1997	15160.7	11806.6	26967.2	79715.0	19.02	14.81	33.83
1998	15223.5	11626.1	26849.7	85195.5	17.87	13.65	31.52
1999	16159.8	13736.5	29896.2	90564.4	17.84	15.17	33.01
2000	20634.4	18638.8	39273.3	100280.1	20.58	18.59	39.17
2001	22024.4	20159.2	42183.6	110863.1	19.87	18.18	38.05
2002	26947.9	24430.3	51378.2	121717.4	22.14	20.07	42.21
2003	36287.9	34195.6	70483.5	137422.0	26.41	24.88	51.29
2004	49103.3	46435.8	95539.1	161840.2	30.34	28.69	59.03
2005	62648.1	54273.7	116921.8	187318.9	33.44	28.97	62.41
2006	77597.9	63376.9	140974.7	219438.5	35.36	28.88	64.24
2007	93627.1	7329.9	166924.2	270232.3	34.65	27.12	61.77

（续上表）

年份	出口额/亿元	进口额/亿元	进出口总额/亿元	GDP/亿元	出口依存度/%	进口依存度/%	对外贸易依存度/%
2008	100394.9	79526.5	179921.5	319515.5	31.42	24.89	56.31
2009	82029.7	68618.4	150648.1	349081.4	23.50	19.66	43.16
2010	107022.8	94699.5	201722.3	413030.3	25.91	22.93	48.84
2011	123240.6	113161.4	236402.0	489300.6	25.19	23.13	48.32
2012	129359.3	114801.0	244160.2	540367.4	23.94	21.24	45.18
2013	137131.4	121037.5	258168.9	595244.4	23.04	20.33	43.37
2014	143883.8	120358.0	264241.8	643974.0	22.34	18.69	41.03
2015	141166.8	104336.1	245502.9	689052.1	20.49	15.14	35.63
2016	138419.3	104967.2	243386.5	744127.2	18.60	14.11	32.71
2017	153309.4	124789.8	278099.2	820754.3	18.68	15.20	33.88
2018	164176.7	140873.3	305050.4	900309.5	18.24	15.65	33.89

资料来源：1980—2019 年各年《中国统计年鉴》。

图 5-1　1980—2016 年我国出口依存度、进口依存度和对外贸易依存度折线图

从表 5-1 和图 5-1 可以看出，我国对外贸易依存度呈现出以下几个特征。首先，总体上对外贸易依存度呈上升态势。改革开放以来，对外贸易总额随着我国经济的迅速发展而不断增长，2002 年我国外贸进出口总额突破 5 万亿元，2005 年突破 10 万亿元，2010 年达到 20 多万亿元，2018 年已突破 30 万亿元。对外贸易依存度也随之上升，到 2018 年已攀升至 33.89%，这既表明对外贸易是拉动我国经济增长的重要推动力，也说明我国对外开放度不断提高，对外经济联系日益紧密。其次，我国对外贸易依存度呈现出先上升后下降的特点。改

革开放初期，尤其是我国加入世界贸易组织后，我国对外贸易发展态势十分迅猛，但自 2008 年美国次贷危机爆发以来，加上世界贸易保护主义政策开始盛行，我国对外贸易发展受到一定限制，出口依存度与进口依存度均表现出不同程度的下降，对外贸易依存度开始出现明显下滑趋势。再次，我国对外贸易依存度的运行轨迹与出口依存度和进口依存度非常相似。最后，我国进口依存度长期略低于出口依存度，即我国贸易顺差不断增加，表明我国在对外贸易发展方面处于相对主动优势地位。

2. 我国外资依存度的测度与评价

外资依存度指标是测度一国或地区对外资本开放的程度以及对外资金的融通能力。外资依存度指标用一定时期内全国实际利用外商直接投资额与对外直接投资额两者之和与我国国内生产总值的比率来表示，该指标不仅反映了一国或地区参与国际资本市场融合的程度，也体现了外商直接投资与对外直接投资对一国或地区经济增长的贡献程度。我国外资依存度的测度结果见表 5 - 2。

表 5 - 2　1980—2018 年我国外资依存度

年份	实际利用外商直接投资额/百万美元	对外直接投资额/百万美元	GDP/百万美元	实际利用外商直接投资依存度/%	对外直接投资依存度/%	外资依存度/%
1980	57		306166.58	0.02		0.02
1981	265		289489.74	0.09		0.09
1982	430	44	283931.31	0.15	0.02	0.17
1983	916	93	304747.68	0.30	0.03	0.33
1984	1419	134	312784.70	0.45	0.04	0.49
1985	1956	629	309834.17	0.63	0.20	0.83
1986	2244	450	300515.52	0.75	0.15	0.90
1987	2314	645	327089.55	0.71	0.20	0.91
1988	3194	850	407845.03	0.78	0.21	0.99
1989	3392	780	456288.01	0.74	0.17	0.91
1990	3487	830	394566.40	0.88	0.21	1.09
1991	4366	913	413382.68	1.06	0.22	1.28
1992	11008	4000	493136.40	2.23	0.81	3.04
1993	27515	4400	619111.42	4.44	0.71	5.15
1994	33767	2000	564325.25	5.98	0.35	6.33
1995	37521	2000	734521.61	5.11	0.27	5.38
1996	41726	2114	863746.36	4.83	0.24	5.07
1997	45257	2563	961603.42	4.71	0.27	4.98

(续上表)

年份	实际利用外商直接投资额/百万美元	对外直接投资额/百万美元	GDP/百万美元	实际利用外商直接投资依存度/%	对外直接投资依存度/%	外资依存度/%
1998	45463	2634	1029043.01	4.42	0.26	4.68
1999	40319	1775	1093997.56	3.69	0.16	3.85
2000	40715	916	1211346.40	3.36	0.08	3.44
2001	46878	6884	1339411.62	3.50	0.51	4.01
2002	52743	2518	1470549.72	3.59	0.17	3.76
2003	53505	2900	1660287.54	3.22	0.17	3.39
2004	60630	5530	1955347.48	3.10	0.28	3.38
2005	60325	12260	2286691.41	2.64	0.54	3.18
2006	63021	21160	2752684.46	2.29	0.77	3.06
2007	74768	26510	3553817.73	2.10	0.75	2.85
2008	92395	55910	4600588.90	2.01	1.22	3.23
2009	90033	56530	5110253.26	1.76	1.11	2.87
2010	105735	68810	6101341.31	1.73	1.13	2.86
2011	116011	74650	7575719.95	1.53	0.99	2.52
2012	111716	87800	8560275.64	1.31	1.03	2.34
2013	117586	107840	9611257.51	1.22	1.12	2.34
2014	119562	123120	10483395.2	1.14	1.17	2.31
2015	126267	145670	11063067.6	1.14	1.32	2.46
2016	126001	196150	11202854.4	1.12	1.75	2.87
2017	131035	158290	12155721.3	1.08	1.30	2.38
2018	134966	129830	13606007.3	0.99	0.95	2.04

资料来源：（1）我国实际利用外商直接投资额数据说明：①1980—1984 年的数据来源于联合国贸发会议组织数据库；②1985—2018 年的数据来源于各年《中国统计年鉴》。

（2）我国对外直接投资额数据说明：①1982—2002 年的数据来源于 1982—2003 年 International Financial Statistics；②2003—2018 年的数据来源于 2003—2019 年度《中国对外直接投资统计公报》；③1980—1981 年的数据缺失，因数值很小，其影响忽略不计。

（3）GDP 数据来源于 1980—2019 年各年《中国统计年鉴》，其中 GDP 数值按各年人民币年平均价汇率换算。

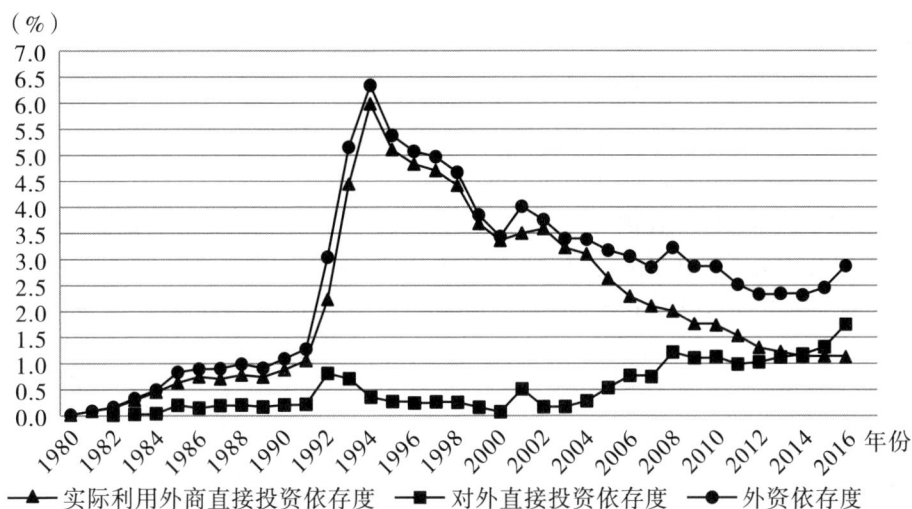

图 5-2　1980—2016 年我国外资依存度折线图

从表 5-2 和图 5-2 可以看出，我国外资依存度总体所占比重不高，这意味着我国发挥外资对经济增长的促进作用还存在较大空间。外资依存度的波动幅度比较明显，稳定性不高。在 1994 年以前，我国外资依存度表现出逐渐上升的趋势，外资依存度在 1994 年达到最高 6.33% 后不断下降，到 2008 年下降至 3.23%，近几年稳定在 2.5% 左右。我国外资依存度的总体走势表明对外资的利用受制于外部经济的影响，我国利用外资的规模和能力还有待进一步加强。从外资企业构成看，除外商直接投资外，2018 年合资企业占实际利用外资额的比重为 20%，独资企业占实际利用外资额的比重高达 75%，说明外资企业在我国市场具有战略长期性特征，这对于提升我国技术存在较强正面刺激效应。同时，我国外资依存度中实际利用外商直接投资依存度占主要部分，在 2003 年之前两者的发展轨迹也高度一致，但在 2003 年之后，两者的差距在逐渐拉大，主要是因为我国对外直接投资依存度与实际利用外商直接投资依存度的差距在逐年缩小，并且前者在 2014 年超过后者，这是我国实施"走出去"战略的重要体现。

3. 我国对外金融开放度的测度与评价

对外金融开放度能够体现跨国金融往来程度对一国或地区经济社会发展的促进作用。对外金融开放度指标用我国对外资产和对外债务总额占我国国内生产总值的比重来表示。其中，对外资产是指中央银行与商业银行的对外资产，对外债务是指中央银行与商业银行的对外债务。通过对外金融开放度指标的测度，可以较好地反映我国在国际金融领域利用对外资产和对外债务的变动来度量与全球经济相互融合的程度。我国对外金融开放度的测度结果见表 5-3。

从表 5 - 3 和图 5 - 3 可以看出，我国对外金融开放度总体上经历了不断上升到趋于下降的发展轨迹。在 1989 年以前，我国对外金融开放水平较低，从 1980 年的 0.05% 到 1989 年的 8.16%，增长较为平缓。自 1990 年尤其是我国加入世贸组织以来，我国加大了自身与国际金融的交流程度，我国对外金融开放度上升趋势十分显著。但 2009 年为转折年，在 2009 年达到最高值 60.35% 后，开始出现下降趋势。我国对外金融开放度在 2013 年经过短期小幅度上调后，2014 年又开始延续其下降趋势，直到 2018 年下降至 33.38% 的水平，说明 2008 年国际金融危机对我国金融与经济的发展产生了长期的不利影响。

表 5 - 3　1980—2018 年我国对外金融开放度

年份	对外资产和对外债务/亿元	国内生产总值/亿元	对外金融开放度/%
1980	2.2	4587.6	0.05
1981	20.2	4935.8	0.41
1982	21.1	5373.4	0.39
1983	11.3	6020.9	0.19
1984	99.7	7278.5	1.37
1985	656.3	9098.9	7.21
1986	798.4	10376.2	7.69
1987	1146.7	12174.6	9.42
1988	1293.4	15180.4	8.52
1989	1402.7	17179.7	8.16
1990	2392.1	18872.9	12.67
1991	3617.0	22005.6	16.44
1992	3889.5	27194.5	14.30
1993	6792.4	35673.2	19.04
1994	1286.7	48637.5	26.43
1995	14793.3	61339.9	24.12
1996	18523.4	71813.6	25.79
1997	23908.9	79715.0	29.99
1998	24526.9	85195.5	28.79
1999	25645.3	90564.4	28.32
2000	29138.2	100280.1	29.06
2001	33671.4	110863.1	30.37
2002	40452.2	121717.4	33.23
2003	47537.1	137422.0	34.59
2004	67196.2	161840.2	41.52
2005	87154.3	187318.9	46.53

（续上表）

年份	对外资产和对 外债务/亿元	国内生产 总值/亿元	对外金融 开放度/%
2006	113379.4	219438.5	51.67
2007	151751.0	270232.3	56.16
2008	190748.0	319515.5	59.70
2009	210668.9	349081.4	60.35
2010	242556.8	413030.3	58.73
2011	273251.3	489300.6	55.85
2012	282255.6	540367.4	52.23
2013	321765.7	595244.4	54.06
2014	342853.0	643974.0	53.24
2015	310839.6	689052.1	45.11
2016	296336.2	744127.2	39.82
2017	296653.8	820754.3	36.14
2018	300518.7	900309.5	33.38

　　资料来源：对外资产和对外债务数据来自 2005—2019 年 *International Financial Statistics* 和 http://data.imf.org/regular.aspx?key=61545857；GDP 数据来自 1980—2019 年各年《中国统计年鉴》。

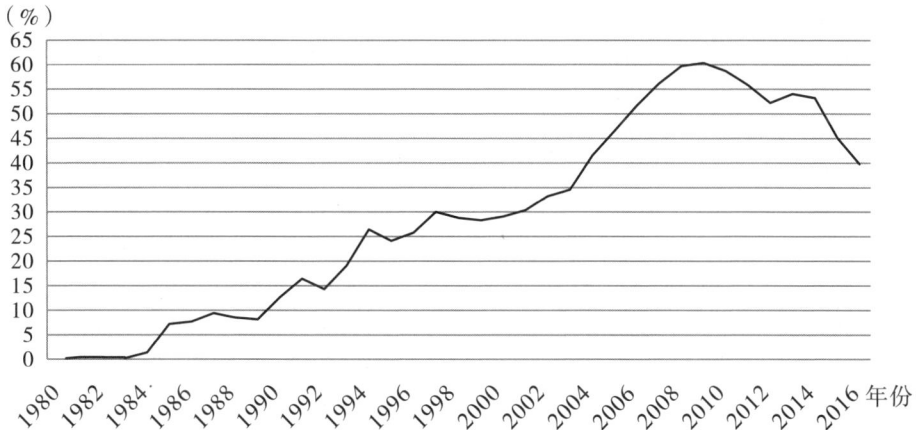

图 5 - 3　1980—2016 年我国对外金融开放度折线图

　　4. 我国对外经济合作开放度的测度与评价

　　对外经济合作是一国或地区国际经济交流中的重要内容之一，对外经济合作开放度指标不仅说明了一国或地区经济对境外建设工程和劳务输出的依赖程度，也反映了对外经济合作程度，是一国或地区实施"走出去"重要战略的体现。对外经济合作开放度指标用一定时期内全国对外承包工程合同金额占我国国内生产总值的比重来表示，其测度结果见表 5 - 4。

从表 5 - 4 和图 5 - 4 可以看出，总体上我国对外经济合作开放度表现出逐渐上升态势，所占比重逐步增加，1980 年我国对外经济合作开放度仅为 0.05%，而到 2018 年已攀升至 1.78%，提高了近 35 倍，这说明我国对外经济合作领域的广度和深度越来越宽泛，对外承包工程与对外劳务合作对于促进我国外向型经济发展的贡献度越来越大。具体来说，对外承包工程合同签订数从 1979 年的 27 份增加到 2018 年的 10985 份，平均每年增长 16.2%；对外承包工程年末在外人数从 1984 年的 21900 人增加到 2018 年的 390719 人，平均每年增长 8.6%；对外劳务合作派出劳务人数从 2004 年的 173040 人增加到 2018 年的 265000 人，平均每年增长 2.9%；对外劳务合作年末在外人数从 1984 年的 27600 人增加到 2018 年的 606102 人，平均每年增长 9.2%。[①]

表 5 - 4　1980—2018 年我国对外经济合作开放度

年份	对外承包工程 合同金额/亿元	国内生产 总值/亿元	对外经济合作 开放度/%
1980	2.1	4587.6	0.05
1981	4.7	4935.8	0.10
1982	6.5	5373.4	0.12
1983	15.8	6020.9	0.26
1984	35.8	7278.5	0.49
1985	32.8	9098.9	0.36
1986	41.1	10376.2	0.40
1987	61.3	12174.6	0.50
1988	67.5	15180.4	0.44
1989	67.1	17179.7	0.39
1990	101.6	18872.9	0.54
1991	134.4	22005.6	0.61
1992	289.6	27194.5	1.06
1993	299.0	35673.2	0.84
1994	519.4	48637.5	1.07
1995	625.0	61339.9	1.02
1996	642.5	71813.6	0.89
1997	706.0	79715.0	0.89

---

① 根据《中国统计年鉴》中"对外经济贸易（或国际旅游）——对外经济合作"目录下相关数据整理。

（续上表）

年份	对外承包工程 合同金额/亿元	国内生产 总值/亿元	对外经济合作 开放度/%
1998	765.2	85195.5	0.90
1999	844.3	90564.4	0.93
2000	970.1	100280.1	0.97
2001	1079.2	110863.1	0.97
2002	1246.1	121717.4	1.02
2003	1462.3	137422.0	1.06
2004	1973.5	161840.2	1.22
2005	2425.9	187318.9	1.30
2006	5261.8	219438.5	2.40
2007	5902.3	270232.3	2.18
2008	7261.9	319515.5	2.27
2009	8621.4	349081.4	2.47
2010	9096.0	413030.3	2.20
2011	9192.9	489300.6	1.88
2012	9880.9	540367.4	1.83
2013	10629.3	595244.4	1.79
2014	11779.2	643974.0	1.83
2015	13084.2	689052.1	1.90
2016	16207.9	744127.2	2.18
2017	17911.7	820754.3	2.18
2018	15999.9	900309.5	1.78

　　资料来源：1980—2019 年各年《中国统计年鉴》，其中对外承包工程数值按各年人民币年平均价汇率换算。

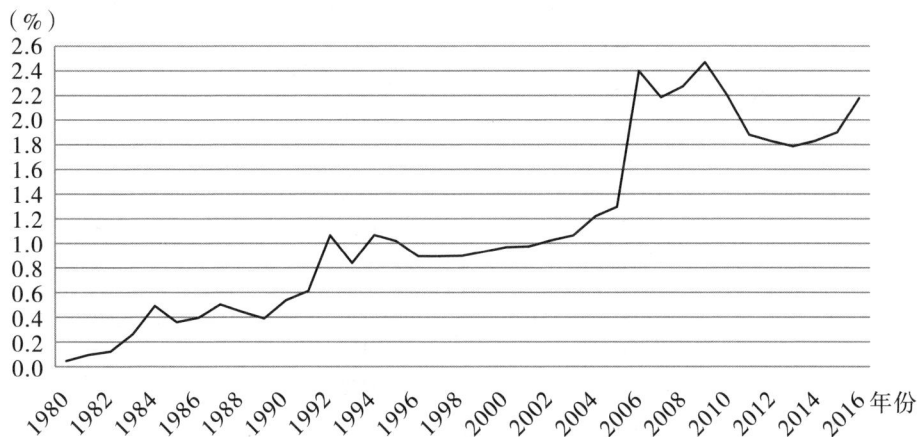

图 5 - 4　我国对外经济合作开放度折线图

5. 我国国际旅游开放度的测度与评价

国际旅游开放度指标不仅表示一国或地区国际旅游创造外汇的规模和水平，也是一国或地区对外开放的重要内容。国际旅游开放度指标用全国一定时期内国际旅游外汇收入总额占我国国内生产总值的比重来表示。国际旅游开放度的测度结果见表5-5。

表5-5 1980—2018 年我国国际旅游开放度

年份	国际旅游外汇 收入/亿元	国内生产 总值/亿元	国际旅游 开放度/%
1980	9.2	4587.6	0.20
1981	13.4	4935.8	0.27
1982	16.0	5373.4	0.30
1983	18.6	6020.9	0.31
1984	26.3	7278.5	0.36
1985	36.7	9098.9	0.40
1986	52.9	10376.2	0.51
1987	69.3	12174.6	0.57
1988	83.6	15180.4	0.55
1989	70.0	17179.7	0.41
1990	106.1	18872.9	0.56
1991	151.4	22005.6	0.69
1992	217.7	27194.5	0.80
1993	269.8	35673.2	0.76
1994	631.1	48637.5	1.30
1995	729.3	61339.9	1.19
1996	848.0	71813.6	1.18
1997	1000.9	79715.0	1.26
1998	1043.3	85195.5	1.22
1999	1167.2	90564.4	1.29
2000	1343.1	100280.1	1.34
2001	1472.6	110863.1	1.33
2002	1687.3	121717.4	1.39
2003	1440.7	137422.0	1.05
2004	2130.4	161840.2	1.32
2005	2399.8	187318.9	1.28
2006	2706.3	219438.5	1.23
2007	3187.5	270232.3	1.18
2008	2836.6	319515.5	0.89

（续上表）

年份	国际旅游外汇收入/亿元	国内生产总值/亿元	国际旅游开放度/%
2009	2710.2	349081.4	0.78
2010	3101.4	413030.3	0.75
2011	3130.2	489300.6	0.64
2012	3158.0	540367.4	0.58
2013	3199.7	595244.4	0.54
2014	3496.1	643974.0	0.54
2015	7078.6	689052.1	1.03
2016	7970.8	744127.2	1.07
2017	8333.3	820754.3	1.02
2018	8410.2	900309.5	0.93

资料来源：1980—2019 年各年《中国统计年鉴》，其中国际旅游外汇收入按各年人民币年平均价汇率换算。

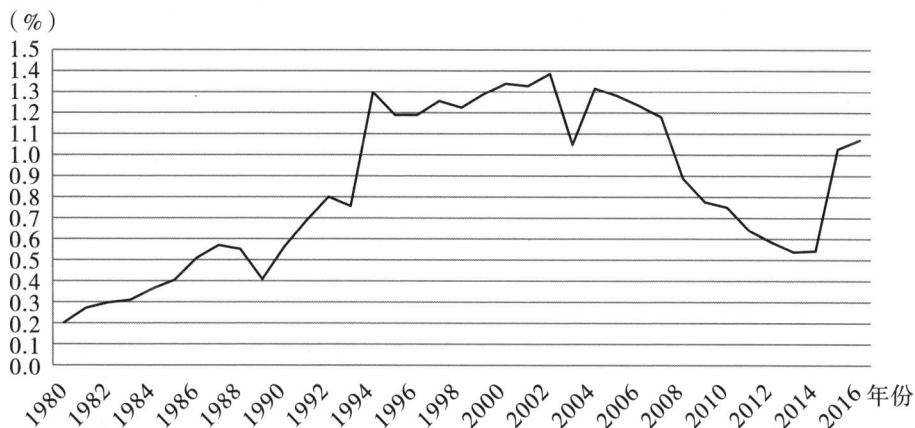

图 5-5　1980—2016 年我国国际旅游开放度折线图

从表 5-5 和图 5-5 可以看出，我国国际旅游开放度总体占比相对较小，从 1980 年的 0.20% 上升至 2018 年的 0.93%，在 2002 年达到最高值 1.39%。总体上我国国际旅游开放度稳中有升，发展潜力较大。具体来说，入境外国游客人数从 1979 年的 36.24 万人次上升至 2018 年的 4795.11 万人次，累计增长数达到 4758.87 万人次，每年平均增长率为 13.0%。[1] 从国际旅游外汇收入角度

---

[1]　根据《中国旅游统计年鉴》和《中国统计年鉴》中"旅游业——按国别分外国入境游客"目录下相关数据整理。

看，从 1980 年的 9.2 亿元增加到 2018 年的 8410.4 亿元，年均增长率为 19.1%。入境外国游客人数与国际旅游外汇收入均呈逐年上升趋势，具有广阔发展空间。因此，我国要全面提升国际旅游创汇能力，促进旅游文化国际交流，为进一步提升我国对外开放水平提供必要基础。

5.2.2 对外开放度的测算

为避免单个指标衡量一国或地区对外开放度所带来的片面性与缺陷性，本书选取上述 7 个指标变量组成的指标体系对我国对外开放度进行测算。针对指标体系中各个指标不同权重的分配问题，现有研究的处理方法主要是通过主观判断来衡量各个指标的重要性并赋予其权重系数，但原有各指标中的某些重要信息会因主观赋值法而造成丢失。更为重要的是，测算对外开放度的过程中各个指标间还可能具有某种程度的线性关系，从而导致这些指标信息相互重叠不能全面考察一国或地区的对外开放度。主成分分析方法则是避免并解决上述问题的一个合适的工具。

主成分分析方法是一种用少数几个综合性指标指数替换多个初始指标变量所组成的指标体系的应用统计分析方法。该方法的原理是通过矩阵的特征分析对初始数据进行线性变化，并将其移至一个新的坐标系统中进行置换。初始数据进行线性变化而获取的方差最大值为主成分分析的第一主成分，方差的第二大值则为主成分分析的第二主成分，其他依此类推，进而实现多维数据变量降维的目的，实现降维后的综合指标指数变量是多个初始指标变量的线性组合。之所以选择主成分分析方法，是因为其具有保留原始指标绝大部分信息且信息量损失最小、能够将多个指标之间存在的多重共线性弊端进行消除、化繁为简、提高原始指标综合解释力等优点。

主成分分析着眼于探究矩阵内的各个变量之间所存在的相关关系，获取可以控制所有变量的少数主要关键性主成分，然后把各指标变量表达成主成分的线性组合，从而体现出原始变量和各主成分之间的相关关系。假设有 M 个样本，i 个指标，$Z = (z_1, z_2, z_3, \cdots, z_i)^T$ 为可观察随机变量，要找出的主成分为 $F = (F_1, F_2, F_3, \cdots, F_m)^T$，模型为：

$$Z_1 = \alpha_{11}F_1 + \alpha_{12}F_2 + \alpha_{13}F_3 + \cdots + \alpha_{1m}F_m + \varepsilon_1$$
$$Z_2 = \alpha_{21}F_1 + \alpha_{22}F_2 + \alpha_{23}F_3 + \cdots + \alpha_{2m}F_m + \varepsilon_2$$
$$Z_3 = \alpha_{31}F_1 + \alpha_{32}F_2 + \alpha_{33}F_3 + \cdots + \alpha_{3m}F_m + \varepsilon_3$$
$$\vdots$$
$$Z_i = \alpha_{i1}F_1 + \alpha_{i2}F_2 + \alpha_{i3}F_3 + \cdots + \alpha_{im}F_m + \varepsilon_i$$

在检验相关系数后并进行分析可求出各主成分的得分值，主成分得分模型为：

$$F_j = \beta_{j1}Z_1 + \beta_{j2}Z_2 + \beta_{j3}Z_3 + \cdots + \beta_{jn}Z_n \ (j = 1, 2, 3, \cdots, n)$$

鉴于主成分分析法的优越性，本书采取主成分分析法，并通过 SPSS 22.0 统计软件对我国对外开放度进行合理的测算。

依据前面已经确定的 7 个指标，用 Z_1、Z_2、Z_3、Z_4、Z_5、Z_6、Z_7 分别表示出口依存度、进口依存度、对外贸易依存度、外资依存度、对外金融开放度、对外经济合作开放度以及国际旅游开放度。通过上述 7 个指标的初始数据可以得到各指标之间的相关系数矩阵，见表 5-6。

表 5-6 我国对外开放度 7 个指标之间的相关系数矩阵

		Z_1	Z_2	Z_3	Z_4	Z_5	Z_6	Z_7
相关	Z_1	1.000	.956	.992	.536	.883	.782	.654
	Z_2	.956	1.000	.986	.519	.804	.674	.602
	Z_3	.992	.986	1.000	.535	.858	.743	.639
	Z_4	.536	.519	.535	1.000	.460	.365	.826
	Z_5	.883	.804	.858	.460	1.000	.927	.485
	Z_6	.782	.674	.743	.365	.927	1.000	.411
	Z_7	.654	.602	.639	.826	.485	.411	1.000
显著性（双侧）	Z_1		.000	.000	.000	.000	.000	.000
	Z_2	.000		.000	.001	.000	.000	.000
	Z_3	.000	.000		.000	.000	.000	.000
	Z_4	.000	.001	.000		.003	.022	.000
	Z_5	.000	.000	.003	.000		.000	.002
	Z_6	.000	.000	.000	.022	.000		.009
	Z_7	.000	.000	.000	.000	.002	.009	

通过表 5-6 的 7 个指标之间相关系数矩阵的上半部分数据容易看出，出口依存度、进口依存度与对外贸易依存度这 3 个指标之间的相关性很强，其相关系数在 0.956~0.992 之间；对外金融开放度与出口依存度、进口依存度、对外贸易依存度以及对外经济合作开放度的相关性较强，其相关系数在 0.804~0.927 之间；外资依存度与国际旅游开放度的相关系数为 0.826；对外经济合作开放度与出口依存度、进口依存度、对外贸易依存度的相关系数分别为 0.782、0.674 和 0.743；国际旅游开放度与出口依存度、进口依存度和对外贸易依存度的相关系数在 0.602~0.654 之间。进一步地，表 5-6 的 7 个指标之间的相关

系数矩阵下半部分表示各指标变量之间的双侧显著性水平，其中空格部分为零值，其他值越小说明指标变量之间的相关显著性水平越高。从表中可以看出绝大部分指标变量之间的显著性处于零值水平，小于显著性水平为 0.05 的标准值，这表明指标变量间的相关系数存在较强的统计显著性。由于绝大部分指标变量间存在比较强的相关性且其相关系数值高，表明这些指标变量之间的信息存在一定重叠性，可以从这些指标之间提取主成分，从而进行主成分分析。

采取主成分分析法对各指标变量提取主成分，表 5-7 提取的数值明显表明 7 个指标的共同度均很高，由于 7 个指标变量的绝大部分信息可以用主成分来进行解释，信息丢失量非常小，主成分分析具有良好的显著性效果。

表 5-7 主成分方差

	初始	提取
Z_1	1.000	.961
Z_2	1.000	.878
Z_3	1.000	.945
Z_4	1.000	.895
Z_5	1.000	.920
Z_6	1.000	.818
Z_7	1.000	.911

基于此，有必要对主成分的特征值和累积方差贡献率进行分析，其结果见表 5-8。

表 5-8 主成分的特征值和累积方差贡献率

成分	初始特征值			提取平方和载入		
	合计	方差的%	累积%	合计	方差的%	累积%
1	5.252	75.030	75.030	5.252	75.030	75.030
2	1.076	15.369	90.399	1.076	15.369	90.399
3	.432	6.176	96.575			
4	.169	2.419	98.994			
5	.047	.678	99.672			
6	.023	.328	100.000			
7	7.581×10^{-8}	1.083×10^{-6}	100.000			

从表 5-8 可以看出，第一主成分的初始特征值是 5.252，第二主成分的初始特征值是 1.076，且两者的值均大于 1。同时，第一主成分的方差贡献率是 75.030%，第二主成分的方差贡献率是 15.369%（90.399% - 75.030%），且两者的累积方差贡献率达到 90.399%，这表明第一主成分与第二主成分可以解释对外开放度 7 个指标总体上超过 90% 的信息。而第三至第七主成分的初始特征值均不大，对原有指标变量信息进行解释的贡献也较小。遵循主成分分析法中的主成分特征值大于 1 和主成分累积方差贡献率高于 85% 的两大原则，可以通过提取第一、第二这两个主成分来涵盖各个指标变量的所有信息，同时把第一、第二主成分作为一个综合变量而得出成分矩阵，以此可以计算其结果，见表 5-9。

表 5-9　成分矩阵

	成分	
	1	2
Z_1	.973	.117
Z_2	.932	.096
Z_3	.966	.109
Z_4	.671	.667
Z_5	.910	.304
Z_6	.823	.375
Z_7	.740	.603

从表 5-9 可知第一主成分 F_1 与第二主成分 F_2 对原变量的载荷数，为获得第一主成分 F_1 函数、第二主成分 F_2 函数的表达式，可利用表 5-9 中第二列和第三列的系数分别除以与其相对应表 5-8 中的初始特征值的 $\frac{1}{2}$ 次方，在此基础上可计算出第一和第二主成分函数变量的系数向量。

第一主成分 F_1 函数变量的系数向量表示为：

$$F_{1'} = \left[1/(5.252)^{1/2}\right] \times (0.973, 0.932, 0.966, 0.671, 0.910, 0.823, 0.740)'$$
$$= (0.425, 0.407, 0.422, 0.293, 0.397, 0.359, 0.323)'$$

第二主成分 F_2 函数变量的系数向量表示为：

$$F_{2'} = \left[1/(1.076)^{1/2}\right] \times (-0.117, -0.096, -0.109, 0.667, -0.304, -0.375, 0.603)'$$
$$= (-0.113, -0.093, -0.105, 0.643, -0.293, -0.362, 0.581)'$$

可以得到第一主成分 F_1、第二主成分 F_2 函数的表达式分别为：

$$F_1 = 0.425Z_1 + 0.407Z_2 + 0.422Z_3 + 0.293Z_4 + 0.397Z_5 + 0.359Z_6 + 0.323Z_7$$

$$F_2 = -0.113Z_1 - 0.093Z_2 - 0.105Z_3 + 0.643Z_4 - 0.293Z_5 - 0.362Z_6 + 0.581Z_7$$

最后，确定第一主成分函数和第二主成分函数两项指标的权重，即相对应主成分特征值与所有主成分特征值之和的比值。运用综合主成分函数公式 $F_{综} = \sum (W_i/P) F_i$，其中第 i 主成分的初始特征值用 W_i 表示，所有主成分的初始特征值之和用 P 表示，W_i/P 的数值所对应的为表 5-8 中初始特征值栏第二列第 i 主成分的方差贡献率（即方差的% 值），进而得到综合主成分函数的表达式：

$$F_{综} = 0.75030F_1 + 0.15369F_2，即$$

$$F_{综} = 0.302Z_1 + 0.291Z_2 + 0.300Z_3 + 0.319Z_4 + 0.253Z_5 + 0.214Z_6 + 0.332Z_7$$

进一步地，可以测度出我国 1980—2018 年的对外开放度，测算结果见表 5-10。

表 5-10　我国 1980—2018 年的对外开放度

年份	对外开放度/%	年份	对外开放度/%
1980	7.50	2000	32.47
1981	9.13	2001	32.32
1982	8.85	2002	35.48
1983	8.83	2003	41.01
1984	10.57	2004	47.50
1985	15.82	2005	50.74
1986	17.30	2006	53.33
1987	18.07	2007	52.86
1988	17.76	2008	50.54
1989	17.00	2009	42.73
1990	21.44	2010	45.64
1991	24.52	2011	44.38
1992	25.09	2012	41.51
1993	25.73	2013	40.87
1994	34.37	2014	39.28
1995	31.30	2015	34.23
1996	28.78	2016	31.35
1997	29.98	2017	30.94
1998	28.20	2018	30.01
1999	28.72		

　　通过 7 个指标综合测算的我国对外开放度的走势与出口依存度、进口依存度、对外贸易依存度和对外金融开放度的走势非常相似。这表明我国经济增长与世界经济联系日益紧密，且愈来愈依赖于对外贸易和对外金融的快速发展。从表 5 - 10 中也可以明显看出，我国对外开放度在 1980—1994 年表现出不断增长趋势，1995—1999 年出现了小幅度的下滑，2000—2007 年出现了连续多年的上升态势，到 2008 年之后又开始呈现出下降趋势。尽管我国对外开放度具有先扬后抑的特征，但总体上还是呈现一种上升趋势。

5.3　小结

　　本章利用主成分分析法测度了我国 1980—2018 年的对外开放度。结合我国经济发展阶段以及实际对外开放的特征，分别从国际商品贸易、国际投资、国际金融、国际服务贸易这 4 个方面对我国的对外开放度进行了考察。同时根据数据的可获得性和指标的客观性，选取出口依存度、进口依存度、对外贸易依存度、外资依存度、对外金融开放度、对外经济合作开放度以及国际旅游开放度 7 个指标对我国的对外开放度进行了测度。通过 7 个指标综合测算的我国对外开放度的走势与出口依存度、进口依存度、对外贸易依存度和对外金融开放度的走势非常相似。这表明我国经济增长与世界经济联系日益紧密，且愈来愈依赖于对外贸易和对外金融的快速发展。

第6章 对外开放度对我国利率变动的影响

6.1 引言

改革开放以来，我国利率调整在积极推进金融改革、金融发展和促进宏观经济稳定等方面取得了突出的成就，但我国金融问题依然严峻。在改革开放初期，受到西方国家已经实现了市场经济发展模式的影响，我国也逐渐实现从计划经济体制向市场经济体制转型，货币政策进入全面改革阶段，对旧体制下利率政策的制定以及调控进行了初步改革，这有利于调整金融领域旧有的资金融通关系和不合理的利率期限结构，调动了借贷双方资金有序流通的积极性，有利于国民经济平稳快速发展。20世纪90年代以来，随着对外开放和市场经济发展水平的提升，我国利率政策中存在的一些深层次问题和矛盾也逐渐显现出来。尤其是在1997年亚洲金融危机发生后，直至2003年，我国经济进入了一轮货币供给量、物价持续走低并伴随经济下滑的通缩阶段。我国央行虽然连续6次下调利率，但仍难以扭转经济进入通缩状态。自2008年世界金融危机爆发以来，西方国家开始反思以往货币政策和金融监管问题，并采取了扩张性货币政策，进而影响我国货币政策制定和实施。新时代背景下，我国金融风险、违法违规金融活动、金融监管等问题日益突出，严重制约了对外开放水平以及利率调控经济增长作用的发挥。同时，2017年全国金融工作会议指出，要扩大金融对外开放，积极稳妥地推进金融业对外开放，进一步合理安排开放的顺序，加快完善有利于防范金融风险的机制。在这种背景下，随着对外开放水平不断提高和深入，我国利率调整频率不断增加，这充分体现了对外开放条件下我国政府对通过利率手段支持宏观经济平稳健康较快发展的高度重视。这也对我们从理论和实证两个角度深入理解对外开放影响我国利率的具体机制提出了更高要求。因此，在对外开放条件下，政府如何调整利率？其变动趋势如何？本书尝试将对外开放度指标引入实证模型的分析框架中，检验对外开放对我国利率变动的影响。

6.2　计量模型方程设定

乔根森（1966）提出的关于自回归分布滞后模型（即 ARDL 模型）在宏观经济变量之间的影响研究领域有着广泛的适用性。ARDL 模型中的自变量一般包括若干个因变量自身的滞后值。一般 $ARDL(k, n, m)$ 模型的方程为：

$$y_t = a + b_1 y_{t-1} + b_2 y_{t-2} + \cdots + b_k y_{t-k} + \sum_{j=1}^{m} \sum_{i=0}^{n} b_{ji} x_{j,t-i} + u_t \quad u_t \sim i.i.d(0, \delta^2)$$

$$(6-1)$$

其中，y_{t-k} 是被解释变量本身的滞后值，$x_{j,t-i}$ 是其他解释变量的滞后值，k 为被解释变量本身的滞后期数，n 为其他解释变量的滞后期数，m 为外生变量的个数，u_t 是误差项且服从独立同分布。

自回归分布滞后模型遵从一般化至简单化的动态构建模型理念，也就是 Hendry（亨德里）的建立模型法，即在满足模型随机扰动项非自相关性的前提下逐步剔除最不显著的自变量，最终得到剩下自变量估计参数结果都显著的"简单模型"。从一般化到简单化的模型构建法不仅有利于初始回归模型中包含更多变量，而且不会导致回归系数的 OLS 估计量丢失变量误差，最大程度降低选择变量所引起的设定误差，还可以在逐步剔除不显著自变量的过程中合理解决非重要自变量所产生的回归参数估计量的有效性缺失问题。

为了进一步探讨对外开放度对我国利率变动的影响，可以建立 ARDL 模型来探讨对外开放度与利率之间的短期动态关系以及长期均衡关系。若两者间具有长期均衡关系，可以通过自回归分布滞后模型回归后的对外开放度变量的系数来揭示对外开放度对我国利率变动的影响。根据已有研究成果，利率变动还受到其自身、人均国内生产总值、财政支出规模、货币供应量以及对外开放度过去值的影响，我们可以将 ARDL 模型的基本方程式设定为：

$$r_t = a + \sum_{i=1}^{p} a_i r_{t-i} + \sum_{j=0}^{q} a_j \ln Pergdp_{t-j} + \sum_{k=0}^{r} a_k \ln Gov_{t-k} + \sum_{l=0}^{s} a_l \ln M_{t-l} +$$

$$\sum_{m=0}^{n} a_m Open_{t-m} + \sum_{z=0}^{w} a_z Open_{t-z}^2 + u_t \qquad (6-2)$$

其中，r_t 表示利率水平；$\ln Pergdp_t$ 表示人均国内生产总值的自然对数值，$\ln Gov_t$ 表示财政支出规模的自然对数值，$\ln M_t$ 表示货币供应量的自然对数值。加入 $\ln Pergdp_t$、$\ln Gov_t$、$\ln M_t$ 这三项是为了表示人均国内生产总值、财政支出规模和货币供应量对利率变动的影响；$Open_t$、$Open_t^2$ 分别表示对外开放度的水平项和平方项，这两项反映了对外开放度对利率变动的动态影响机制；a 表示漂移项；u_t表示误差扰动项；t表示样本观测时间，下标$t-i$为样本观测值的第i期滞后值，其余下标可以此类推。

根据前面的理论推导以及经验可初步判断（6-2）式中各变量系数是大于零还是小于零。$a_i > 0$，表示往年的利率水平会对当年的利率水平产生持续性影响，且a_i的数值可能会比较大，因为上一年的利率水平与结构对下一年存在较大的惯性影响。前面理论已经证明了随着对外开放度的提高，财政政策渠道对利率变动产生持续扩大的影响，货币政策渠道对利率变动产生持续缩减的影响，则有$\ln Gov$滞后变量的$a_k > 0$，$\ln M$滞后变量的$a_l > 0$。由于伴随对外开放度的日益提升，利率水平会呈现出"U"型特征，即利率水平先下降，达到某一拐点值后，会逐步上升，因此有$a_m < 0$，$a_z > 0$。

6.3 估计方法

6.3.1 边界协整检验：ARDL方法

非平稳时间序列变量有可能会产生谬误回归，这就要求我们首先应利用协整检验来进行预判。协整检验的优势在于尽管时间序列变量存在非平稳性，但如果某些线性组合表现出了长期稳定关系且具有平稳性，那么对时间序列变量的回归就不会导致谬误回归，该回归结果是合理并且有效的。传统的协整检验方法主要有应用于两变量之间的 EG 两步法和应用于两个以上变量之间的Johansen极大似然法，在检验多个变量协整关系时，Johansen 极大似然法要优于EG 两步法。

边界检验法（Bound Testing Opproach）是近来应用越来越广泛的一种协整检验方法。边界协整检验主要应用于 ARDL 模型，采取瓦尔德统计量值或 F 统计量值来检验被解释变量与解释变量之间显著性的存在性，进而判断变量之间是否具有长期的协整关系。

与传统的 EG 协整检验法和 Johansen 协整检验法相比，边界检验法具有以下五个方面的明显优势：①放松了对序列数据的平稳性要求。边界检验法的序列数据可以都是 $I(0)$，也可以都是 $I(1)$，还可以是 $I(0)$ 和 $I(1)$ 的结合，也就是说，只要序列变量的单整阶数没有大于1，序列变量是否同阶单整不重要。②放松了对样本数据的大小要求。边界检验法既适用于大样本数据，也适用于小样本数据，且在有限样本数据条件下的协整估计结果更可靠与稳健。③放松了模型中某些自变量内生性的约束，对长期均衡估计结果的无偏估计与有效 t 统计量没有影响，还可以避免时间序列变量非平稳性所引起的谬误回归问题。④通过边界检验法对自回归分布滞后模型进行合理的线性组合变换容易推出误差修正模型（即 ARDL – ECM 模型）。⑤边界检验法简单有效且在滞后阶数选择后可以直接运用 OLS 估计方法对所构建的模型进行回归。

由于边界检验法所具有的特殊优势，我们利用边界检验法就对外开放度与利率变动之间的关系进行深入分析。因为 $\Delta r_{t-i} = r_{t-i} - r_{t-i-1}$，所以 $r_{t-i} = \Delta r_{t-i} + r_{t-i-1}$，基于此，$\ln Pergdp_t$、$\ln Gov_t$、$\ln M_t$、$Open_t$ 与 $Open_t^2$ 也可以按类似方式处理，进而（6 – 2）式可变换为：

$$\Delta r_t = a_0 + a_1 r_{t-1} + a_2 \ln Pergdp_{t-1} + a_3 \ln Gov_{t-1} + a_4 \ln M_{t-1} + a_5 Open_{t-1} + a_6 Open_{t-1}^2 +$$

$$\sum_{i=1}^{p} b_i \Delta t_{t-i} + \sum_{j=1}^{q} b_j \Delta \ln Pergdp_{t-j} + \sum_{k=0}^{r} b_k \Delta \ln Gov_{t-k} +$$

$$\sum_{l=0}^{s} b_l \Delta \ln M_{t-l} + \sum_{m=0}^{n} b_m \Delta Open_{t-m} + \sum_{z=0}^{w} b_z \Delta Open_{t-z}^2 + u_t$$

$$(6-3)$$

其中，Δr_t 和 Δr_{t-1} 表示利率的自然对数值的一阶差分形式，$\Delta \ln Pergdp_{t-j}$ 表示人均国内生产总值的自然对数值的一阶差分形式，$\Delta \ln Gov_{t-k}$ 表示财政支出规模的自然对数值的一阶差分形式，$\ln M_{t-l}$ 表示货币供应量的自然对数值的一阶差分形式，$\Delta Open_{t-m}$ 与 $\Delta Open_{t-z}^2$ 分别表示对外开放度的水平项与平方项的一阶差分形式。a_1、a_2、a_3、a_4、a_5 和 a_6 为该模型中的长期系数，揭示了变量之间的长期动态关系；b_i、b_j、b_k、b_l、b_m 与 b_z 为该模型中的短期系数，揭示了变量之间的短期动态关系。因此可设定为：

原假设为 H_0：$a_1 = a_2 = a_3 = a_4 = a_5 = a_6 = 0$。

备择假设为 H_1：$a_1 \neq 0$ 或 $a_2 \neq 0$ 或 $a_3 \neq 0$ 或 $a_4 \neq 0$ 或 $a_5 \neq 0$ 或 $a_6 \neq 0$。

边界协整检验通过联合模型中的长期系数 a_1、a_2、a_3、a_4、a_5、a_6 和显著的 F 统计量来验证原假设。我们可以根据边界协整检验临界值的上下域（Pesaran，2001），比较 Pesaran 等提供的检验临界值上下域与（6 – 3）式回归所获得的 F 统计量。如果后者高于前者的上域，那么拒绝原假设，变量间存在长期协整关系；如果后者低于前者的下域，那么不能拒绝原假设，变量间不存在长期协整关系；如果后者介于前者的上下域区间，那么无法判断变量间的长期协整关系。

当证实变量之间存在长期协整关系后，则可采取 ARDL 模型来阐释利率与人均国内生产总值、财政支出规模、货币供应量、对外开放度之间的动态关系。进一步地，通过 OLS 估计方法对方程进行回归并得出变量的参数估计，进而利用该参数估计值揭示变量之间的短期和长期动态关系。基于此，我们可利用

（6-2）式来解释对外开放度对利率变动的长期影响。我们还可通过线性组合将（6-3）式变换为误差修正模型（Error Correction Model，ECM）的表达形式，也就是 ARDL-ECM 模型，其方程式为：

$$\Delta r_t = a_0 + \sum_{i=1}^{p} b_i \Delta r_{t-i} + \sum_{j=0}^{q} b_j \Delta \ln Pergdp_{t-j} + \sum_{k=0}^{r} b_k \Delta \ln Gov_{t-k} +$$

$$\sum_{l=0}^{s} b_l \Delta \ln M_{t-l} + \sum_{m=0}^{n} b_m \Delta Open_{t-m} + \sum_{z=0}^{w} b_z \Delta Open_{t-z}^2 + \gamma ECM_{t-l} + u_t$$

$$(6-4)$$

利用（6-4）式可对自回归分布滞后模型误差修正项参数进行估计并检验其有效性，从而揭示对外开放度对利率变动的短期影响。

6.3.2　模型稳定性检验

我们通常都是在假设回归模型变量系数估计保持不变的前提下来构建长期动态关系方程的。但在时序变量数据中自变量和因变量之间存在发生结构性变化的可能性，从而致使模型估计系数存在随时间变化而变化的可能性，故即使（6-3）式能够确定各变量间具有长期稳定均衡关系，对该方程进行回归所得出的各变量估计系数也可能存在不稳定性。为此，需要进一步对模型中各变量估计系数以及所构建模型方程各变量关系的稳定性进行验证。

目前主要有时变参数检验法、邹至庄检验法和递归残差检验法这 3 种方法对模型进行稳定性检验。20 世纪 60 年代以来，时变参数检验法被广泛应用于检验模型的稳定性，时变参数检验法依赖于卡尔曼滤波强大的运算能力，并运用状态空间模型构建来迭代回归估计所得出的参数。尽管时变参数检验法具有直接描述系数随时间而变的运动轨迹、利用嵌套模型间的似然比统计量值来检验参数的随机变化发生与否等方面的优点，但时变参数检验法需要的样本数量较大且无法确定模型各变量产生结构性变化的时点区域（黄祖辉、陈林兴，2010）。邹至庄检验法主要通过经济结构产生的变化对样本观察值进行子样本区间划分，但邹至庄检验法在确定经济结构发生变化的时间节点时存在主观性的随意判断。递归残差检验法的基本原理是：首先采取不断扩大的样本观察值对所构建的模型方程变量系数进行重复估计，若某一变量系数向量有 m 个待估计系数，前 m 个样本观察值可以估计出该变量系数向量的第一估计值，$m+1$ 个样本观察值可以估计出该变量系数向量的第二估计值，以此类推不断重复这个过程，直至所有 N 个样本观察值都被采用完，这样就有该变量系数向量的 $N-m$ 个估计值，包括基于递归残差的 CUSUM 检验和 CUSUMSQ 检验。相对于时变参数检验法和邹至庄检验法，递归残差检验法不仅可以避免样本数量不足的问题，还可以克服在确定经济结构产生变化的时间点时所存在的随意性主观判断的影响。为此，我们采取递归残差检验法对模型稳定性进行检验。

有些学者对运用递归残差检验法检验模型稳定性的合理性进行了有力的科学数理逻辑证明（Brown et al.，1975）。假设模型所构建的方程为：

$$y_t = z_t' b_{t-1} + u_t$$

其中，y_t 表示响应变量向量；z_t' 表示与样本观测 y_t 相关的控制变量向量；b_{t-1} 表示对前面 $t-1$ 个样本观测进行估计所获得的最小二乘系数；u_t 为回归扰动项。我们可得该方程的残差预测方差为：

$$\delta_t^2 = \delta^2 \left[1 + z_t' (Z_{t-1}' z_{t-1})^{-1} z_t \right]$$

式中，$Z_{t-1}' = [z_1, z_2, z_3, \cdots, z_{t-1}]$，可令第 i 个标准衡量的残差为：

$$v_q = u_t \Big/ \sqrt{1 + z_q' (Z_{q-1}' Z_{q-1})^{-1} z_q} \quad (q = w+1, w+2, \cdots, N)$$

在模型参数稳定性的假设前提下，v_q 服从独立正态分布，即 $v_q \sim N(0, \delta^2)$。在此基础上，可以构造一个简便有效的递归残差检验统计量 $v_q / \hat{\sigma}$，并且 $v_q / \hat{\sigma}$ 服从 $E(v_q / \hat{\sigma}) = 0$，$D(v_q / \hat{\sigma}) = 1$ 的渐近正态分布，同时通过 $v_q / \hat{\sigma}$ 对时间进行描点，其误差区域的上下限为 $[-2, 2]$。递归残差检验以横轴表示时间，虚线表示两倍标准差的误差分界线，实线表示递归残差的曲线变动趋势，若递归残差的曲线在两条误差分界线之间变动，则说明模型的估计系数是稳定的，否则模型的估计系数是不稳定的。

Brown 等（1975）在递归残差的基础上进一步提出了 CUSUM 检验方法和 CUSUMSQ 检验方法来验证模型的稳定性问题，并分别构造了 CUSUM 检验统计量和 CUSUMSQ 检验统计量：

$$V_N = 1/\hat{\sigma} \sum_{q=w+1}^{N} v_N \ \text{和} \ K_N = \sum_{i=w+1}^{q} v_i \Big/ \sum_{i=w+1}^{N} v_N \quad (q = w+1, w+2, \cdots, N)$$

其中：$\hat{\sigma}^2 = \sum_{q=w+1}^{N} (v_N - \bar{v})^2 / (N-w-1)$，$\bar{v} = \sum_{q=w+1}^{N} v_N / (N-w)$。在模型估计参数是在稳定虚拟的假设情况下，有 $E(v_N) = 0$，$D(v_N) = N-w$，$E(K_N) = (q-w)/(N-w)$，由于 $q < N$，则 K_N 的均值 $\in [0, 1]$。CUSUM 检验与 CUSUMSQ 检验的基本原理是：若 V_N 在均值为零的直线附近随机波动，表明所构建模型的估计参数稳定；若 V_N 偏离于均值为零的直线，则表明所构建模型的估计参数不稳定。CUSUM 检验和 CUSUMSQ 检验生成以时间为横轴的 5% 显著性检验水平的边界线，当 CUSUM 曲线和 CUSUMSQ 曲线没有超出边界线区域且位于两条边界线之内，则意味着模型估计系数是稳定的；若超出边界线区域且位于两条边界线之外，则意味着模型估计系数是不稳定的。

6.4 数据说明及描述性统计

6.4.1 数据来源

本书的样本时间序列变量数据选取了我国 1980—2018 年的年度数据，利用该年度数据实证分析对外开放度对我国利率变动的影响。对外开放度可以根据本书第五章所计算的数据获得。利率水平、人均国内生产总值、财政支出规模和货币供应量的数据根据 1980—2019 年各年的《中国统计年鉴》整理计算而得，其中利率水平数据经过天数加权平均得到。为避免模型回归方程的方差所产生的估计参数有效性问题，本书对人均国内生产总值、财政支出规模和货币供应量进行了自然对数形式处理。

6.4.2 变量描述性统计

各个变量的描述性统计指标见表 6－1。从表 6－1 各统计指标的基本信息可以看出，我国利率变动的平均值随着期限的扩大而不断提高，由一年期利率的 4.99% 提高到五年期利率的 7.11%，最小值为 1.5%，最大值达到 14.59%，因此，我国利率水平的变动幅度还是比较大的。从均值与标准差的角度看，对外开放度的平方项远远大于对外开放度的水平项，说明这两个变量之间具有较大的差异性，存在着明显的非线性关系。进一步地，对外开放度的水平项和平方项自身因不同年份而存在较大的差异，由此可见，这些数据为后面的模型方程估计与分析提供了较好的统计基础。

表 6－1　各个变量的描述性统计

变量	样本量	均值	标准差	最大值	最小值
$r_{1year}/\%$	39	4.9890	3.0344	11.1100	1.5000
$r_{3year}/\%$	39	6.0423	3.1530	12.8500	2.5200
$r_{5year}/\%$	35	7.1149	3.5894	14.5900	2.7900
$\ln Pergdp$	39	8.7605	1.5686	11.0700	6.1500
$\ln Gov$	39	9.5708	1.7338	12.3100	7.0400
$\ln M$	39	9.1033	1.6661	11.2000	5.8500
$Open/\%$	39	30.4141	13.1421	53.3300	7.5000
$Open^2/\%$	39	1093.330	810.189	2843.77	56.3000

6.5 实证分析结果及讨论

6.5.1 单位根检验

虽然边界检验法存在时间序列数据无须具有同阶单整条件、对时间序列数据变量平稳性的要求不严格等优势，但是运用边界检验法必须具备的前提条件是所有变量均符合小于或等于1的单整阶数。如果出现大于1的单整阶数，可能会导致"伪回归"结果，也就是时间序列变量尽管具有良好的统计意义性质，但这些变量之间可能根本就不存在回归关系，导致边界协整检验统计量失效以及推断结论的不可靠性。基于此，应首先判断所有变量是否具备单整阶数条件，才能对时间序列各变量是否符合平稳性进行检验。有效检验时间序列变量是否符合平稳性的一种重要方法是对各变量进行单位根检验：如果时序变量检验时具备单位根，那么该时序变量是非平稳性的；如果时序变量检验时不具备单位根，那么该时序变量是平稳性的。因此，我们可以采用ADF检验（即扩展的迪基－富勒检验）对各时序变量进行单位根检验以判断其是否符合平稳性特征，具体检验结果见表6－2。

表6－2 各变量 ADF 单位根检验结果

变量	检验形式 (C,T,L)	ADF 检验统计量	1% 临界值	5% 临界值	10% 临界值	P 值	结论
r_{1year}	$(1,1,1)$	-2.6228	-4.2268	-3.5366	-3.2003	0.2731	非平稳
r_{3year}	$(1,1,1)$	-2.0331	-4.2350	-3.5403	-3.2024	0.5641	非平稳
r_{5year}	$(1,1,1)$	-2.6607	-4.2627	-3.5530	-3.2096	0.2582	非平稳
$\ln Pergdp$	$(1,1,1)$	-2.3056	-4.2268	-3.5366	-3.2003	0.4207	非平稳
$\ln Gov$	$(1,0,1)$	-1.4126	-4.2268	-3.5366	-3.2003	0.8406	非平稳
$\ln M$	$(1,0,2)$	-1.3236	-4.2350	-3.5403	-3.2024	0.8657	非平稳
$Open$	$(1,0,0)$	-0.0572	-4.2191	-3.5331	-3.1983	0.9938	非平稳
$Open^2$	$(1,0,0)$	-0.3185	-4.2191	-3.5331	-3.1983	0.9871	非平稳
$\triangle r_{1year}$	$(1,0,1)$	-4.6079^{***}	-4.2350	-3.5403	-3.2024	0.0039	平稳
$\triangle r_{3year}$	$(1,0,1)$	-4.9547^{***}	-4.2350	-3.5403	-3.2024	0.0016	平稳
$\triangle r_{5year}$	$(1,0,1)$	-4.7844^{***}	-4.2733	-3.5578	-3.2124	0.0029	平稳

（续上表）

变量	检验形式 (C,T,L)	ADF 检验统计量	1% 临界值	5% 临界值	10% 临界值	P 值	结论
$\triangle \ln Pergdp$	$(1,0,1)$	-3.7966^{**}	-4.2350	-3.5403	-3.2024	0.0283	平稳
$\triangle \ln Gov$	$(1,0,0)$	-4.0963^{**}	-4.2268	-3.5366	-3.2003	0.0138	平稳
$\triangle \ln M$	$(1,1,1)$	-5.4231^{***}	-4.2350	-3.5403	-3.2024	0.0004	平稳
$\triangle Open$	$(1,0,0)$	-4.8919^{***}	-4.2268	-3.5366	-3.2003	0.0018	平稳
$\triangle Open^2$	$(1,0,0)$	-4.4125^{***}	-4.2268	-3.5366	-3.2003	0.0063	平稳

注：①在检验形式中，C 值为 1 表示含有常数项，为 0 则表示不含有常数项；T 值为 1 表示含有时间趋势项，为 0 则表示不含有时间趋势项；L 表示滞后项阶数，最佳滞后阶数依据 AIC 准则确定，AIC 的值越小表示滞后阶数越优。②$\triangle$ 表示各变量的一阶差分。③ *** 表示变量在 1% 的显著性水平下平稳，** 表示变量在 5% 的显著性水平下平稳。

通过表 6 - 2，容易看出 r_{1year}、r_{3year}、r_{5year}、$\ln Pergdp$、$\ln Gov$、$\ln M$、$Open$ 和 $Open^2$ 这些时间序列变量水平值的 ADF 单位根检验统计量在 10% 的显著性水平下均不显著，因而可以判断这些时间序列变量都存在单位根且具备非平稳性特征。但这些时间序列变量一阶差分的 ADF 单位根检验统计量在 5% 的显著性水平下均显著，因而可以判断该差分时间序列不存在单位根问题，且其一阶差分时间序列具备平稳序列特征。这也说明了 r_{1year}、r_{3year}、r_{5year}、$\ln Pergdp$、$\ln Gov$、$\ln M$、$Open$ 和 $Open^2$ 具备一阶单整性质，即都是 $I(1)$ 序列。因此，所有变量的单整阶数均未高于 1，符合边界协整检验所要求的单整阶数条件，可利用边界协整检验法进行检验。

6.5.2　边界协整检验

通过边界检验法对（6 - 3）式进行检验可以考察被解释变量 r_t 与解释变量 $\ln Pergdp$、$\ln Gov$、$\ln M$、$Open$ 和 $Open^2$ 之间是否存在长期的协整关系。Bahmani-Oskooee 和 Brooks（1999）证实了边界协整检验的有效性显著取决于滞后期数的合理选择，因此进行边界协整检验必须正确选择回归方程的滞后期数。为此，首先可通过 OLS 估计方法对（6 - 3）式进行回归，然后其滞后期数可以依据赤池信息 AIC 准则或施瓦茨 SC 准则的最小值来确定。由于在自回归分布滞后模型中，不仅 AIC 准则所确定的滞后期数要劣于 SC 准则，而且若样本所选取的是年度数据且时间跨度不太大时该模型滞后期数的确定最大值通常不应超过 2（Pesaran & Shin，1999）。因此，采用 SC 准则的最小值来确定滞后期数，同时考虑到样本数据跨度仅有 37 年，且当年的利率水平主要取决于上一年度的利率水平，滞后期数的确定最大值为 2。基于此，分别从 1 期滞后阶数和 2 期滞后阶数对（6-3）式进行 OLS 估计，根据 SC 准则最小值原则，容易确定（6-3）式的最优滞后期数为 1。进一步运用 OLS 估计方法对（6-3）式进行回归可以得出相应的 F 统计量值对变量 r_{t-1}、$\ln Pergdp_{t-1}$、$\ln Gov_{t-1}$、$\ln M_{t-1}$、$Open_{t-1}$ 和 $Open^2_{t-1}$ 的系数进行联合显著性检验，进而可以确定我国利率水平与人均国内生产总值、财政支出规模、货币供应量、对外开放度之间存在长期稳定的协整关系。

6.5.3　ARDL 模型分析

若变量之间存在稳定协整关系的假设得到证实后，则可运用 ARDL 模型来分析利率水平与人均国内生产总值、财政支出规模、货币供应量、对外开放度之间的动态关系。也就是说，通过 OLS 估计方法对（6-2）式和（6-4）式进行回归，可得出相关变量的参数估计，进而解释各变量之间的长期、短期动态关系。

1. 长期动态关系分析

为进一步分析对外开放度对我国利率变动的影响，阐释对外开放度在多大程度上影响利率水平及其动态影响机制，我们可对其长期动态关系进行回归估计。由前述的边界协整检验得到 r_t 与 $\ln Pergdp$、$\ln Gov$、$\ln M$、$Open$、$Open^2$ 之间具有长期稳定均衡关系，于是可以构建 r_t 与 $\ln Pergdp$、$\ln Gov$、$\ln M$、$Open$、$Open^2$ 之间的自回归分布滞后模型，即（6-2）式。然后通过 OLS 估计方法对（6-2）式进行回归从而得出各个变量的参数估计，进而揭示对外开放度、人均国内生产总值、财政支出规模、货币供应量对利率变动的长期影响。

为此，可以通过 OLS 估计方法对（6-2）式进行参数估计，该方程的初步估计结果见表 6-3。

表 6-3　对外开放度对存款利率变动的长期动态影响的 ARDL 模型初步估计结果

	被解释变量：存款利率 r		
	一年期	三年期	五年期
	（1）	（2）	（3）
$r(-1)$	0.877632 ***	0.896135 ***	0.852538 ***
	［8.291069］	［9.017677］	［8.429296］
	（0.0000）	（0.0000）	（0.0000）
$\ln Pergdp$	18.26649 ***	18.84112 ***	26.47839 ***
	［4.547828］	［4.518921］	［4.796202］
	（0.0001）	（0.0001）	（0.0001）

（续上表）

	被解释变量：存款利率 r		
	一年期	三年期	五年期
	(1)	(2)	(3)
$\ln Pergdp(-1)$	-25.50233^{***} $[-6.724024]$ (0.0000)	-28.32194^{***} $[-6.947831]$ (0.0000)	-37.17850^{***} $[-6.878505]$ (0.0000)
$\ln Gov$	-1.395430 $[-0.346481]$ (0.7320)	1.167371 $[0.264642]$ (0.7934)	-4.134226 $[-0.711087]$ (0.4845)
$\ln Gov(-1)$	2.987818 $[0.918791]$ (0.3673)	1.356692 $[0.374663]$ (0.7109)	6.289496 $[1.312532]$ (0.2029)
$\ln M$	-6.016153^{**} $[-2.573997]$ (0.0167)	-6.970278^{**} $[-2.670110]$ (0.0129)	-8.395207^{**} $[-2.641899]$ (0.0149)
$\ln M(-1)$	12.47731^{***} $[4.486510]$ (0.0002)	14.5720^{***} $[4.766412]$ (0.0001)	19.23255^{***} $[5.019695]$ (0.0001)
$Open$	-0.595240^{***} $[-2.909990]$ (0.00577)	-0.766313^{***} $[-3.372024]$ (0.0023)	-0.923747 $[-3.876233]$ (0.0008)
$Open(-1)$	-0.069660 $[-0.337752]$ (0.7385)	0.046553 $[0.205186]$ (0.8390)	-0.104867 $[-0.449615]$ (0.6574)
$Open^2$	0.006158^{**} $[2.307558]$ (0.0300)	0.008166^{**} $[2.744520]$ (0.0108)	0.008008^{***} $[3.179813]$ (0.0043)
$Open^2(-1)$	0.001299 $[0.473060]$ (0.6404)	0.000457 $[0.014804]$ (0.9883)	0.001332 $[0.517591]$ (0.6099)

（续上表）

	被解释变量：存款利率 r		
	一年期	三年期	五年期
	（1）	（2）	（3）
常数项	0.862460 [0.417592] (0.6800)	1.804471 [0.896899] (0.3780)	-2.843265 [-0.870856] (0.3932)
观测值	38	38	34
R^2	0.959631	0.952406	0.949920
F 统计量	51.86442	47.29911	37.93629

注：①***表示变量在1%的显著性水平下平稳，**表示变量在5%的显著性水平下平稳。②［　］中的数据为 t 统计量，（　）中的数据为 P 值。

从表 6-3 中的初步估计结果可以看出，R^2 均达到 0.93 以上，5 个模型的整体拟合效果都很好，但每个模型中都有某些解释变量系数的 t 统计量未通过 10% 的检验水平，故应在模型初步估计结果基础上剔除某些不显著的解释变量。根据逐步剔除原则，依照 P 值从高到低的顺序逐步剔除最不显著的解释变量，直到每个解释变量在 5% 的显著性水平下都显著为止。比如在模型（3）中，首先剔除最不显著的解释变量为 lnGov，以此类推可逐步剔除其他不显著的解释变量。5 个模型剔除不显著解释变量后的最终估计结果见表 6-4。

表 6-4　对外开放度对存款利率变动的长期动态影响的 ARDL 模型最终估计结果

	被解释变量：存款利率 r		
	一年期	三年期	五年期
	（1）	（2）	（3）
$r(-1)$	0.907959*** [10.38797] (0.0000)	0.911431*** [11.07138] (0.0000)	0.887110*** [10.60120] (0.0000)
ln$Pergdp$	17.57806*** [5.100017] (0.0000)	18.73958*** [5.085103] (0.0000)	24.71212*** [5.270634] (0.0000)

（续上表）

	被解释变量：存款利率 r		
	一年期	三年期	五年期
	(1)	(2)	(3)
$\ln Pergdp(-1)$	-24.81431^{***} $[-7.259447]$ (0.0000)	-27.49466^{***} $[-7.477525]$ (0.0000)	-35.81415^{***} $[-7.432120]$ (0.0000)
$\ln Gov(-1)$	1.960099^{*} $[1.926293]$ (0.0647)	2.126342^{*} $[1.947651]$ (0.0612)	3.058836^{**} $[2.349452]$ (0.0270)
$\ln M$	-6.074744^{***} $[-2.803976]$ (0.0092)	-6.463067^{**} $[-2.677575]$ (0.0121)	-8.902925^{***} $[-3.058397]$ (0.0052)
$\ln M(-1)$	12.10878^{***} $[4.745135]$ (0.0001)	13.95867^{***} $[4.946499]$ (0.0000)	18.89636^{***} $[5.349026]$ (0.0000)
$Open$	-0.625948^{***} $[-3.513348]$ (0.0016)	-0.767447^{***} $[-3.912288]$ (0.0005)	-0.925702^{***} $[-4.495769]$ (0.0001)
$Open^{2}$	0.006948^{***} $[3.232045]$ (0.0032)	0.008801^{***} $[3.675143]$ (0.0010)	0.008280^{***} $[4.127764]$ (0.0004)
常数项	0.364749 $[0.224526]$ (0.8240)	1.026024 $[0.615224]$ (0.5432)	-2.884992 $[-1.112840]$ (0.2764)
观测值	38	38	34
R^{2}	0.958925	0.950682	0.948672
F 统计量	78.79168	69.87692	57.75837

注：①＊＊＊表示变量在1%的显著性水平下平稳，＊＊表示变量在5%的显著性水平下平稳，＊表示变量在10%的显著性水平下平稳。②［ ］中的数据为 t 统计量，（ ）中的数据为 P 值。

从表 6－4 的最终估计结果可以看出，经过逐步剔除后，ARDL 模型中所剩下的解释变量都在 5% 的水平下高度显著，F 统计量表明模型整体高度显著，R^2 值都达到 0.92 以上。我们还需利用相关检验方法进一步考察该最终回归结果是否有序列自相关等问题。德宾－沃森（DW）检验和布劳殊－戈弗雷（BG 或 LM）检验是目前检验时间序列是否自相关的两种检验方法。这里我们利用 LM 检验统计量对序列是否自相关进行检验，理由如下：一是即使在样本容量较大情形下，只要模型中含有滞后响应变量就会产生非严格外生控制变量的现象，而控制变量非严格外生时会导致至少一个控制变量与残差相关，方程回归所获得的 DW 检验统计量是无效的，因此，DW 检验统计量不适用于控制变量中含有滞后响应变量的回归模型。二是 LM 检验统计量则没有控制变量中不包括滞后响应变量的约束，避免了有碍于检验序列相关的内在偏误问题，又由于本 ARDL 模型中的自变量包含被解释变量的一期滞后值，故这里我们通过 LM 检验对时间序列自相关问题进行检验。检验结果见表 6－5。

表 6－5　LM 统计量检验结果

利率期限	序列相关 LM 检验	
	F 统计量	样本量 $\times R^2$ 值
r_{1year}	3.211096 (0.0574)	7.357822 (0.0553)
r_{3year}	1.935809 (0.1638)	4.769950 (0.0923)
r_{5year}	0.278366 (0.6026)	0.389831 (0.5324)

注：（　）中的数据为 P 值。

从表 6－5 检验结果可以看出，各种期限存款利率的 LM 检验统计量所对应的概率值均高于 5%，说明在 5% 的显著性水平下，都不存在序列自相关问题。

从表 6－4 可知，长期内，上一年的存款利率水平、当年和上一年的人均国内生产总值、当年和上一年的货币供应量、当年对外开放度的水平项和平方项的系数在 10% 的显著性水平下显著，表明上一年的存款利率水平、当年和上一年的人均国内生产总值、当年和上一年的货币供应量、当年对外开放度的水平项和平方项对当年的我国各种期限的利率变动存在显著的长期影响。我国各种期限的存款利率的上一年值均为正且十分显著，其系数都较大，表明当年的利率水平很大程度上取决于上一年的利率水平。当年的人均国内生产总值的系数显著为正，而上一年的人均国内生产总值的系数显著为负，说明人均国内生产总值越大，我国利率水平就越高，但随着时间推移而趋于减弱。当年的货币供应量的系数显著为负，而上一年的货币供应量的系数显著为正，说明货币供应量越大，我国利率水平就越低，但随着时间推移而趋于弱化。对外开放度的水平项变量系数显著为负，对外开放度的平方项变量系数显著为正，表明对外开放度对我国各种期限的利率水平的长期影响存在先抑后扬的特征。也就是说，在对外开放度较低的初期，我国利率水平随着对外开放度的提升而趋于降低；伴随对外开放度的日益提高，达到某一拐点后，我国利率水平呈递增趋势。通过表6-4的回归结果，我们可以运用对外开放度的水平项和平方项的估计系数建立以对外开放度为解释变量的函数表达式。以一年期存款利率为例，其函数表达式为 $F(Open)=0.006948Open^2-0.625948Open$，对变量 $Open$（对外开放度的水平项）求一阶导数并令其为零，即 $0.006948 \times 2Open-0.625948=0$，可得 $Open=45.05$。也就是说，当对外开放度等于45.05时，对外开放度对我国利率变动产生先抑后扬影响的拐点开始出现，依此，通过观察上述样本数据可知超过该临界值的年份是在2004年。因此，在2004年以前，对外开放度对我国利率水平的影响存在递减趋势；而在2004年以后，对外开放度对我国利率水平的影响存在递增趋势。

我国利率水平的不断波动逐渐引起学者们的关注，因此诸多学者也从各方面揭示我国利率水平波动的原因。本书则从对外开放度的角度对此进行阐释，利用我国1980—2018年数据进行实证分析，发现我国对外开放度对利率变动存在先抑后扬的"U"型影响。这说明当对外开放度较低时，对外开放度对我国利率水平的影响存在递减趋势；而当对外开放度达到一定阶段后，对外开放度对我国利率水平的影响则存在递增趋势。该研究结论对我们具有一定的政策启示：第一，若利率变动内生地取决于政府宏观经济调控，那么在世界经济一体化背景下，对外开放度对利率水平最终会产生上升的压力，在这种情况下，政府应该适当降低利率水平，以抵消利率上升所引起投资下降的负面影响，从而确保利率水平起到稳定经济的作用。第二，对外开放度对利率变动"U"型影响的拐点出现时，对外开放度的不断提高会扩大利率水平的上升幅度，此时政府应该全方位提升对外开放水平及质量，建立完善的宏观经济风险预警与调控机制，进而化解对外开放对我国利率水平以及宏观经济所产生的波动风险。

2. 短期动态关系分析

（6-4）式揭示了对外开放度对我国利率变动的短期影响，通过相关样本数据并对（6-4）式进行参数估计可以阐释对外开放度对我国利率变动的短期影响，其估计结果见表6-6。

表 6 – 6　对外开放度对存款利率变动的短期动态影响的 ARDL – ECM 方程估计结果

	被解释变量：存款利率 r		
	一年期	三年期	五年期
	（1）	（2）	（3）
$\ln Pergdp(-1)$	205.7855 *** [28.2243] (7.29109)	560.3038 *** [76.3597] (7.33769)	8.527483 * [4.27468] (1.99488)
$\ln Gov(-1)$	– 106.2713 *** [12.5845] (– 8.44464)	– 312.0754 *** [33.4957] (– 9.31688)	9.807171 *** [1.84902] (5.30399)
$\ln M(-1)$	– 85.74394 *** [23.7359] (– 3.61241)	– 195.7522 *** [64.0882] (– 3.05442)	– 28.90253 *** [3.95677] (– 7.30458)
$Open(-1)$	1.570652 [2.54926] (0.61612)	– 1.152340 [6.84671] (– 0.16831)	3.576006 *** [0.38585] (9.26788)
$Open^2(-1)$	– 0.009623 [0.03070] (– 0.31340)	0.041277 [0.08227] (0.50170)	– 0.033854 *** [0.00368] (– 9.19175)
$\triangle r(-1)$	– 0.190644 [0.15271] (– 1.24844)	– 0.119059 [0.17344] (– 0.68646)	0.065557 [0.13874] (0.47252)
$\triangle \ln Pergdp(-1)$	15.94723 *** [4.57151] (3.48839)	14.41384 *** [5.85186] (2.46312)	24.87136 *** [7.90082] (3.14795)
$\triangle \ln Gov(-1)$	– 3.100430 [2.20359] (– 1.40699)	– 2.256783 *** [2.95188] (– 0.76452)	– 16.34585 *** [4.85459] (– 3.36709)
$\triangle \ln M(-1)$	1.025702 [2.29577] (0.44678)	2.375851 [3.11729] (0.76215)	0.987316 [3.86075] (0.25573)

（续上表）

	被解释变量：存款利率 r		
	一年期	三年期	五年期
	（1）	（2）	（3）
$\triangle Open(-1)$	-0.486509 ***	-0.696787 ***	0.199556
	[0.14194]	[0.20332]	[0.21941]
	（-3.42757）	（-3.42711）	（0.90953）
$\triangle Open^2(-1)$	0.005845 ***	0.008747 ***	-0.002181
	[0.00183]	[0.00260]	[0.00244]
	（3.18872）	（3.36112）	（-0.89261）
常数项	-1.763121 ***	-1.789029 ***	-1.376843 **
	[0.41709]	[0.56280]	[0.62352]
	（-4.22719）	（-3.17881）	（-2.20817）
ECM_{t-1}	-0.043237 ***	-0.015412 ***	-0.284057 ***
	[0.00969]	[0.00484]	[0.07751]
	（-4.46125）	（-3.18575）	（-3.66489）
观测值	37	37	33
R^2	0.705342	0.627386	0.669557
F 统计量	9.916158	6.975517	7.236558

注：①***表示变量在1%的显著性水平下平稳，**表示变量在5%的显著性水平下平稳，*表示变量在10%的显著性水平下平稳。②[　]中的数据为标准误差，（　）中的数据为 t 统计量。

从表6-6中容易看出，各种期限的利率误差修正项 ECM_{t-1} 的估计系数均为负数，且在1%的显著性水平下都非常显著，这进一步表明了我国利率水平与对外开放度、国内经济增长等变量之间存在显著的长期协整关系。误差修正因子 ECM_{t-1} 的检验统计量值十分显著且为负数，满足了反向修正调节机制，短期内利率在偏离于长期均衡情形后将会在下一年度获得某种程度上的纠偏，各种期限利率的 ECM_{t-1} 的估计系数分别为 -0.043237、-0.015412 和 -0.284057，这说明了若利率水平遭受了短期的外部不确定性冲击后，将会在下一年分别以4.3%、1.5%和28%左右的速度向长期稳定均衡进行调整与纠正。

6.6　模型稳定性检验

改革开放以来，伴随中国对外开放水平的提升，我国对经济增长方式、经济体制转变、对外开放政策和宏观经济政策等方面进行调整，这些重大变化对我国经济系统造成了需求和供给的不确定性冲击。毫无疑问，政府为避免不确定性冲击对我国宏观经济系统造成的外部风险，使宏观经济政策的制定与实施产生很大变化，这会进一步促使我国利率水平与对外开放度、国内经济增长等变量之间的关系产生结构性的变化。因此，有必要对所构建的自回归分布滞后模型参数以及确定的经济结构变化关系进行模型稳定性检验，进而验证所建立模型的正确性。

由于模型误设易导致变量估计系数的稳定性检验结论，为避免模型误设可能性的发生，需对 ARDL 模型的估计结果进行 Ramsey RESET 检验。同时，需对 ARDL 模型的残差进行时间序列相关、正态性检验，以判断该模型是否适用于递归残差检验方法，检验结果见表 6 - 7。

表 6 - 7　ARDL 模型误设检验和残差检验结果

利率期限	Ramsey RESET 检验		序列相关 LM 检验		残差正态性检验
	F 统计量值	对数似然比	F 统计量值	样本量×R^2值	JB 统计量值
r_{1year}	0.054116 (0.8179)	0.074852 (0.7844)	3.211096 (0.0574)	7.357822 (0.0553)	1.439966 (0.486761)
r_{3year}	0.098055 (0.7565)	0.132842 (0.7155)	1.935809 (0.1638)	4.769950 (0.0923)	3.00147 (0.2230)
r_{5year}	0.309001 (0.7372)	0.901511 (0.6371)	0.278366 (0.6026)	0.389831 (0.5324)	0.453723 (0.7970)

注：①（　）中的数据为 P 值。②序列相关 LM 检验统计量的数据在表 6 - 5 中已列出，这里直接引用。③利用 Ramsey RESET 检验方法对模型误设进行检验。由于 F 统计量和对数似然比统计量所对应的概率值明显高于 0.05 的显著性检验水平，因此所构建的模型不存在误设。④利用雅克 - 贝拉（JB）统计量检验残差正态性。所有期限存款利率的 JB 统计量值均较小，其所对应的概率值都高于 0.05 的显著性检验水平，可以认为该样本来自正态分布总体。

从表 6 - 7 容易看出，本书所建模型符合经典正态回归要求且不存在模型误设问题，因此，可以利用递归残差方法对该模型进行检验。我们可以运用递归残差累计和检验（CUSUM）与递归残差平方累计和检验（CUSUMSQ）对 ARDL 模型系数回归估计值的稳定性进行检验，检验结果见图 6 - 1 至图 6 - 6。

从图6-1至图6-6可以看出，各种期限的存款利率样本所得出的CUSUM
曲线与CUSUMSQ曲线的变化都位于边界区间内，这表明所建立的ARDL模型
对我国利率水平与国内经济增长、财政支出规模、货币供应量、对外开放度之
间关系的方程是稳定可靠的，其系数估计也是可信的。于是，本书所构建的
ARDL模型在样本期间存在经济结构性变化稳定特征，所设模型合理。

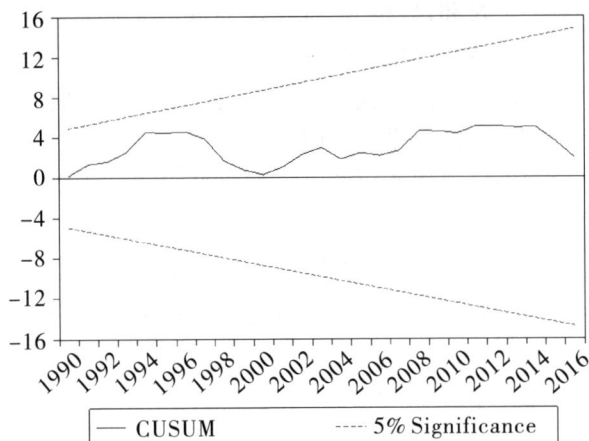

图6-1　一年期递归残差累计和检验结果

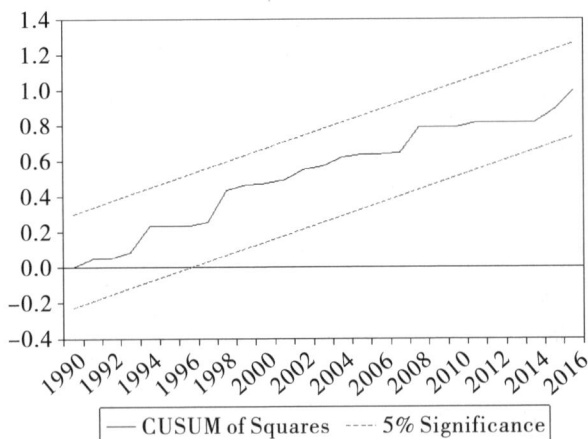

图6-2　一年期递归残差平方累计和检验结果

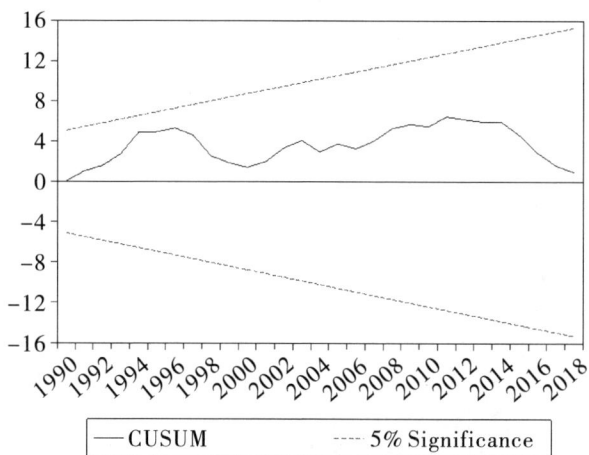

图 6 - 3　三年期递归残差累计和检验结果

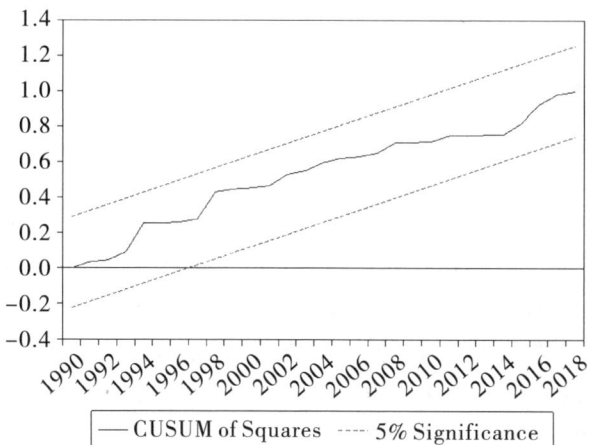

图 6 - 4　三年期递归残差平方累计和检验结果

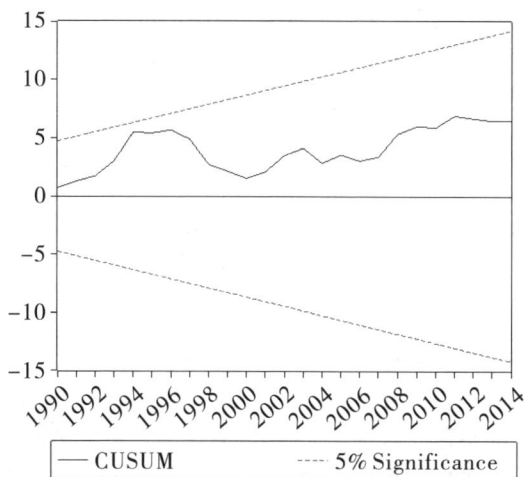

图 6 - 5　五年期递归残差累计和检验结果

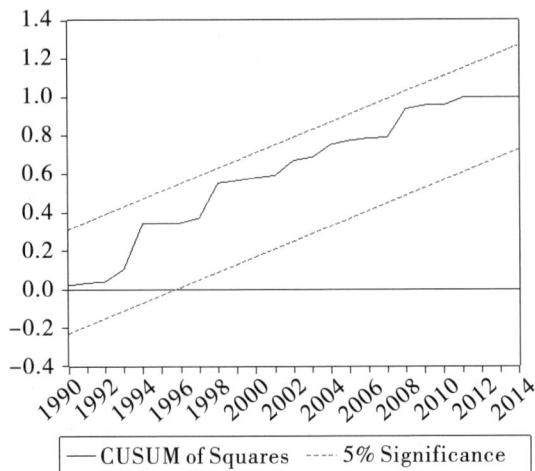

图6-6 五年期递归残差平方累计和检验结果

6.7 小结

我国利率水平的不断波动逐渐引起学者们的关注，因此诸多学者也从各方面揭示我国利率水平波动的原因。本书则从对外开放的角度对此进行阐释，第四章在理论上证明了对外开放度与利率变动之间呈现出一种较强联动关系。对外开放度越高，利率变动也越大，即财政政策渠道对利率变动随着对外开放度的提高而产生持续扩大的影响，货币政策渠道对利率变动随着对外开放度的提高而产生持续缩减的影响。具体来说，在对外开放条件下，不管是短期内还是长期内，扩张性财政政策对利率变动均具有上升的影响，且随着对外开放度的日益提升，对利率的上升存在持续性推动作用；扩张性货币政策在短期内对利率变动存在下降的影响，但在长期内，随着对外开放度的日益提升，对利率的下降具有持续性的削弱作用，并最终导致利率上升。本章利用我国1980—2018年的数据进行实证分析，发现我国对外开放对利率变动存在先抑后扬的"U"型影响。这说明当对外开放度较低时，对外开放对我国利率水平的影响存在递减趋势；而当对外开放度达到一定水平后，对外开放对我国利率水平的影响则存在递增趋势。

本章的研究结论也有一定的政策含义。第一，若利率变动内生地取决于政府宏观经济调控，那么在世界经济一体化背景下，对外开放对利率水平最终会产生上升的压力，在这种情况下，政府应该适当降低利率水平，以抵消利率上升所引起投资下降的负面影响，从而确保利率水平起到稳定经济的作用。第二，因为对外开放度对利率变动存在先抑后扬的"U"型影响，所以拐点出现后，政府应全方位提升对外开放水平及质量，建立完善的宏观经济风险预警与调控机制，进而化解对外开放对我国利率水平以及宏观经济所产生的波动风险。

第7章　对外开放度对我国利率政策效应的影响

7.1　引言

随着中国对外开放水平不断提高，外部风险更多地通过国际贸易和外资引进渠道传递到国内，国际商品市场价格波动也不再完全匹配于国内商品生产成本的变动，这种情况既可能加快出口企业的利润缩减，抑制企业投资，也可能导致出口企业收益上升并进一步传递到非出口部门引起通货膨胀，尤其是对资源、资本品等存在依赖性的部门更有可能遭受输入性通货膨胀的影响。同时，在外资引入过程中，通过劳动力转移与产业结构调整等渠道也会引起国内工资和技术水平的变动，从而对国民收入和经济增长产生重要影响。习近平总书记在博鳌亚洲论坛 2018 年年会开幕式上指出，中国开放的大门不会关闭，只会越开越大。长期看，方兴未艾的对外开放局面将以各种形式来重塑国内不同产业部门之间的分布格局，为了应对这种变化所产生的不确定性，政府有可能调整利率政策在货币政策调控中的相对地位，同时对外开放的提升也将影响政府管理的范围并改变政府的管理权限（Pierre-Richard & Aizerman，1995）。自 2018 年美国挑起贸易战以来中美贸易摩擦不断，在美国贸易策略和货币政策不断调整的背景下，中国的利率政策中存在的一些深层次问题和矛盾也逐渐显现出来，为了应对外部风险对宏观经济波动的冲击，近年来央行调整利率政策的次数明显增加。研究对外开放度对中国利率政策效应的影响在理论与实践上具有双重意义。从理论层面看，将对外开放因素纳入利率政策分析框架，分析对外开放对利率政策有效性的影响，有助于强化人们对利率政策在中国货币政策调控与传导效应中所起作用的认识，丰富新时代发展中国家利率政策理论；从实践层面看，对于政府在对外开放条件下制定更加科学的利率政策具有一定的参考价值，从而有利于利率市场化改革的深化以及人民币国际化的推进，防范、化解当前中美贸易摩擦所产生的经济金融波动性风险。

7.2 文献回顾

关于对外开放度，学术界主要利用对外贸易依存度指标进行测算（乔超，1997；范红忠、王徐广，2008；焦娜，2012；程立茹、王分棉，2013；等）。这一指标虽然应用较广、测度直观、方法简单，但由于不能全面真实地反映一国或地区的对外开放度，许多学者已转而从综合指标的角度进行分析。比如，Sachs 和 Warner（1995）选取实施计划性经济体制与否、平均关税率、黑市外汇汇率溢价率、进口非关税贸易壁垒措施比率以及国家垄断企业是否涉及主要对外贸易出口企业 5 个指标构建一个综合性的 Sachs – Warner（SW）对外开放度指标。Harrison（1996）采用 Summers-Heston 数据集，以构建模型回归获得的残差值表示价格扭曲程度指数，残差值越大说明价格扭曲程度越大，意味着对外开放度越低。李翀（1998）则分别赋予对外贸易占国内生产总值的比重、对外投资占国内生产总值的比重、对外金融占国内生产总值的比重这 3 个指标的权重为 40%、30%、30% 来测算中国对外开放度。Stewart（1999）通过构建引力模型回归得出贸易国与其他所有贸易国之间的贸易额预测值，以贸易实际额与其预测值之比计算贸易强度，以此表示对外开放度。Lloyd 和 MacLaren（2002）基于可计算的一般均衡模型（CGE），通过改进方法并优化常用的对外贸易依存度构建了一组测度对外开放度的指标体系。吕志鹏等（2015）通过构建潜变量模型测算了世界上主要发达国家与发展中国家的对外开放度，并对这些国家的对外开放水平进行了比较。温军和张森（2018）运用因子分析法，选取出口比率、进口比率、对外直接投资比率和外商直接投资比率这 4 个指标，测算了中国各省份的对外开放度。蒋先玲和魏天磊（2019）通过主成分分析法设计出一种基于结果的对外开放度指标，并测算中国 2011—2017 年的对外开放度。

对利率政策有效性及利率水平的研究主要集中在以下两个方面：一是利率水平和宏观经济变量波动之间的关系研究。有些学者（Mehrotra，2007；姜再勇等，2010；陈昆亭等，2015；陈德凯，2017）研究利率对产出的影响；有些学者（朱烨东等，2005；庄希丰、黄怡瑄，2008）研究利率对投资的影响；有些学者（Fama，1975；Wallace & Warner，1993；Atkins & Coe，2002；余华义、黄燕芬，2015；张雪莹等，2016）研究利率对价格的影响；还有些学者（Bernanke et al.，1992；陈飞等，2002；何孝星、黄雪霞，2008；徐奇渊，2016；王维俊、裘翔，2016）研究利率对投资、产出和消费等变量的综合影响。

二是对外开放条件下的利率政策有效性研究。易纲和范敏（1997）认为，体制等因素决定的摩擦系数会随着中国开放度的提升而逐渐变小，利率平价预测能力也会愈来愈强。薛宏立（2002）认为金融市场和对外开放度的提高有利于交易成本下降，制度摩擦系数会逐渐趋于零。张宗新（2006）认为中国应进一步找寻利率政策与汇率政策两者间的最优政策组合，促进利率改革和汇率改革的协同效应。黄晓薇等（2013）认为利率波动和汇率波动在中国对外开放度提高条件下表现出明显的联动性。阙澄宇和马斌（2016）认为在岸利率与离岸利率之间在对外开放条件下具有均值溢出效应、波动溢出效应以及非对称效应。

从以上研究看，选择单个指标测度对外开放度明显存在不合理之处，较好的办法应是根据一国外贸发展和对外开放特征确定对外开放度的测度指标，基于可获得性、可比性、连续性、简易性等数据选取原则，同时客观科学地对指标分配权重，本书拟采用这一办法；同时，已有文献对利率政策有效性的研究大都基于产出、投资、消费、价格的影响等角度，而对于在对外开放条件下利率政策如何影响经济增长，及其内在影响机理鲜有文献从实证方面进行分析，本书将针对这一缺陷进行探讨。

7.3　计量模型设计

对外开放背景下利率的变动将影响产出与价格等实际宏观经济变量。一方面，一国的利率变动会引起国内外利率差的变动，加剧跨国资本流动，进一步地可能导致该国利率变动，利率的上升不仅会强化政府支出对私人投资的"挤出效应"，还会阻碍投资对经济增长的拉动作用，从而削弱利率的产出效应。另一方面，在货币市场上，利率取决于货币供给与货币需求的均衡水平，如果货币市场处于均衡状态时，存在等式 $M/P = ky - hr$，由于货币当局决定了 M（即名义货币供给量）的水平，因而可作为一个外生变量，在产出水平 y 既定情况下，利率 r 的变动必然会传递给价格水平并导致 P 值的变化。如果一国或地区的利率水平上升，将减少货币的投机需求，引起实际货币需求的降低，为维持整个货币市场的均衡状态，实际货币供给也必须相应减少，货币市场均衡状态的实现在名义货币供给量既定情况下只能通过提高价格水平来达到。

因此，对外开放对利率政策有效性的影响主要体现在以下几个方面：一是对外开放条件下利率政策对促进经济增长的影响有多大，即利率政策的产出效应；二是对外开放条件下利率政策稳定物价水平的作用有多大，即利率政策的价格效应。由于利率的政策效应在中国现阶段主要表现为是否实现经济增长和物价稳定，即是否符合政府进行宏观经济调控所追求的"高增长、低通胀"目标，因而本书关于对外开放对利率政策有效性的影响也将从利率政策的产出效应和价格效应两个角度进行分析。

有关对外开放条件下货币政策、利率政策等宏观经济政策效果的分析工具中，较早的有 Mundell – Fleming 模型、Donnbush Overshoot 模型和 New Open Macroeconomic 模型，但这些模型均侧重定性研究，对定量的实证分析颇少。Karras（1999）突破前人定量分析的困难，开创性地构建了对外开放与宏观经济政策有效性之间的关系模型，并通过建立产出增长率模型和通货膨胀率模型，分析对外开放度与货币政策有效性之间的关系。由于利率政策是货币政策的重要组成部分，本书借鉴了这一模型并建立对外开放度与利率政策有效性两者间关系的实证计量模型。

首先构建利率政策的产出效应方程与价格效应方程，如（7－1）式和（7－2）式所示：

$$\Delta Y_{it} = e_0 + \sum_{j=1}^{M} e_j^Y \Delta Y_{i,t-j} + \sum_{j=0}^{N} e_j^{oil} \Delta oil_{i,t-j} + \sum_{j=0}^{S} e_j^r \Delta r_{i,t-j} + u_{it}^Y \qquad (7-1)$$

$$\Delta P_{it} = f_0 + \sum_{j=1}^{M} f_j^P \Delta P_{i,t-j} + \sum_{j=0}^{N} f_j^{oil} \Delta oil_{i,t-j} + \sum_{j=0}^{S} f_j^r \Delta r_{i,t-j} + u_{it}^P \qquad (7-2)$$

其中，（7－1）式为利率政策产出效应方程；（7－2）式为利率政策价格效应方程；i 为第 i 个国家或地区；t 为第 t 期；e、f 表示待估参数；ΔY 为产出增长率；Δr 为利率变动率；ΔP 为价格变化率；Δoil 为石油价格增长率，以揭示供给冲击；u_{it}^Y 和 u_{it}^P 为随机扰动项；j、M、N、S 分别表示各变量最大滞后期数。

进一步地，采用 Karras 的方法将利率系数写成：

$$e_j^r = v_j^r + v_j^{Open} \cdot Open_{it} \qquad (7-3)$$

$$f_j^r = w_j^r + w_j^{Open} \cdot Open_{it} \qquad (7-4)$$

其中，$Open_{it}$ 表示某国 i 在第 t 时期的对外开放度。将（7－3）式、（7－4）式分别代入（7－1）式、（7－2）式可得产出增长率与价格变化率的表达式：

$$\Delta Y_{it} = e_0 + \sum_{j=1}^{M} e_j^Y \Delta Y_{i,t-j} + \sum_{j=0}^{N} e_j^{oil} \Delta oil_{i,t-j} + \sum_{j=0}^{S} (v_j^r \Delta r_{i,t-j} + v_j^{Open} \cdot Open_{it} \cdot$$
$$\Delta r_{i,t-j}) + u_{it}^Y \qquad (7-5)$$

$$\Delta P_{it} = f_0 + \sum_{j=1}^{M} f_j^P \Delta P_{i,t-j} + \sum_{j=0}^{N} f_j^{oil} \Delta oil_{i,t-j} + \sum_{j=0}^{S} (w_j^r \Delta r_{i,t-j} + w_j^{Open} \cdot Open_{it} \cdot$$
$$\Delta r_{i,t-j}) + u_{it}^P \qquad (7-6)$$

系数 v_j^{Open}、w_j^{Open} 解释了对外开放度对利率政策有效性的影响。当 v_j^{Open} 为负数时，表明随着对外开放度提升，利率政策的产出效应处于削弱状态，反之则处于强化状态；当 w_j^{Open} 为正数时，说明随着对外开放度提升，利率政策的价格效应具有放大作用，反之则具有减弱作用。

回顾世界历史，20 世纪 70 年代的两次石油价格上涨对工业化国家的经济造成了严重的供给冲击，不仅增加了厂商生产成本，甚至引发经济增长停滞与高通胀率；20 世纪 80 年代的石油价格下跌则导致了更高的经济增长和更低的价格水平。由于石油价格成为工业化国家宏观经济波动的重要影响变量，故 Karras 将石油价格波动变量引入实证模型。但随着科技的突飞猛进、能源产业与消费结构的日益多元化，有学者发现石油价格在中国宏观经济波动中产生的影响越来越弱且不构成对中国经济的供给冲击（范从来等，2003；朱钟棣，2005；黄武俊，2010）。基于此，本书对实证模型进行了修正，在（7 - 5）式、（7 - 6）式中剔除了石油价格波动变量。为了进一步反映货币政策对利率政策的影响，在（7 - 5）式、（7 - 6）式中，货币供应量变化率 ΔM_{it} 与 $Open_{it} \cdot \Delta r_{i,t-j}$ 以相乘形式进入方程，故实证检验模型可表达成以下方程式：

$$\Delta Y_{it} = e_0 + \sum_{j=1}^{M} e_j^Y \Delta Y_{i,t-j} + \sum_{j=0}^{S} (v_j^r \Delta r_{i,t-j} + v_j^{Open} \cdot Open_{it} \cdot \Delta M_{it} \cdot \Delta r_{i,t-j}) + u_{it}^Y \quad (7-7)$$

$$\Delta P_{it} = f_0 + \sum_{j=1}^{M} f_j^P \Delta P_{i,t-j} + \sum_{j=0}^{S} (w_j^r \Delta r_{i,t-j} + w_j^{Open} \cdot Open_{it} \cdot \Delta M_{it} \cdot \Delta r_{i,t-j}) + u_{it}^r \quad (7-8)$$

7.4　数据处理

根据前述实证检验模型，以国内生产总值增长率表示产出增长率，以居民消费价格指数增长率表示价格水平增长率，以一年期利率 r_{1year}、三年期利率 r_{3year}、五年期利率 r_{5year} 的变动率反映利率水平变动率，货币供应量增长率以 M_0 增长率来表示。数据选择的样本区间为 1980—2016 年，数据来自 1981—2017 年的《中国统计年鉴》和国家统计局网站，且利率水平数据经过天数加权平均得到。对外开放度 $OPEN_{it}$ 采用前面第五章所计算的数值。

如果非平稳性特征出现在时间序列变量数据中，则容易导致模型的"伪回归性"问题，为了克服"伪回归"所引起的估计参数误差现象，提高所构建模型估计结果的有效性与无偏性，应对这些时间序列变量进行必要的平稳性单位根检验。当前主要采用扩展的 ADF 检验（Augmented Dickey-Fuller，迪基 - 富勒检验）对时间序列变量进行平稳性单位根检验。ADF 检验通过把被解释变量滞后差分项加入回归方程中的解释变量并作为一种外生变量来进行相关检验，以实现有效控制高阶时间序列自相关的目的。本书利用 ADF 检验对回归方程时序变量的平稳性进行单位根检验，ADF 检验的结果见表7-1。

表7-1　ADF 单位根检验结果

变量	检验形式 (C,T,L)	ADF 检验统计量	1%临界值	5%临界值	10%临界值	P 值	结论
$\triangle Y$	$(1,0,1)$	-4.7088^{***}	-4.2268	-3.5366	-3.2003	0.0029	平稳
$\triangle P$	$(1,1,1)$	-4.0640^{**}	-4.2268	-3.5366	-3.2003	0.0149	平稳
$\triangle r_{1year}$	$(1,0,0)$	-4.6001^{***}	-4.2191	-3.5331	-3.1983	0.0038	平稳
$\triangle r_{3year}$	$(1,0,0)$	-4.4049^{***}	-4.2191	-3.5331	-3.1983	0.0062	平稳
$\triangle r_{5year}$	$(1,0,0)$	-4.1764^{**}	-4.2529	-3.5485	-3.2071	0.0120	平稳
$OPEN \cdot \triangle r_{1year}\triangle M$	$(1,0,1)$	-5.0021^{***}	-4.2268	-3.5366	-3.2003	0.0013	平稳
$OPEN \cdot \triangle r_{3year}\triangle M$	$(1,0,0)$	-4.6156^{***}	-4.2191	-3.5331	-3.1983	0.0036	平稳
$OPEN \cdot \triangle r_{5year}\triangle M$	$(1,0,0)$	-4.3675^{***}	-4.2529	-3.5485	-3.2071	0.0076	平稳

　　注：①在检验形式中，C 值为1表示含有常数项，为0则表示不含有常数项；T 值为1表示含有时间趋势项，为0则表示不含有时间趋势项；L 表示滞后项阶数，最佳滞后阶数依据 AIC 准则确定，AIC 的值越小表示滞后阶数越优。②$\triangle$表示各变量的一阶差分；③ *** 表示变量在1%的显著性水平下平稳，** 表示变量在5%的显著性水平下平稳。

　　由表7-1可以看出，通过对变量进行 ADF 单位根检验，$\triangle Y$、$\triangle r_{1year}$、$\triangle r_{3year}$、$OPEN \cdot \triangle r_{1year}\triangle M$、$OPEN \cdot \triangle r_{3year}\triangle M$ 和 $OPEN \cdot \triangle r_{5year}\triangle M$ 这些变量在1%的水平下显著，$\triangle P$ 和 $\triangle r_{5year}$ 这些变量在5%的水平下显著，说明变量都拒绝接受具有单位根的假设且均是平稳序列。因平稳的序列变量可以避免出现模型"伪回归"现象，可直接对（7-7）式、（7-8）式进行回归估计，对于对外开放度对我国利率政策的产出效应和价格效应的影响进行实证检验。

7.5 估计结果分析

在对模型进行回归之前应对（7-7）式、（7-8）式进行定阶，即对模型滞后变量的期数进行选择。目前选择最优滞后期数的原则主要是根据 AIC 准则与 SC 准则的最小值确定。如果两个准则的最小值同时达到最小，即可选择该期数为最优滞后期数；如果两个准则的最小值不是同时达到最小，则最优滞后期数可通过 LR 似然比检验来确定。LR 似然比的检验统计量可描述为 LR = $-2[\log(k)-\log(k+1)]$，其中 $\log(k)$ 与 $\log(k+1)$ 分别表示模型的 k 期与 $k+1$ 期的对数极大似然估计值。如果 LR 检验统计量高于显著性水平为 5% 的卡方临界值，那么表示该统计量显著，应选择 $k+1$ 期作为该模型的最优滞后期数。（7-7）式、（7-8）式滞后期数的确定见表 7-2。

表 7-2 滞后期数的确定

变量	AIC 和 SC 值	1 期滞后	2 期滞后	3 期滞后	4 期滞后	对数似然估计值	LR 检验值	滞后期数的确定
$\triangle Y$, $\triangle r_{1year}$, $OPEN \cdot \triangle r_{1year} \cdot \triangle M$	AIC	4.521890	4.274951	4.405546	4.517048			2
	SC	4.694268	4.579720	4.845412	5.094748			
$\triangle P$, $\triangle r_{1year}$, $OPEN \cdot \triangle r_{1year} \cdot \triangle M$	AIC	5.887018	5.711956	5.887870	5.907696			2
	SC	6.059396	6.016724	6.327736	6.485397			
$\triangle Y$, $\triangle r_{3year}$, $OPEN \cdot \triangle r_{3year} \cdot \triangle M$	AIC	4.544116	4.305594	4.370075	4.483272			2
	SC	4.716494	4.610362	4.809941	5.060972			
$\triangle P$, $\triangle r_{3year}$, $OPEN \cdot \triangle r_{3year} \cdot \triangle M$	AIC	5.871842	5.652959	5.797840	5.728846			2
	SC	6.044220	5.957727	6.237706	6.306546			
$\triangle Y$, $\triangle r_{5year}$, $OPEN \cdot \triangle r_{5year} \cdot \triangle M$	AIC	4.634776	4.410980	4.563939	4.642621			2
	SC	4.814348	4.728421	5.021981	5.243970			
$\triangle P$, $\triangle r_{5year}$, $OPEN \cdot \triangle r_{5year} \cdot \triangle M$	AIC	5.957669	5.785761	5.987115	5.887582			2
	SC	6.137241	6.103202	6.445157	6.488932			

从表 7-2 可以明显看出，各种利率期限的产出效应方程式和价格效应方程式选择的滞后阶数均为 2 期。

7.5.1 对外开放度对中国利率政策产出效应的影响

利率政策的产出效应方程式（7-7）的回归结果见表7-3。在表7-3中，因德宾—沃森（DW）检验不适合自变量中含有响应变量滞后值的情况，这里采取 LM 检验统计量来检验回归方程残差序列是否具有自相关性，得出各种期限利率产出效应方程回归的 LM 检验统计量所对应的 P 值均大于 0.05，说明序列自相关问题在 5% 的显著性水平下都不存在。进一步地，利用 White 检验统计量、JB 检验统计量分别检验模型的异方差性以及正态性，发现回归方程残差序列均符合正态分布且都不存在异方差性问题，故（7-7）式的回归结果具有可靠性。

表7-3 对外开放度对中国利率政策的产出效应

	被解释变量：存款利率 r		
	一年期	三年期	五年期
	（1）	（2）	（3）
$\triangle Y(-1)$	0.973561 *** [5.298121] (0.0000)	0.861244 *** [4.857347] (0.0000)	0.815644 *** [4.150290] (0.0004)
$\triangle Y(-2)$	-0.438277 ** [-2.426741] (0.0219)	-0.411945 ** [-2.348633] (0.0261)	-0.438187 ** [-2.388060] (0.0252)
$\triangle r$	-0.069716 * [-1.784623] (0.0852)	-0.072067 * [-1.795328] (0.0834)	-0.099775 ** [-2.448336] (0.0220)
$\triangle r(-1)$	0.024242 [0.580536] (0.5662)	0.006338 [0.145485] (0.8854)	-0.009305 [-0.2013080] (0.8421)
$\triangle r(-2)$	0.088476 ** [2.373412] (0.0247)	0.092260 ** [2.207288] (0.0357)	0.086290 * [1.958327] (0.0619)

（续上表）

	被解释变量：存款利率 r		
	一年期	三年期	五年期
	(1)	(2)	(3)
OPEN · △r · △M	0.000120	0.000151*	0.000185**
	[1.511809]	[1.908529]	[2.262851]
	(0.1418)	(0.0666)	(0.0330)
OPEN · △r(-1) · △M(-1)	-0.000792	-0.000510	-0.000020
	[-0.983889]	[-0.615619]	[-0.022670]
	(0.3339)	(0.5431)	(0.9821)
OPEN · △r(-2) · △M(-2)	-0.000105	-0.000102	-0.000960
	[-1.331785]	[-1.227314]	[-1.117308]
	(0.1937)	(0.2299)	(0.2749)
常数项	4.545693***	5.366923***	6.099075***
	[2.776650]	[3.372150]	[3.031655]
	(0.0097)	(0.0022)	(0.0058)
观测值	37	37	33
R^2	0.630960	0.625827	0.624592
DW 统计量	2.109491	1.869966	2.204248

注：①***表示变量在1%的显著性水平下平稳，**表示变量在5%的显著性水平下平稳，*表示变量在10%的显著性水平下平稳。②[ ]中的数据为 t 统计量，( ) 中的数据为 P 值。

根据表 7-3 中的估计结果，在对外开放度、利率水平变动率与货币供应量增长率的交叉乘积项中，只有一年期利率和五年期利率的 OPEN · △r · △M 的系数估计值高于零且非常显著，而一年期利率和五年期利率的 OPEN · △r(-1) · △M(-1) 与 OPEN · △r(-2) · △M(-2) 的系数估计值低于零但并不显著。一年期利率的 OPEN · △r · △M、OPEN · △r(-1) · △M(-1) 与 OPEN · △r(-2) · △M(-2) 的系数估计值均不显著。进一步地，我们可以发现这三种期限利率的系数估计值正负号完全一致，即 OPEN · △r · △M 的系数估计值均为正数，而 OPEN · △r(-1) · △M(-1) 与 OPEN · △r(-2) · △M(-2) 的系数估计值均为负数。这说明对外开放度的提升对中国利率政策的产出效应在当年具有促进作用，在滞后一年和滞后两年则产生了负面作用，但两者都不存在显著性；同时也说明利率政策在当年即可对中国经济增长产生正面影响，但随着对外开放度提升，利率政策的产出效应是逐步削弱的。$\triangle r$ 的系数估计值都为负数，$\triangle r(-1)$ 和 $\triangle r(-2)$ 的系数估计值基本上为正数，表明当年利率水平上升对当年经济增长产生负向影响，而对滞后一年和滞后两年的经济增长存在正面影响。

之所以产生这种现象，可能是因为利率政策出现了短暂的"抑制效应"：当年利率水平上升在一定程度上会抑制私人投资，尤其是对于那些利润率较低的部门或企业，其投资对于利率水平的敏感性非常大，只要利率有稍微的上升就会抬升其生产成本，大幅度挤压该部门或企业的利润空间，对私人投资的"挤出效应"较大，进而抑制经济的增长，但对产出效应的抑制作用会随着时间推移而逐步减弱。由于 $\triangle Y(-1)$ 的系数估计值都显著为正，$\triangle Y(-2)$ 的系数估计值均显著为负，表明上一年的经济增长会扩大消费与投资，增加社会总需求，对促进当年经济增长产生显著影响，但这种促进作用随着时间推移而持续削弱。

7.5.2 对外开放度对中国利率政策价格效应的影响

由于对外开放对利率政策有效性的影响不仅体现在利率政策的产出效应上，还体现在对外开放条件下利率政策对稳定物价水平的作用有多大，因此需要揭示利率政策的价格效应。对外开放度对中国利率政策价格效应的方程式（7-8）的回归结果见表7-4。与上述对外开放度对中国利率政策产出效应的方程式类似，对模型残差进行 LM 检验、White 检验以及 JB 检验的结果表明序列不存在序列自相关、异方差性且符合正态性要求，因此（7-8）式的回归结果可靠性非常高。

表7-4 对外开放度对中国利率政策的价格效应

	被解释变量：存款利率 r		
	一年期	三年期	五年期
	(1)	(2)	(3)
$\triangle P(-1)$	1.099564 ***	1.095868 ***	1.211174 ***
	[5.336024]	[5.455652]	[4.944870]
	(0.0000)	(0.0000)	(0.0000)
$\triangle P(-2)$	-0.398356 *	-0.371938 *	-0.476527 *
	[-2.003988]	[-1.887660]	[-2.009631]
	(0.0548)	(0.0695)	(0.0558)

（续上表）

	被解释变量：存款利率 r		
	一年期	三年期	五年期
	（1）	（2）	（3）
$\triangle r$	−0.049806	−0.045659	−0.107413
	［−0.630457］	［−0.563912］	［−1.129378］
	（0.5335）	（0.5773）	（0.2699）
$\triangle r(-1)$	−0.210896***	−0.230279***	−0.260528***
	［−2.946512］	［−3.097581］	［−3.501750］
	（0.0064）	（0.0044）	（0.0018）
$\triangle r(-2)$	0.197215**	0.232986**	0.275521**
	［2.440744］	［2.550324］	［2.729432］
	（0.0212）	（0.0165）	（0.0117）
$OPEN \cdot \triangle r \cdot \triangle M$	0.000309**	0.000280*	0.000386**
	［2.139175］	［1.966239］	［2.479773］
	（0.0413）	（0.0539）	（0.0206）
$OPEN \cdot \triangle r(-1) \cdot \triangle M(-1)$	0.000228	0.000285	0.000286*
	［1.581715］	［1.972760］	［1.972896］
	（0.1249）	（0.0585）	（0.0601）
$OPEN \cdot \triangle r(-2) \cdot \triangle M(-2)$	−0.000300*	−0.000404**	−0.000434**
	［−1.981752］	［−2.472846］	［−2.512918］
	（0.0574）	（0.0197）	（0.0191）
常数项	−1.210726	1.292436	1.124223
	［−1.981752］	［1.484902］	［1.266176］
	（0.0574）	（0.1487）	（0.2176）
观测值	37	37	33
R^2	0.769522	0.771204	0.789282
DW 统计量	1.943904	2.136122	2.283294

注：①***表示变量在1%的显著性水平下平稳，**表示变量在5%的显著性水平下平稳，*表示变量在10%的显著性水平下平稳。②［ ］中的数据为 t 统计量，（ ）中的数据为 P 值。

从（7-8）式的估计结果可以看出，在对外开放度、利率水平变动率与货币供应量增长率的交叉乘积项中，一年期利率、三年期利率和五年期利率的 $OPEN \cdot \triangle r \cdot \triangle M$ 的估计系数均显著为正，说明当年的利率政策价格效应随对外开放度提升而具有显著放大效应；$OPEN \cdot \triangle r(-1) \cdot \triangle M(-1)$ 的系数估计值基本上不显著且为正数，$OPEN \cdot \triangle r(-2) \cdot \triangle M(-2)$ 的系数估计值均显著且为负数，说明滞后一年和滞后两年的利率政策价格效应随对外开放度提升而存在明显的削弱作用。$\triangle P(-1)$ 的系数估计在1%的水平下均显著为正，表明上一年的价格水平对当年价格水平存在显著正向影响，由此带来的通货膨胀率在一定程度上具有持续性。但 $\triangle P(-2)$ 的系数估计值在10%的水平下均显著为负，说明当年的价格水平会受到前两年的价格水平拉低作用的影响。$\triangle r$ 的估计系数是负值且都不具有显著性，说明当年的利率水平对于价格不存在明显的影响。$\triangle r(-1)$ 和 $\triangle r(-2)$ 的估计系数在5%的显著性水平下都显著，但前者的系数估计值为负，后者的系数估计值为正，说明在对外开放条件下利率政策对价格效应存在此消彼长的时滞影响。

通过比较表7-3和表7-4可以看出，模型各个变量及其滞后值对中国利率政策产出效应和价格效应存在短期与长期影响的差异，其差异性表现见表7-5。

表7-5　利率产出效应和价格效应的短期和长期影响

利率期限	滞后期	产出效应			价格效应		
		$\triangle Y$	$\triangle r$	$OPEN \cdot \triangle r \cdot \triangle M$	$\triangle P$	$\triangle r$	$OPEN \cdot \triangle r \cdot \triangle M$
一年期	当年		阻碍作用*	不显著		不显著	放大作用**
	滞后一年	促进作用***	不显著	不显著	放大作用***	削弱作用***	不显著
	滞后两年	阻碍作用**	促进作用**	不显著	削弱作用*	放大作用**	削弱作用*
	短期影响		阻碍作用	不明显		不明显	放大作用
	长期影响	模糊	模糊	不明显	模糊	模糊	模糊
三年期	当年		阻碍作用*	促进作用*		不显著	放大作用*
	滞后一年	促进作用***	不显著	不显著	放大作用***	削弱作用***	不显著
	滞后两年	阻碍作用**	促进作用**	不显著	削弱作用*	放大作用**	削弱作用**
	短期影响		阻碍作用	促进作用		不明显	放大作用
	长期影响	模糊	模糊	不明显	模糊	模糊	模糊

（续上表）

利率期限	滞后期	产出效应			价格效应		
		$\triangle Y$	$\triangle r$	$OPEN \cdot$ $\triangle r \cdot \triangle M$	$\triangle P$	$\triangle r$	$OPEN \cdot$ $\triangle r \cdot \triangle M$
五年期	当年		阻碍作用**	促进作用**		不显著	放大作用**
	滞后一年	促进作用***	不显著	不显著	放大作用***	削弱作用***	放大作用*
	滞后两年	阻碍作用**	促进作用*	不显著	削弱作用*	放大作用**	削弱作用**
	短期影响		阻碍作用	促进作用		不明显	放大作用
	长期影响	模糊	模糊	不明显	模糊	模糊	模糊

注：***表示在1%的水平下具有显著性；**表示在5%的水平下具有显著性；*表示在10%的水平下具有显著性。

从表 7-5 可以看出，在利率政策的产出效应中，只有三年期和五年期利率变量的 $OPEN \cdot \triangle r \cdot \triangle M$ 对利率政策的产出效应的影响在短期内是显著为正的，即短期内对经济增长具有良性循环的促进作用。其他各变量对利率政策的产出效应的影响在短期内和长期内是不明显或模糊的。对外开放度的提升对利率政策的产出效应的短期和长期影响基本上是不明显的，只有三年期和五年期利率中对外开放度的提升对利率政策产出效应的影响从短期的促进作用逐渐转变为长期的不明显状态。在利率政策的价格效应中，一年期利率、三年期利率和五年期利率变量 $OPEN \cdot \triangle r \cdot \triangle M$ 对利率政策的价格效应在短期内存在显著的放大作用，其他各变量对利率政策的价格效应的影响在短期内和长期内是模糊的。尽管在一年期利率、三年期利率和五年期利率中对外开放度的提升对利率政策的价格效应具有显著的短期放大作用，但其滞后效应同时兼具放大作用与削弱作用，在长期内难以明确判断其对利率政策的价格效应的影响方向。基于此，为明确揭示对外开放度对利率政策的产出效应与价格效应的长期影响是同向变动还是反向变动，可根据对利率政策的产出效应与价格效应中各个变量及其滞后期值的估计系数之和进行 Wald 统计量检验来验证，Wald 统计量检验结果见表 7-6。

表 7 – 6　各变量对产出效应和价格效应长期影响的 Wald 检验结果

利率期限		产出效应			价格效应		
		$\sum_{j=1}^{2}\triangle Y_{t-j}$	$\sum_{j=0}^{2}\triangle r_{t-j}$	$OPEN_t \cdot \sum_{j=0}^{2}\triangle r_{t-j} \cdot \sum_{j=0}^{2}\triangle M_{t-j}$	$\sum_{j=1}^{2}\triangle P_{t-j}$	$\sum_{j=0}^{2}\triangle r_{t-j}$	$OPEN_t \cdot \sum_{j=0}^{2}\triangle r_{t-j} \cdot \sum_{j=0}^{2}\triangle M_{t-j}$
一年期	系数之和	0.535283 ***	0.043002	– 0.000640	0.701208 ***	– 0.063490	0.000237
	Wald 统计量	9.704188	0.471301	0.191597	34.26264	0.326786	0.923223
	P 值	0.0018	0.4924	0.6616	0.0000	0.5676	0.3366
	长期影响	促进作用	不明显	不明显	放大作用	不明显	不明显
三年期	系数之和	0.449299 ***	0.026531	– 0.000141	0.723930 ***	– 0.042953	0.000161
	Wald 统计量	7.129441	0.140237	0.000835	37.42702	0.116886	0.375546
	P 值	0.0076	0.7080	0.9927	0.0000	0.7324	0.5400
	长期影响	促进作用	不明显	不明显	放大作用	不明显	不明显
五年期	系数之和	0.377457 *	– 0.022790	0.000871	0.7734647 ***	– 0.092420	0.000238
	Wald 统计量	3.320092	0.095590	0.272424	35.98294	0.650721	0.923888
	P 值	0.0684	0.7572	0.6017	0.0000	0.4199	0.3365
	长期影响	促进作用	不明显	不明显	放大作用	不明显	不明显

注：① $\sum_{j=1}^{2}\triangle Y_{t-j}$、$\sum_{j=0}^{2}\triangle r_{t-j}$、$OPEN_t \cdot \sum_{j=0}^{2}\triangle r_{t-j} \cdot \sum_{j=0}^{2}\triangle M_{t-j}$ 分别表示对应于利率政策的产出效应方程中各变量及其滞后期变量的估计参数之和，即方程式（7 – 7）中的 $e_1^Y + e_2^Y$，$v_0^r + v_1^r + v_2^r$，$v_0^{OPEN} + v_1^{OPEN} + v_2^{OPEN}$；$\sum_{j=1}^{2}\triangle P_{t-j}$、$\sum_{j=0}^{2}\triangle r_{t-j}$、$OPEN_t \cdot \sum_{j=0}^{2}\triangle r_{t-j} \cdot \sum_{j=0}^{2}\triangle M_{t-j}$ 分别表示对应于利率政策的价格效应方程中各变量及其滞后期变量的估计参数之和，即方程式（7 – 8）中的 $f_1^P + f_2^P$，$w_0^r + w_1^r + w_2^r$，$w_0^{OPEN} + w_1^{OPEN} + w_2^{OPEN}$。②Wald 统计量值表示检验各个变量及其滞后期变量的估计参数之和是否为零，原假设分别为：$e_1^Y + e_2^Y = 0$，$v_0^r + v_1^r + v_2^r = 0$，$v_0^{OPEN} + v_1^{OPEN} + v_2^{OPEN} = 0$，$f_1^P + f_2^P = 0$，$w_0^r + w_1^r + w_2^r = 0$，$w_0^{OPEN} + w_1^{OPEN} + w_2^{OPEN} = 0$。③ *** 表示在 1% 的水平下具有显著性；＊＊ 表示在 5% 的水平下具有显著性；＊ 表示在 10% 的水平下具有显著性。

　　通过表 7 – 6 的检验结果可以发现，在利率政策的产出效应中，一年期利率、三年期利率和五年期利率变量的 $OPEN \cdot \triangle r \cdot \triangle M$、$OPEN \cdot \triangle r(-1) \cdot \triangle M(-1)$ 与 $OPEN \cdot \triangle r(-2) \cdot \triangle M(-2)$ 的系数之和在 10% 的显著性水平下都不显著，这表明随着对外开放度的提升，利率政策的产出效应既不偏向于促进作用也不偏向于阻碍作用，在这三种利率期限中，长期内对外开放度对利率政策的产出效应的影响并不明显。$\triangle r$、$\triangle r(-1)$ 和 $\triangle r(-2)$ 的估计系数之和在 10% 的显著性水平下均不显著，说明利率水平本身对利率政策产出效应的影响在长期内不明显。各种利率期限的 $\triangle Y(-1)$ 与 $\triangle Y(-2)$ 的系数之和在 10% 的显著性水平下显著为正，表明我国前期经济增长水平对于当前经济增长水平在某种程度上存在"惯性"影响。在利率政策的价格效应中，各种期限利率变量的 $OPEN \cdot \triangle r \cdot \triangle M$、$OPEN \cdot \triangle r(-1) \cdot \triangle M(-1)$ 与 $OPEN \cdot \triangle r(-2) \cdot \triangle M(-2)$ 的系数之和为正，但在 10% 的显著性水平下均不显著，这表明随着对外开放度的提升，利率政策的价格效应既不偏向于放大作用也不偏向于削弱作用，对外开放度对利率政策的价格效应在长期内并不存在明显影响。$\triangle P(-1)$ 与 $\triangle P(-2)$ 的系数之和为正值且在 1% 的显著性水平下显著，这说明价格水平本身对价格产生的影响在长期内具有显著的放大作用。$\triangle r$、$\triangle r(-1)$ 和 $\triangle r(-2)$ 的估计系数之和在 10% 的显著性水平下均不显著，说明利率水平对利率政策的价格效应在长期内不存在明显的影响。

为了抵御对外开放对利率政策产出效应的削弱作用和抑制对外开放对利率政策价格效应的放大作用，政府通常采取降低利率水平的措施，促成经济增长和物价稳定目标的实现，因此，对外开放度对利率水平的影响可能存在反向关系。以一年期和五年期的利率水平为例，从图 7-1 中关于对外开放度与利率水平变动的关系可以看出，对外开放度总体上呈现上升态势，而一年期和五年期的利率水平总体上表现为稳步下降态势。

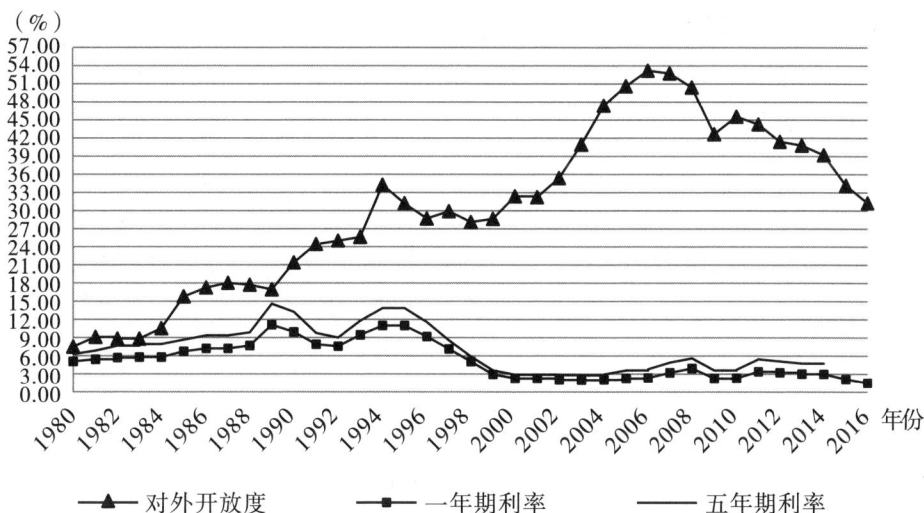

图 7-1　对外开放度与利率水平的关系

综上，中国对外开放度提升在短期内对利率政策的产出水平存在促进作用，但长期对产出效应的影响随着对外开放度的提升而趋于削弱，对价格效应的影响随着对外开放度的提升而处于不明显状态。改革开放以来，因为工业化和城市化水平的迅速提升，大量剩余劳动力逐步转移至劳动密集型产业部门，推动了我国长达三四十年的经济快速增长，从而创造了人类经济发展史上的"中国奇迹"，但整体而言，当前发展战略性新兴产业和高科技产业以及乡村振兴所需要的不同层次的优质劳动者十分缺乏，劳动力的宏观供需失衡，已从改革开放初始的绝对富余转变为相对紧缺。未来随着对外开放度进一步提升，产品价格和劳动力工资将难以维持在较低水平，黏性程度也将逐渐减弱，这必然影响利率政策的有效性。因此，一方面，短期内应根据经济发展形势合理调整利率水平，增加产出效应，促进就业，确保经济增长目标；另一方面，利率政策的价格效应如果在短期内随着对外开放度提升持续放大，说明通货膨胀问题可能会愈加突出，稳物价或应成为政府进行宏观调控的关键目标之一。

7.6 估计结果稳健性检验

为保证实证分析结果的稳健性，可通过增加滞后期变量，检验利率政策随着对外开放度提升能否对将来的产出效应和价格效应产生较大的长远影响，以进一步判断对外开放度对利率政策有效性的影响是否符合在长期内趋于不明显的研究结论。因此，在（7-7）式、（7-8）式中分别增加 $\Delta r_{i,t-j}$ 和 $Open_{it} \cdot \Delta M_{it} \cdot \Delta r_{i,t-j}$ 的滞后 3 期、滞后 5 期作为控制变量，对实证模型进行稳健性检验，检验结果见表 7-7。

表 7-7 对外开放度对利率政策效应不同滞后期影响的估计结果

利率期限	滞后期	$Open_t \cdot \sum_{j=0}^{s} \Delta M_{t-j} \cdot \sum_{j=0}^{s} \Delta r_{t-j}$	
		产出效应	价格效应
一年期	$S=3$	-0.000154 [0.833040] (0.3614)	0.000127 [0.186734] (0.6656)
	$S=5$	-0.000240 [1.197142] (0.2739)	-0.000534 [1.861726] (0.1724)
三年期	$S=3$	-0.000135 [0.646791] (0.4213)	0.000285 [0.007227] (0.9323)
	$S=5$	-0.000209 [1.122139] (0.2895)	-0.000728 [2.654537] (0.1033)

（续上表）

利率期限	滞后期	$Open_t \cdot \sum_{j=0}^{s} \Delta M_{t-j} \cdot \sum_{j=0}^{s} \Delta r_{t-j}$	
		产出效应	价格效应
五年期	$S=3$	-0.000864 $[0.002242]$ (0.9622)	0.000977 $[0.120168]$ (0.7289)
	$S=5$	-0.000190 $[0.590789]$ (0.4421)	-0.000574 $[1.996512]$ (0.1577)

注：$Open_t \cdot \sum_{j=0}^{s} \Delta M_{t-j} \cdot \sum_{j=0}^{s} \Delta r_{t-j}$ 表示对外开放度与货币供应量增长率、利率变动率及其滞后项的乘积交叉项估计参数之和；[ ] 中的数值表示对估计参数之和是否为零进行联合检验的 Wald 统计量值；( ) 中的数值表示联合检验的 P 值。

从表 7-7 中的估计结果可发现，即使选择不同滞后期（$S=3,5$）对模型进行回归，$Open_t \cdot \sum_{j=0}^{s} \Delta M_{t-j} \cdot \sum_{j=0}^{s} \Delta r_{t-j}$ 的估计参数之和在 10% 的显著性水平下仍不显著，对外开放度对利率政策产出效应和价格效应的影响在长期内并不明显，前面关于对外开放度对中国利率政策效应的影响的结论的稳健性良好。

7.7 小结

本章实证分析结果表明，对外开放度提升在短期内对利率政策的产出水平存在促进作用，对价格效应具有显著放大作用，但长期内对产出效应的影响随对外开放度提升而趋于削弱，对产出和就业等实际经济变量的影响不明显，且利率政策效应最终会释放到价格的放大效应上。在产出效应中，对外开放度的提升对中国利率政策的产出效应在当年就具有促进作用，对滞后一年和滞后两年的利率政策产出效应则产生了负面作用，但两者都不存在显著性，表明中国利率政策的产出效应随对外开放度的提升而趋于削弱。在价格效应中，对外开放度对利率政策价格效应的影响具有很强的持续性，对外开放度的提升对当年和滞后一年的利率政策价格效应存在显著放大作用，而对滞后两年的利率政策价格效应存在明显削弱作用。

本章基于对外开放视角对利率政策有效性的影响进行分析，揭示了对外开放度与利率政策有效性以及利率水平之间存在反向关系。对外开放度越大，利率政策有效性越小，即利率政策的产出效应随着对外开放度的提升而趋于削弱，利率政策的价格效应随着对外开放度的提升而不断放大。为避免对外开放度对利率政策有效性产生负向影响，政府有可能通过降低利率水平来抵御对外开放对利率政策产出效应的削弱作用，以及抑制对外开放对利率政策价格效应的放大作用，从而实现经济增长和物价稳定。

本章研究结论也有一定现实意义。首先，政府应根据对外开放度和经济发展形势对利率政策进行合理调整，增加产出效应，促进就业，减少外部风险对宏观经济波动的影响，实现经济稳定健康发展。其次，对外开放条件下利率政策的价格效应在短期内具有很强的持续性，政府在制定和实施利率政策时不仅要考虑经济增长，也要实现价格稳定目标，抑制其价格放大效应，提升利率政策有效性。为此，短期内政府应对价格水平波动范围进行合理预期，可建立盯住居民消费价格指数的利率政策体系，使价格水平稳定在可控范围内。再次，在当前中美贸易摩擦频繁出现背景下，美国货币政策和贸易策略的调整导致中美利率差缩小、国际资本流动波幅加大以及人民币相对美元贬值风险的加剧，我国通过增加货币供给量对宏观经济进行调控的作用不明显，应从货币供给量调控转向利率调控，以充分发挥利率政策促进经济增长和平抑物价波动的作用。最后，在进一步扩大金融对外开放水平的背景下，我国应协调有序稳步推进资本账户开放、汇率制度改革与利率市场化进程，避免利率市场化改革滞后于资本账户开放和汇率制度改革，完善宏观金融审慎监管体制，加快国内经济及金融的结构性改革，促进利率政策有效性的发挥。

第8章 金融开放对我国利率政策目标制选择的影响

8.1 引言

近几年来，随着国际政治经济环境和金融形势的变化，我国政府深化金融改革开放，金融对外开放力度明显加速，金融开放已成为我国经济全面对外开放的重要组成部分，也是学术界非常关注的焦点问题之一。习近平总书记在2017年第五次全国金融工作会议上强调"要积极稳妥推动金融业对外开放，合理安排开放顺序"，并在同年中央财经领导小组第十六次会议上指出"扩大金融业对外开放是我国对外开放的重要方面"。时任中国人民银行行长易纲在2018年博鳌亚洲论坛上宣布了进一步扩大金融业对外开放的具体措施和时间表。这说明推动金融全方位对外开放势在必行，政府充分认识到金融开放在我国宏观经济决策中的重要性。因此，研究金融开放是否应纳入利率政策目标具有重大的理论和现实意义。

关于金融开放的研究主要集中在以下两个方面：一是金融开放对经济增长的影响，学界没有一致结论，主要存在有益论、有害论、有条件论和无关论这4类（陈雨露、罗煜，2007）。有益论者认为金融开放可以促进经济增长并增加开放国的福利（Levchenko，2009；Gehringer，2013；陶雄华、谢寿琼，2017）。有害论者认为国际资本流动可能导致金融不稳和金融危机国际传播，从而阻碍经济增长（Misati & Nyamongo，2012；Bumann et al.，2013；Carp，2014）。有条件论者认为金融开放是否对经济增长有利主要取决于经济体所处初始条件和综合环境（Eichengreen et al.，2011；张永升等，2014；李泽广、吕剑，2017）。无关论者认为金融开放与经济增长之间不存在必然联系（Bussiere & Fratzscher，2008；Azman-Saini et al.，2010）。二是金融开放对经济波动的影响，有些学者认为金融开放能够平抑开放国的经济波动（Loayza & Raddatz，2007；Coric & Pugh，2013；马勇、王芳，2018；张莹等，2019）。有些学者认为金融开放加剧了开放国的经济波动（李巍、张志超，2008；Astorga，2010）。有些学者认为金融开放与经济波动之间的关系并不明确，金融开放既可能帮助资本短缺国家通过利用国际资本实现产业多元化，也可能导致该国因生产专业化更易遭受特定行业的不利冲击（Evans et al.，2007）。还有些学者区别了金融开放对不同经济发展程度国家所产生的影响，认为金融开放缓解了经济发达国家的宏观经济波动，但加剧了发展中国家的宏观经济波动（Bekaert et al.，2006；熊衍飞等，2015）。金融开放研究在诸多学者共同努力下不断向纵深发展，在金融开放与利率市场化（钱小安，2003；罗素梅、周光友，2015）、金融开放与金融安全（傅强、张小波，2011）、金融开放与经济结构转型（张楠，2015）、金融开放与资本流动（王维安、钱晓霞，2017）、金融开放与虚拟经济（袁申国、刘兰凤，2019）等诸多领域取得了开拓性进展。

由于利率政策是货币政策的重要组成部分，关于货币政策目标制选择的研究文献非常丰富，但直接研究利率政策目标制选择的文献很少。因此，可借鉴货币政策目标制选择的已有成果来研究利率政策目标制选择。关于货币政策目标制选择问题的研究主要体现在是否支持通货膨胀目标制（马亚明、刘翠，2014）。支持通货膨胀目标作为货币政策目标制选择的观点认为通货膨胀目标制有利于通货膨胀和促进经济增长（张晶、刘雪静，2011；简志宏等，2012）。反对通货膨胀目标作为货币政策目标制选择的观点认为目前尚不具备准确预测通货膨胀的能力，需选择其他目标作为货币政策目标制的选择（Cordero，2008；范从来，2010；夏江山，2017；周德才等，2019）。从以上研究看，鲜有文献对金融开放与利率政策目标制选择之间的关系，尤其是金融开放如何影响利率政策目标制选择，以及内在影响机理，从理论和实证结合两方面进行探讨，本书将针对这一缺陷进行分析。金融开放作为影响利率政策目标制选择的一个重要变量，本书将构建 IS - Philips 模型，并把金融开放纳入该模型中，从理论和实证两个方面分析金融开放对利率政策目标制选择的影响。

8.2 金融开放对利率政策目标制选择影响的理论模型构建

传统的 IS 曲线方程和 Philips 曲线方程是宏观经济政策分析的重要应用工具，IS 曲线方程侧重于总需求分析，Philips 曲线方程侧重于总供给分析。传统意义上的 IS 曲线方程描述的是产品市场均衡时利率与国民收入间的相互关系，主要体现为经济增长、通货膨胀和汇率等宏观经济政策目标。传统意义上的原始 Philips 曲线方程描述了失业率与通货膨胀率之间的替代关系，后来引申出

"产出—物价" Philips 曲线方程，以经济增长率替代修改后的 Philips 曲线中的失业率，用来表明经济增长率和通货膨胀率之间的关系。考虑到我国金融对外开放水平越来越高，需对传统的 IS 曲线方程和 Philips 曲线方程进行适当修正，将金融开放变量引入 IS – Philips 模型中，构建政府利率政策损失函数，寻求最优利率政策目标选择。同时，由于宏观经济变量一般存在滞后的"棘轮效应"，鉴于这种惯性作用，本书构建如下的 IS – Philips 模型：

$$Y_{t+1} = \delta_1 Y_t + \delta_2 Y_{t-1} + \delta_3 (r_t - E_t \pi_{t+1}) + \delta_4 e_t + \delta_5 Open_t + u_{t+1} \quad (8-1)$$

$$\pi_{t+1} = \delta_6 \pi_t + \delta_7 Y_t + v_{t+1} \quad (8-2)$$

其中，Y_t 表示第 t 期的经济增长水平；r_t 表示第 t 期的名义利率；π_t 表示第 t 期的通货膨胀率；$E_t(\cdot)$ 表示对应变量第 t 期的期望值；$r_t - E_t \pi_{t+1}$ 表示第 t 期的实际利率；e_t 表示第 t 期的汇率水平；$Open_t$ 表示第 t 期的金融开放程度；u_{t+1}、v_{t+1} 分别表示第 $t+1$ 时期总需求及总供给冲击的随机误差项，且两者均服从独立正态分布，即 $u_{t+1} \sim niid\ (0,\ \sigma_u^2)$，$v_{t+1} \sim niid\ (0,\ \sigma_v^2)$。（8 – 1）式表示总需求的修正的 IS 曲线方程，本书把经济增长（Y）、通货膨胀率（π）、汇率（e）、金融开放（$Open$）4 个利率政策目标引入到修正的 IS 曲线方程中，惯性作用下将其设为产出水平滞后 1 期和 2 期、实际利率滞后 1 期、汇率水平滞后 1 期、金融开放滞后 1 期和当期总需求冲击的函数。（8 – 2）式表示总供给的 Philips 曲线方程，由于惯性作用，将其设为经济增长滞后 1 期、通货膨胀率滞后 1 期以及当期总供给冲击的函数。

本书通过借鉴 Kontonikas 和 Montagnoli（2006）、马亚明和刘翠（2014）的处理方法，基于总需求（8 – 1）式和总供给（8 – 2）式，可求解出利率政策目标制的最优反应函数。

首先，假定利率政策制定者的预期遵循理性原则，则在 t 期对（8 – 2）式两端取期望也必然相等，即：

$$E_t \pi_{t+1} = \delta_6 \pi_t + \delta_7 Y_t \quad (8-3)$$

将（8 – 3）式代入（8 – 1）式，可得：

$$Y_{t+1} = (\delta_1 - \delta_3 \delta_7) Y_t + \delta_2 Y_{t-1} + \delta_3 (r_t - \delta_6 \pi_t) + \delta_4 e_t + \delta_5 Open_t + u_{t+1} \quad (8-4)$$

状态变量可定义为：

$$\varepsilon_t = \delta_6 \pi_t + \delta_7 Y_t \quad (8-5)$$

$$\phi_t = (\delta_1 - \delta_3 \delta_7) Y_t + \delta_2 Y_{t-1} + \delta_3 (r_t - \delta_6 \pi_t) + \delta_4 e_t + \delta_5 Open_t \quad (8-6)$$

可将（8 – 2）式、（8 – 4）式分别写成：

$$\pi_{t+1} = \varepsilon_t + v_{t+1} \quad (8-7)$$

$$Y_{t+1} = \phi_t + u_{t+1} \tag{8-8}$$

由（8-5）式可得，$\varepsilon_{t+1} = \delta_6 \pi_{t+1} + \delta_7 Y_{t+1}$，将（8-7）式、（8-8）式代入之，可得：

$$\varepsilon_{t+1} = \delta_6 \varepsilon_t + \delta_7 \phi_t + \delta_6 v_{t+1} + \delta_7 u_{t+1} \tag{8-9}$$

构建政府利率政策的损失函数：

$$L = \frac{1}{2} E_t \sum_{t=1}^{\infty} \theta^t \left[w Y_{t+1}^2 + \pi_{t+1}^2 \right] \tag{8-10}$$

其中，L 表示政府利率政策的损失函数。θ 表示折现因子，且 $\theta \in (0, 1)$，政府利率政策取向通过 θ 的不同取值来表征。w 表示政府在利率政策中赋予经济增长目标的权重，当 $w = 0$，说明政府在利率政策制定中实施严格的通货膨胀目标制，即仅注重通货膨胀目标，而不注重经济增长目标；当 $0 < w < 1$，说明政府在利率政策制定中实施灵活的通货膨胀目标制，即在同时注重通货膨胀目标和经济增长目标时更注重通货膨胀目标，但随着 w 的逐渐变大，对通货膨胀目标的侧重也越小；当 $w = 1$，说明政府在利率政策制定中将经济增长目标与通货膨胀目标同等对待；当 $w > 1$，说明政府在利率政策制定中实施严格的经济增长目标制，即在同时注重通货膨胀目标和经济增长目标时更注重经济增长目标，但随着 w 的逐渐变大，对经济增长目标的侧重也越大。Y 表示经济增长目标值，π 表示通货膨胀目标值。

政府制定利率政策的目标是达到社会福利损失最小化，即使得损失函数取最小值，于是，构建如下函数：

$$V(\varepsilon_t) = \mathrm{Min} E_t \left[\frac{1}{2} (w Y_{t+1}^2 + \pi_{t+1}^2) + \theta V(\varepsilon_{t+1}) \right] \tag{8-11}$$

根据（8-7）式、（8-8）式、（8-9）式可进一步推出：

$$V(\varepsilon_t) = \mathrm{Min} E_t \frac{1}{2} \left[\frac{1}{2} (w E_t (\phi_t + u_{t+1})^2 + \frac{1}{2} E_t (\varepsilon_t + V_{t+1})^2 + \right.$$
$$\left. \theta E_t V(\delta_6 \varepsilon_t + \delta_7 \phi_t + \delta_6 V_{t+1} + \delta_7 u_{t+1}) \right] \tag{8-12}$$

取最小值时一阶条件必有：

$$w \phi_t + \delta_7 \theta E_t V_\phi (\varepsilon_{t+1}) = 0 \tag{8-13}$$

运用包络定理 $V_\phi = V_\varepsilon$，可得出：

$$E_t V_\phi (\varepsilon_{t+1}) = \delta_6 \varepsilon_t + \delta_7 \phi_t - \frac{\delta_6}{\delta_7} w E_t (\phi_{t+1}) \tag{8-14}$$

将（8-14）式代入（8-13）式，可得：

$$\phi_t = \frac{\delta_6 \delta_7 \theta}{w + \delta_6^2 w} \varepsilon_t + \frac{\delta_6 \theta w}{w + \delta_6^2 w} E_t(\phi_{t+1}) \qquad (8-15)$$

由前述可知 ε_t 为状态变量，$\phi_t = z\varepsilon_t$ 是通过方程 $E_t(\phi_{t+1}) = z(\varepsilon_{t+1}) = z(\delta_6 + \delta_7 z)\varepsilon_t$ 实现利率政策目标制的最优选择。同时，运用方程 $w\theta\delta_6\delta_7 z^2 + (-w + \theta\delta_6^2 w - \delta_7^2\theta)z - \delta_6\delta_7\theta = 0$ 可求出 z 的解：

$$z = \frac{(w - \theta\delta_6^2 w + \theta\delta_7^2) - \sqrt{(w - \theta\delta_6^2 w + \theta\delta_7^2)^2 + 4(\theta\delta_6\delta_7)^2 w}}{2\theta\delta_6\delta_7 w}$$

进一步地，可推导出利率政策目标制的最优反应函数：

$$r_t = \frac{z\delta_7 - \delta_1}{\delta_3} Y_t + \frac{z\delta_6 - \delta_3\delta_6}{\delta_3} \pi_t - \frac{\delta_4}{\delta_3} e_t - \frac{\delta_5}{\delta_3} Open_t \qquad (8-16)$$

（8-16）式表明，政府在制定利率政策时，既要考虑经济增长目标和稳定物价目标，还要考虑汇率及金融对外开放水平的调整，以实现利率政策损失函数最小化。

8.3　金融开放对利率政策目标制选择影响的实证分析

8.3.1　样本选取及数据来源

本书选取 1980—2018 年的年度数据作为样本区间，数据来自 1980—2019 年 *International Financial Statistics*、《中国统计年鉴》和国家统计局网站。经济增长水平用国内生产总值增长率来表示；通货膨胀率用居民消费价格指数来表示；名义利率用通过天数加权平均而得出的一年期存款基准利率来表示；当期预期通货膨胀率用将来一年的通货膨胀率来表示；汇率用人民币对美元的名义汇率来表示；金融开放程度用央行与商业银行持有的对外总资产和对外总负债之和占我国 GDP 的比重来表示。

8.3.2　IS-Philips 模型参数估计

由（8-1）式可知修正的总需求 IS 曲线方程：

$$Y_t = \delta_1 Y_{t-1} + \delta_2 Y_{t-1} + \delta_3 R_{t-1} + \delta_4 e_{t-1} + \delta_5 Open_{t-1} + u_t \qquad (8-17)$$

由（8-2）式可知总供给的 Philips 曲线方程：

$$\pi_t = \delta_6 \pi_{t-1} + \delta_7 Y_{t-1} + v_t \qquad (8-18)$$

为进一步考察金融开放对利率政策目标制选择的影响，根据（8-17）式、

（8－18）式已设定的计量模型，运用回归方法分别进行参数估计，其估计结果为：

$$\hat{Y}_t = 0.962456\,\hat{Y}_{t-1} - 0.419707\,\hat{Y}_{t-2} + 0.117217\,\hat{R}_{t-1} - 0.000564\,\hat{e}_{t-1} - 0.015547\,\hat{Open}_{t-1}$$

$$(8-19)$$

$$\hat{\pi}_t = 0.547023\,\hat{\pi}_{t-1} - 0.987830\,\hat{Y}_{t-1} \qquad (8-20)$$

由（8－19）式、（8－20）式可得：$\delta_1 = 0.962456$，$\delta_2 = -0.419701$，$\delta_3 = 0.117217$，$\delta_4 = -0.000564$，$\delta_5 = -0.015547$，$\delta_6 = 0.547023$，$\delta_7 = -0.987830$。

政府在确定最优利率政策目标选择时，不仅要确定 IS－Philips 模型的参数估计方程，还要确定折现因子 θ 和利率政策中赋予经济增长目标的权重 w，θ 和 w 的不同取值体现了利率政策制定者不同的政策取向，从而得到福利损失最小化的利率政策目标制的最优反应函数。为此，本书借鉴 Iacaviello（2005）的处理方法，在折现因子 $\theta = 0.95$ 的情况下，选取 $w = 1$，即政府在制定利率政策时对经济增长和通货膨胀两个目标同等关注，进而计算出利率政策目标制的最优反应函数为：

$$r_t = -10.6278Y_t - 1.8854\pi_t + 0.0048e_t + 0.1326Open_t \qquad (8-21)$$

从（8－21）式可以看出，经济增长、通货膨胀率、汇率和金融开放的系数大小分别为：-10.6278、-1.8854、0.0048 和 0.1326。各变量系数的绝对值大小表明了其在利率政策目标选择中的重要程度。各变量系数的绝对值排序依次是：经济增长、通货膨胀率、金融开放、汇率。显然，在利率政策目标选择次序中，首先注重经济增长，其次注重通货膨胀率，再次注重金融开放，最后注重汇率。

在（8－21）式中，经济增长的系数是 -10.6278，在所有变量中系数的绝对值最大，说明目前我国利率政策的最终目标是为了实现经济增长，从而促进就业稳定增加，进而实现更高质量就业。因此，我国利率政策的制定和实施要紧紧围绕经济稳定增长这一目标而展开。通货膨胀率的系数是 -1.8854，在所有变量中系数的绝对值居于第二位，说明通货膨胀率在利率政策制定中应作为重要目标加以重视，从而有利于人民生产生活稳定和经济平稳运行。

从（8－21）式还可以看出，金融开放的系数是 0.1326，尽管其绝对值小于经济增长和通货膨胀率系数的绝对值，但大于汇率的系数。这表明，经济增长和抑制通货膨胀仍然是我国利率政策的主要目标，但金融开放在利率政策目标选择中也占据重要地位。政府在制定利率政策目标时，除了要考虑经济增长目标和通货膨胀目标外，也要考虑金融开放对宏观经济波动所产生的重要影响，以促进金融开放对我国经济发展积极作用的发挥。尤其是在健全货币政策和宏观审慎政策"双支柱"调控框架的背景下，可以通过进一步加快金融业全方位高水平对外开放，加强利率政策和宏观审慎政策之间的协调配合，丰富"双支柱"调控框架的内涵和政策工具，从而在总量适度结构优化基础上实现我国经济高质量发展。因此，利率政策制定者在注重经济增长和通货膨胀目标基础上，还应充分关注金融开放对我国经济高质量发展所产生的积极影响。

（8-21）式中汇率的系数是0.0048，相较于其他变量系数，汇率系数的绝对值最小，说明利率政策汇率目标随着我国经济发展阶段和所处国际经济环境变化出现了微调，但汇率变动引起的进出口贸易与资本流动对我国经济发展产生了较大影响，政府在利率政策制定中应对汇率变动给予一定的关注度。

8.3.3 参数敏感性分析

敏感性分析是在保持其他参数不变状态下，探讨某一参数变化对被解释变量的影响程度。这里通过敏感性分析来判断不同参数变化对利率政策目标制选择所产生的影响。本节第二部分结果主要基于事先给定的折现因子 θ 和经济增长目标权重 w 的参数值而得到，由于这些特定参数会影响到利率政策目标制最优反应函数中各变量系数绝对值的大小，因此，需进一步分析前述相关结论是否严格取决于这些特定参数值。本书利用连续变动参数方法，即在保持其他参数不变条件下考虑某个参数变动，从下述两个方面进行参数敏感性分析：①利率政策目标制选择关于经济增长目标权重 w 的敏感性分析；②利率政策目标制选择关于折现因子 θ 的敏感性分析。通过连续变动参数方法还可衡量出每个参数在利率政策目标制选择中的作用以及对事先给定的特定参数值所得有关结论做出更透彻的理解。若赋予参数一定的利率政策内涵，还可以深入分析利率政策效应及其目标制如何选择问题。

1. 经济增长目标权重 w 参数变化对利率政策目标制选择的敏感性分析

给定 $\theta=0.95$，w 分别取值为 0.1、0.3、0.5、0.9、0.95、1、2、10、30、50、100，考察利率政策目标制最优反应函数中各变量系数的变化情况，从而确定利率政策目标制的最优选择。w 反映了利率政策制定者的政策意图，w 的不同取值意味着政府对经济增长目标和通货膨胀目标两者间的关注程度不同，w 值越小说明政府对通货膨胀目标越注重而对经济增长目标越淡化。由于 $w=0$ 表明政府仅注重通货膨胀目标，完全不注重经济增长目标，这种情况非常罕见，因此，本书从 $w=0.1$ 对经济增长目标权重进行赋值；$w=0.5$ 表明政府同时注重经济增长目标和通货膨胀目标，但更注重通货膨胀目标；$w=1$ 表明政府同等注重经济增长目标和通货膨胀目标；$w=2$、10、30、50、100 表明政府同时注重经济增长目标和通货膨胀目标，但更注重经济增长目标，并随着 w 值变大，愈加注重经济增长目标，$w=100$ 说明政府几乎仅注重经济增长目标，完全不注重通货膨胀目标。

表 8 - 1　经济增长目标权重 w 的敏感性分析（$\theta=0.95$）

w	Y	π	e	$Open$
0.10	-12.4344	-2.8858	0.0048	0.1326
0.30	-11.7945	-2.5315	0.0048	0.1326
0.50	-11.3450	-2.2826	0.0048	0.1326
0.90	-10.7410	-1.9481	0.0048	0.1326
0.95	-10.6830	-1.9160	0.0048	0.1326
1.00	-10.6278	-1.8854	0.0048	0.1326
2.00	-9.8981	-1.4814	0.0048	0.1326
10.00	-8.7260	-0.8323	0.0048	0.1326
30.00	-8.4011	-0.6523	0.0048	0.1326
50.00	-8.3276	-0.6117	0.0048	0.1326
100	-8.2703	-0.5799	0.0048	0.1326

从表 8 - 1 可以发现，随着政府对经济增长目标赋予的权重加大，利率政策目标制最优反应函数中经济增长和通货膨胀两个变量的系数绝对值在不断下降，且通货膨胀的系数绝对值下降的速度明显快于经济增长，而金融开放和汇率两个变量的系数绝对值保持不变。这意味着政府确定利率政策目标由注重通货膨胀逐步转向注重经济增长时，对经济增长目标和通货膨胀目标的注重程度都应下降，但对通货膨胀目标注重程度的下降速度应快于对经济增长目标注重程度的下降速度，而对金融开放和汇率的注重程度应保持不变。

2. 折现因子 θ 参数变化对利率政策目标制选择的敏感性分析

给定 $w=1$，θ 分别取值为 0.1、0.2、0.3、0.4、0.5、0.6、0.7、0.8、0.9、0.95、1，考察利率政策目标制最优反应函数中各变量系数的变化情况，从而确定利率政策目标制的最优选择。θ 反映了利率政策制定者对未来预期影响的注重程度，θ 取值越大意味着利率政策制定者更加注重未来预期的影响，利率政策效应持续时间越长。

表8-2 折现因子 θ 的敏感性分析 ($w=1$)

θ	Y	π	e	$Open$
0.10	-8.6363	-0.7826	0.0048	0.1326
0.20	-9.0060	-0.9873	0.0048	0.1326
0.30	-9.3266	-1.1649	0.0048	0.1326
0.40	-9.6052	-1.3192	0.0048	0.1326
0.50	-9.8481	-1.4536	0.0048	0.1326
0.60	-10.0607	-1.5714	0.0048	0.1326
0.70	-10.2477	-1.6749	0.0048	0.1326
0.80	-10.4132	-1.7666	0.0048	0.1326
0.90	-10.5603	-1.8480	0.0048	0.1326
0.95	-10.6278	-1.8854	0.0048	0.1326
1.00	-10.6917	-1.9208	0.0048	0.1326

从表8-2可以发现，随着折现因子 θ 的取值加大，利率政策目标制最优反应函数中经济增长和通货膨胀两个变量的系数绝对值在不断上升，且通货膨胀的系数绝对值上升的速度明显快于经济增长，而金融开放和汇率两个变量的系数绝对值保持不变。这表明在短期性利率政策向长期性利率政策转变过程中，对经济增长和通货膨胀的注重程度都应加强，但对通货膨胀注重程度的增加速度应快于对经济增长注重程度的增加速度，而对金融开放和汇率的注重程度应保持不变。

综合表8-1和表8-2的参数敏感性分析结果可知，无论经济增长目标权重 w 和折现因子 θ 的参数值如何变化，经济增长和通货膨胀的系数绝对值明显大于金融开放和汇率的系数绝对值，且金融开放的系数绝对值显著高于通货膨胀的系数绝对值。这说明我国利率政策的主要目标仍然是经济增长和通货膨胀，但政府应对金融开放和汇率保持一定程度的关注度，且对金融开放的关注度要高于对汇率的关注度。政府在进行利率政策目标选择时，应充分重视金融开放对我国宏观经济稳定健康发展所造成的重要影响，合理制定利率政策。

8.4　小结

本章在理论上构建了包含金融开放的 IS－Philips 模型，求解政府利率政策的损失函数，并基于 1980—2018 年的年度数据，实证分析了金融开放对我国利率政策目标制选择的影响，进而探讨金融开放是否应纳入利率政策目标。研究表明：①政府在进行利率政策目标选择时，首先要注重经济增长，其次要注重通货膨胀，再次要注重金融开放，最后要注重汇率，这也说明金融开放在我国宏观经济决策中具有重要影响，应当将金融开放纳入利率政策目标选择体系中。②无论经济增长目标权重和折现因子如何变化，政府在制定利率政策时仍然要把经济增长和通货膨胀作为主要目标，但应对金融开放和汇率保持一定程度的关注，且对金融开放的关注度要高于对汇率的关注度。

本章研究结论也有一定的现实意义：

第一，政府应将金融开放纳入我国利率政策目标管理。政府在制定和实施利率政策时，应根据我国实际情况，合理有序审慎推进金融开放步骤，综合考虑金融开放对利率政策其他目标的影响。金融开放有助于利率政策中经济增长、抑制通货膨胀等目标的实现：金融开放有利于提升资源配置效率和金融服务实体经济能力，推动我国经济高质量发展；有利于对货币当局行为施加约束，提高其实施宽松利率政策的成本，降低国内通货膨胀水平；有利于实现国际收支平衡、汇率稳定以及降低金融风险。金融开放与经济增长、通货膨胀、汇率等利率政策目标具有一致性和互补性，将金融开放纳入利率政策目标管理能够使得社会福利损失最小化。

第二，推动金融全方位对外开放，充分发挥金融开放对经济增长的促进作用。扩大"引进来"和"走出去"金融高水平双向开放，既要以更开放姿态欢迎境外金融业者参与国内金融市场竞争，也要支持国内金融机构在加强自身能力建设的同时加快国际化发展步伐并深度参与全球金融市场竞争。促进金融开放和贸易开放协调发展，充分利用汇率政策，逐步取消不必要的政府管制。正确处理好金融改革与金融开放两者间的关系，逐步加大金融改革力度，增强金融服务功能，进一步深化金融供给侧结构性改革，强化金融服务实体经济能力，调整优化金融体系结构，为金融开放营造稳定的宏观经济与金融环境。提高金融市场资源配置效率，引导金融资源流向有利于产业结构升级、就业结构优化的部门，充分利用金融开放所产生的经济增长效应推动经济健康发展。

　　第三，进一步完善利率调控政策体系改革，在健全货币政策和宏观审慎政策"双支柱"调控框架的背景下，实施更加积极主动的利率管理策略，促进利率政策与宏观审慎政策的协调配合，丰富"双支柱"调控框架体系的内涵与政策工具，用好逆周期利率政策调节工具，有效防范和化解重大金融风险，从而防止金融开放对我国宏观经济稳定造成不利冲击。坚持宏观审慎管理与微观行为监管相结合，压实地方监管责任，强化基层金融监管力量，及时做到防微杜渐、抓小抓早。同时金融开放会导致跨国资本在国内实体经济与虚拟经济部门间更加频繁的流动，需加强资本跨国流动与国内实体经济部门资本去向监管力度，防止跨国流入资本和实体经济部门资金更多流向虚拟经济部门，避免经济"脱实向虚"现象的发生。

第9章 结论与展望

9.1 主要研究结论及其政策含义

（1）通过利用主成分分析法测度了我国1980—2018年的综合对外开放度。结合我国经济发展阶段以及实际对外开放的特征，分别从国际商品贸易、国际投资、国际金融、国际服务贸易这4个方面对我国的对外开放度进行了考察。同时根据数据的可获得性和指标的客观性，选取出口依存度、进口依存度、对外贸易依存度、外资依存度、对外金融开放度、对外经济合作开放度以及国际旅游开放度7个指标对我国对外开放度的指标体系进行了测度。通过7个指标综合测算的我国对外开放度走势图与出口依存度、进口依存度、对外贸易依存度和对外金融开放度走势图非常相似。这表明我国经济增长与世界经济联系日益紧密，且愈来愈依赖于对外贸易和对外金融的快速发展。我国对外开放度在1980—1994年表现出不断增长趋势，1995—1999年出现了小幅度的下滑，2000—2007年出现了连续多年的上升态势，到2008年之后又开始呈现出下降趋势。尽管我国对外开放度具有先扬后抑的特征，但在总体上还是呈现一种上升趋势。

（2）通过对外开放度对利率变动影响的理论与实证分析，在理论上从数学函数角度和几何图形角度证明了对外开放度与利率变动之间呈现出一种较强联动关系。对外开放度越大，利率变动也越大：随着对外开放度的提高，财政政策渠道对利率变动产生持续扩大的影响，货币政策渠道对利率变动产生持续缩减的影响。具体来说，在对外开放条件下，不管是短期还是长期，扩张性财政政策对利率变动均具有上升的影响，且随着对外开放度的日益提升，对利率的上升存在持续性推动作用；扩张性货币政策在短期内对利率变动存在下降的影响，但在长期内，随着对外开放度的日益提升，对利率的下降具有持续性的削弱作用，并最终导致利率上升。

在实证分析中，采取边界协整检验方法对我国利率与对外开放度、经济增长等变量之间的协整关系进行了检验，并得到了存在长期稳定的协整关系的结论。长期内，对外开放对我国利率变动的影响在总体上表现出日趋上升态势，但存在先抑后扬的特征。也就是说，在对外开放度较低的初期，我国利率水平随着对外开放度的提升而趋于降低；伴随对外开放度的提高，达到某一拐点后，我国利率水平呈递增趋势。通过回归结果进行计算可以发现，对外开放度对我国一年期存款利率、三年期存款利率和五年期存款利率变动存在先抑后扬的影响。

这一研究结论对我们有一定的政策启示：第一，若利率变动内生地取决于政府宏观经济调控，那么在世界经济一体化背景下，对外开放对利率水平最终会产生上升的压力，在这种情况下，政府应该适当降低利率水平，以抵消利率上升所引起投资下降的负面影响，从而确保利率水平起到稳定经济的作用。第二，对外开放度对利率变动存在先抑后扬的"U"型影响，因此拐点出现后，政府应全方位提升对外开放水平及质量，建立完善的宏观经济风险预警与调控机制，进而化解对外开放对我国利率水平以及宏观经济所产生的波动风险。

（3）通过对外开放度对利率政策效应影响的理论与实证分析，在理论上从数学函数角度和几何图形角度证明了对外开放度与利率政策效应之间存在一种递减关系。对外开放度越大，利率政策效应越小：即利率政策的产出效应随着对外开放度的提高而不断减弱，利率政策的价格效应随着对外开放度的提高而不断放大。在对外开放条件下，不管是通过财政政策渠道，还是通过货币政策渠道，利率下降在短期内具有明显的产出效应，总产出会增加，有利于促进经济增长和就业；但在长期内，利率政策效应将趋于中性状态，利率政策的产出效应只是暂时性增加了总产出和就业，利率政策效应最终会释放到价格水平持续上升的放大效应上。具体来说，扩张性财政政策短期内对利率政策的产出效应和价格效应有影响，产出会增加，有利于促进经济增长；但在长期内，扩张性财政政策对利率政策效应没有影响，也就是说，在对外开放条件下，利率政策通过财政扩张渠道对产出和就业等实际经济变量没有影响，而是通过释放到价格的放大效应上来，表现出一种中性特质。扩张性货币政策在短期内对利率变动存在下降的影响，但在长期内，随着对外开放度的日益提升，对利率的下降具有持续性的削弱作用，并最终导致利率上升。同时，扩张性货币政策短期内对利率政策的产出效应和价格效应有影响，产出会增加，有利于促进经济增长；但在长期内，扩张性货币政策对利率政策效应没有影响，也就是说，对外开放条件下利率政策通过货币扩张渠道对产出和就业等实际经济变量没有影响，而是通过名义工资和价格吸纳了货币扩张对利率政策冲击的一切影响，利率政策效应呈中性状态。

实证分析结果表明，对外开放度提升在短期内对利率政策的产出水平存在促进作用，对价格效应具有显著放大作用，但长期内对产出效应的影响随对外开放度提升而趋于削弱，对产出和就业等实际经济变量的影响不明显，且利率政策效应最终会释放到价格的放大效应上来。在产出效应中，对外开放度的提升对中国利率政策的产出效应在当年具有促进作用，在滞后一年和滞后两年的利率政策产出效应中则产生了负面作用，但两者都不存在显著性，表明中国利率政策的产出效应随对外开放度的提升而趋于削弱。在价格效应中，对外开放度对利率政策价格效应的影响具有很强的持续性，对外开放度的提升对当年和滞后一年的利率政策价格效应存在显著放大作用，而对滞后两年的利率政策价格效应存在明显削弱作用。

基于对外开放视角对利率政策有效性的影响进行分析，揭示了对外开放度与利率政策有效性以及利率水平之间存在反向关系。对外开放度越大，利率政策有效性越小：即利率政策的产出效应随对外开放度提升而趋于削弱，利率政策的价格效应随对外开放度提升而不断放大。为避免对外开放度对利率政策有效性产生负向影响，政府有可能通过降低利率水平来抵御对外开放对利率政策产出效应的削弱作用，以及抑制对外开放对利率政策价格效应的放大作用，从而实现经济增长和物价稳定。

基于这一研究结论，首先，政府应根据对外开放度和经济发展形势对利率政策进行合理调整，增加产出效应，促进就业，减少外部风险对宏观经济波动的影响，实现经济稳定健康发展。其次，对外开放条件下利率政策的价格效应具有很强的持续性，政府在制定和实施利率政策时不仅要考虑经济增长，也要考虑价格稳定目标，抑制其价格放大效应，提升利率政策有效性。为此，政府应对价格水平波动范围进行合理预期，可建立盯住居民消费价格指数的利率政策体系，使价格水平稳定在可控范围内。再次，在当前中美贸易摩擦频繁出现背景下，美国货币政策和贸易策略的调整导致中美利率差缩小、国际资本流动波幅加大以及人民币相对美元贬值风险的加剧，我国通过增加货币供给量对宏观经济进行调控的作用不明显，应从货币供给量调控转向利率调控，以充分发挥利率政策促进经济增长和平抑物价波动的作用。最后，在进一步扩大金融对外开放水平的背景下，我国应协调有序稳步推进资本账户开放、汇率制度改革与利率市场化进程，避免利率市场化改革滞后于资本账户开放和汇率制度改革，完善宏观金融审慎监管体制，加快国内经济及金融的结构性改革，促进利率政策有效性的发挥。

（4）通过金融开放对利率政策目标制选择影响的理论与实证分析，在理论上构建了包含金融开放的 IS – Philips 模型，求解政府利率政策的损失函数，并基于 1980—2018 年的年度数据，实证分析了金融开放对我国利率政策目标制选择的影响，进而探讨金融开放是否应纳入利率政策目标中。研究表明：①政府在进行利率政策目标选择时，首先要注重经济增长，其次要注重通货膨胀，再次要注重金融开放，最后要注重汇率，这也说明金融开放在我国宏观经济决策中具有重要影响，应当将金融开放纳入利率政策目标选择体系中。②无论经济增长目标权重和折现因子如何变化，政府在制定利率政策时仍然要把经济增长和抑制通货膨胀作为主要目标，但应对金融开放和汇率保持一定程度的关注，且对金融开放的关注度要高于对汇率的关注度。

该研究结论也有一定的现实意义：第一，政府应将金融开放纳入我国利率政策目标管理。政府在制定和实施利率政策时，应根据我国实际情况，合理有序审慎推进金融开放步骤，综合考虑金融开放对利率政策其他目标的影响。金融开放有助于利率政策中经济增长、通货膨胀等目标的实现：金融开放有利于提升资源配置效率和金融服务实体经济能力，推动我国经济高质量发展；有利于对货币当局行为施加约束，提高其实施宽松利率政策的成本，降低国内通货膨胀水平；有利于实现国际收支平衡、汇率稳定以及降低金融风险。金融开放与经济增长、通货膨胀、汇率等利率政策目标具有一致性和互补性，将金融开放纳入利率政策目标管理能够使社会福利损失最小化。第二，推动金融全方位对外开放，充分发挥金融开放对经济增长的促进作用。扩大"引进来"和"走出去"金融高水平双向开放，既要以更开放姿态欢迎境外金融业者参与国内金融市场竞争，也要支持国内金融机构在加强自身能力建设的同时加快国际化发展步伐并深度参与全球金融市场竞争。促进金融开放和贸易开放协调发展，充分利用汇率政策，逐步取消不必要的政府管制。正确处理好金融改革与金融开放两者间的关系，逐步加大金融改革力度，增强金融服务功能，进一步深化金融供给侧结构性改革，强化金融服务实体经济能力，调整优化金融体系结构，为金融开放营造稳定的宏观经济与金融环境。提高金融市场资源配置效率，引导金融资源流向有利于产业结构升级、就业结构优化的部门，充分利用金融开放所产生的经济增长效应推动经济健康发展。第三，进一步完善利率调控政策体系改革，在健全货币政策和宏观审慎政策"双支柱"调控框架的背景下，实施更加积极主动的利率管理策略，促进利率政策与宏观审慎政策的协调配合，丰富"双支柱"调控框架体系的内涵与政策工具，用好逆周期利率政策调节工具，有效防范和化解重大金融风险，从而防止金融开放对我国宏观经济稳定造成不利冲击。坚持宏观审慎管理与微观行为监管相结合，压实地方监管责任，强化基层金融监管力量，及时做到防微杜渐、抓小抓早。同时金融开放会导致跨国资本在国内实体经济与虚拟经济部门间更加频繁的流动，需加强资本跨国流动与国内实体经济部门资本去向监管力度，防止跨国流入资本和实体经济部门资金更多流向虚拟经济部门，避免经济"脱实向虚"现象的发生。

9.2　后续研究展望

对外开放度对利率变动及政策效应影响的理论研究和实证分析还处于不成熟的初期阶段，不管是理论与实证研究，还是研究方法，尚处于探索阶段，很多问题还有待更深入地考察。本书由于篇幅的限制，只探讨了对外开放度对利率变动及政策效应的影响，而没有研究对外开放度对利率结构变动及政策效应的影响。同时风险结构和利率期限结构作为宏观经济及金融领域研究的一个重要概念，也是值得我们进一步去研究的，今后可以将利率结构这一角度作为切入点继续进行研究。

参考文献

一、中文

［1］马克思. 资本论：第 1 卷［M］. 北京：人民出版社，2018.

［2］马克思. 资本论：第 2 卷［M］. 北京：人民出版社，2018.

［3］马克思. 资本论：第 3 卷［M］. 北京：人民出版社，2018.

［4］马克思，恩格斯. 马克思恩格斯选集：第 2 卷［M］. 北京：人民出版社，2012.

［5］列宁. 列宁选集［M］·修订第 3 版. 北京：人民出版社，2012.

［6］毛泽东. 毛泽东选集：第 1 卷［M］. 北京：人民出版社，2008.

［7］毛泽东. 毛泽东选集：第 2 卷［M］. 北京：人民出版社，2008.

［8］毛泽东. 毛泽东选集：第 3 卷［M］. 北京：人民出版社，2008.

［9］毛泽东. 毛泽东选集：第 4 卷［M］. 北京：人民出版社，2008.

［10］邓小平. 邓小平文选：第 1 卷［M］. 北京：人民出版社，2008.

［11］邓小平. 邓小平文选：第 2 卷［M］. 北京：人民出版社，2008.

［12］邓小平. 邓小平文选：第 3 卷［M］. 北京：人民出版社，2008.

［13］江泽民. 江泽民文选：第 1 卷［M］. 北京：人民出版社，2006.

［14］江泽民. 江泽民文选：第 2 卷［M］. 北京：人民出版社，2006.

［15］江泽民. 江泽民文选：第 3 卷［M］. 北京：人民出版社，2006.

［16］胡锦涛. 胡锦涛文选：第 1 卷［M］. 北京：人民出版社，2016.

［17］胡锦涛. 胡锦涛文选：第 2 卷［M］. 北京：人民出版社，2016.

［18］胡锦涛. 胡锦涛文选：第 3 卷［M］. 北京：人民出版社，2016.

［19］习近平. 关于《中共中央关于全面深化改革若干重大问题的决定》的说明［N］. 人民日报，2013 – 11 – 16.

［20］习近平. 习近平谈治国理政［M］. 北京：外文出版社，2014.

［21］习近平. 在中央经济工作会议上的讲话［N］. 人民日报，2015 – 12 – 22.

［22］习近平. 在中央经济工作会议上的讲话［N］. 人民日报，2016 – 12 – 17.

［23］习近平. 决胜全面建成小康社会夺取新时代中国特色社会主义伟大

胜利：在中国共产党第十九次全国代表大会上的报告［M］. 北京：人民出版社，2017.

［24］习近平. 金融活经济活金融稳经济稳做好金融工作维护金融安全［N］. 人民日报，2017 – 04 – 27.

［25］习近平. 深化金融改革促进经济和金融良性循环健康发展［N］. 人民日报，2017 – 07 – 16.

［26］习近平. 在中央经济工作会议上的讲话［N］. 人民日报，2017 – 12 – 20.

［27］习近平. 在庆祝改革开放40周年大会上的讲话［M］. 北京：人民出版社，2018.

［28］习近平. 开放共创繁荣创新引领未来：在博鳌亚洲论坛2018年年会开幕式上的主旨演讲［M］. 北京：人民出版社，2018.

［29］习近平. 在纪念马克思诞辰200周年大会上的讲话［M］. 北京：人民出版社，2018.

［30］习近平. 携手共命运同心促发展：在2018年中非合作论坛北京峰会开幕式上的主旨讲话［M］. 北京：人民出版社，2018.

［31］习近平. 共建创新包容的开放型世界经济：在首届中国国际进口博览会开幕式上的主旨演讲［M］. 北京：人民出版社，2018.

［32］习近平. 习近平主席在出席亚太经合组织第二十六次领导人非正式会议时的讲话［M］. 北京：人民出版社，2018.

［33］习近平. 在中央经济工作会议上的讲话［N］. 人民日报，2018 – 12 – 21.

［34］习近平. 深化金融供给侧结构性改革增强金融服务实体经济能力增强金融服务实体经济能力［N］. 人民日报，2019 – 02 – 24.

［35］习近平. 在中央经济工作会议上的讲话［N］. 人民日报，2019 – 12 – 12.

［36］习近平. 开放合作命运与共：在第二届中国国际进口博览会开幕式上的主旨演讲［M］. 北京：人民出版社，2019.

［37］习近平. 习近平总书记在出席庆祝中华人民共和国成立70周年系列活动时的讲话［M］. 北京：人民出版社，2019.

［38］中共中央. 中共中央关于全面深化改革若干重大问题的决定［M］. 北京：人民出版社，2013.

［39］中共中央. 中华人民共和国国民经济和社会发展第十三个五年规划纲要［M］. 北京：人民出版社，2016.

［40］中共中央文献研究室. 习近平关于全面深化改革论述摘编［M］. 北

京：中央文献出版社，2014.

［41］中共中央文献研究室. 十八大以来重要文献选编［M］. 北京：中央文献出版社，2014.

［42］中共中央宣传部. 习近平总书记系列重要讲话读本［M］. 北京：学习出版社，2016.

［43］中共中央宣传部. 习近平新时代中国特色社会主义思想学习纲要［M］. 北京：学习出版社，2019.

［44］李克强. 政府工作报告：2014 年 3 月 5 日在第十二届全国人民代表大会第二次会议上［M］. 北京：人民出版社，2014.

［45］李克强. 政府工作报告：2015 年 3 月 5 日在第十二届全国人民代表大会第三次会议上［N］. 人民日报，2015 – 03 – 06.

［46］李克强. 政府工作报告：2016 年 3 月 5 日在第十二届全国人民代表大会第四次会议上［N］. 人民日报，2016 – 03 – 06.

［47］李克强. 政府工作报告：2017 年 3 月 5 日在第十二届全国人民代表大会第五次会议上［M］. 北京：人民出版社，2017.

［48］李克强. 政府工作报告：2018 年 3 月 5 日在第十三届全国人民代表大会第一次会议上［M］. 北京：人民出版社，2018.

［49］李克强. 政府工作报告：2019 年 3 月 5 日在第十三届全国人民代表大会第二次会议上［M］. 北京：人民出版社，2019.

［50］布兰查德，费希尔. 宏观经济学（高级教程）［M］. 刘树成，等译. 北京：经济科学出版社，1998.

［51］巴曙松，华中炜，朱元倩. 利率市场化的国际比较：路径、绩效与市场结构［J］. 华中师范大学学报（人文社会科学版），2012，51（5）：33 – 46.

［52］巴曙松，邵杨楠，廖慧. 名义负利率及其影响［J］. 中国金融，2016（10）：58 – 60.

［53］白云，冯晓宁，贾娟. 对外开放度与经济增长的实证研究：基于河北省数据的协整分析［J］. 学术探索，2012（9）：64 – 66.

［54］包群，许和连，赖明勇. 贸易开放度与经济增长：理论及中国的经验研究［J］. 世界经济，2003（2）：10 – 18.

［55］晁增义，谌金宇. 我国大宗商品价格波动的货币因素研究［J］. 价格理论与实践，2015（10）：90 – 92.

［56］陈德凯. 理解金融脱媒的实际经济效应：基于利率渠道的实证分析

[J]．财经科学，2017（12）：14－26．

[57] 陈辉，牛叔文．经济开放度评价及对策研究：以甘肃为例 [J]．经济问题，2010（6）：121－124．

[58] 陈飞，赵昕东，高铁梅．我国货币政策工具变量效应的实证分析 [J]．金融研究，2002（10）：25－30．

[59] 陈福中，陈诚．发达经济体利率与汇率交互效应的动态机制：基于美国和日本月度数据的实证考察 [J]．国际经贸探索，2012，28（11）：55－67．

[60] 陈昆亭，周炎，黄晶．利率冲击的周期与增长效应分析 [J]．经济研究，2015，50（6）：59－73．

[61] 陈其安，张媛，刘星．宏观经济环境、政府调控政策与股票市场波动性：来自中国股票市场的经验证据 [J]．经济学家，2010（2）：90－98．

[62] 陈一洪．利率市场化改革的效应分析：基于 50 家城商行的考察 [J]．银行家，2016（6）：60－63．

[63] 陈瑛．我国民间金融的利率效应探讨 [J]．现代经济探讨，2007（9）：67－69．

[64] 陈雨露，罗煜．金融开放与经济增长：一个述评 [J]．管理世界，2007（4）：138－147．

[65] 陈征．《资本论》解说 [M]．4 版．福州：福建人民出版社，2017．

[66] 陈征，李建平，郭铁民．《资本论》选读 [M]．北京：高等教育出版社，2003．

[67] 陈征，李建平，李建建，等．《资本论》与当代中国经济 [M]．3 版．福州：福建人民出版社，2017．

[68] 程恩富，刘义圣．外国经济学说与中国研究报告（2017）[M]．北京：中国经济出版社，2017．

[69] 程立茹，王分棉．对外开放度、经济增长、市场规模与中国品牌成长：基于省际面板数据的门槛回归分析 [J]．国际贸易问题，2013（12）：15－23．

[70] 程晓华，刘养洁．黄土高原地区对外开放度时空演变分析 [J]．山西师范大学学报（自然科学版），2016，30（3）：100－104．

[71] 崔宏．利率市场化的短期效应与长期影响 [J]．银行家，2012（11）：54－56．

[72] 古扎拉蒂，波特．计量经济学基础 [M]．5 版．费剑平，译．北京：中国人民大学出版社，2010．

[73] 戴国海,陈涤非. 中国利率市场化的宏观效应研究 [J]. 上海金融, 2011 (9): 22 - 26.

[74] 罗默. 高级宏观经济学 [M]. 4 版. 王根蓓,译. 上海:上海财经大学出版社,2014.

[75] 单强,吕进中,王伟斌,等. 中国化泰勒规则的构建与规则利率的估算:基于考虑金融周期信息的潜在产出与自然利率的再估算 [J]. 金融研究, 2020, 483 (9): 20 - 39.

[76] 邓柏峻,黄宇元. 利率市场化背景下我国货币政策传导的非对称效应研究:基于 LSTVAR 模型的实证分析 [J]. 南方金融,2015 (3): 27 - 34.

[77] 邓向荣,张嘉明,李宝伟,张云. 利率市场化视角下货币政策对银行流动性创造的影响:基于银行风险承担的中介效应检验 [J]. 财经理论与实践,2018, 39 (1): 10 - 18.

[78] 丁剑平,白瑞晨. 非抛补利率平价偏移、汇率波动与政府杠杆率 [J]. 财贸经济,2022, 43 (10): 73 - 86.

[79] 丁宁. 中国银行业存贷利差的经济影响分析 [J]. 宏观经济研究, 2013 (12): 64 - 73.

[80] 董锋,谭清美,周德群,等. 技术进步、产业结构和对外开放程度对中国能源消费量的影响:基于灰色关联分析 - 协整检验两步法的实证 [J]. 中国人口. 资源与环境,2010, 20 (6): 22 - 27.

[81] 董利红,严太华. 技术投入、对外开放程度与“资源诅咒”:从中国省际面板数据看贸易条件 [J]. 国际贸易问题,2015 (9): 55 - 65.

[82] 董研,张可,潘垚垚. 存贷款利率水平提高对国债收益率曲线变动影响的分析:基于单因素方差分析方法的实证研究 [J]. 华东经济管理,2005 (9): 131 - 136.

[83] 多恩布什,费希尔,斯塔兹. 宏观经济学 [M]. 12 版. 北京:中国人民大学出版社,2017.

[84] 范从来. 中国货币政策目标的重新定位 [J]. 经济学家,2010 (7): 83 - 89.

[85] 范红忠,王徐广. 对我国各地区对外开放度适宜性的实证分析 [J]. 国际商务(对外经济贸易大学学报),2008 (5): 77 - 81.

[86] 范立夫. 我国利率政策与汇率政策协调问题研究:基于资产加权收益率平价模型的分析 [J]. 财贸经济,2011 (7): 48 - 54.

［87］范立夫，周继燕. 利率平价理论评析［J］. 经济与管理，2010，24
（8）：79－83.

［88］范良. 经济开放度与经济增长：基于 VAR 方法对中国的实证研究
［J］. 财经问题研究，2005（11）：15－22.

［89］范育涛，费方域. 利率市场化、银行业竞争与银行风险［J］. 金融
论坛，2013，18（9）：3－6.

［90］方显仓，何康，张卫峰. 结构性货币政策、经济环境不确定性与利率传
导效率［J］. 华东师范大学学报（哲学社会科学版），2022，54（6）：153－165.

［91］方先明，熊鹏. 我国利率政策调控的时滞效应研究：基于交叉数据
的实证检验［J］. 财经研究，2005，31（8）：5－17.

［92］封福育. 名义利率与通货膨胀：对我国"费雪效应"的再检验：基
于门限回归模型分析［J］. 数量经济技术经济研究，2009，26（1）：89－98.

［93］冯永琦，梁蕴兮，裴祥宇. 日元离岸与在岸利率联动效应研究［J］.
现代日本经济，2014（1）：28－35.

［94］冯永琦，王丽莉. 离岸与在岸人民币债券市场波动溢出效应研究：
基于债券利率期限结构的分析［J］. 国际经贸探索，2016，32（7）：53－63.

［95］冯中校，邵付真. 利率政策在县域实施效应分析［J］. 金融理论与
实践，2005（6）：52－53.

［96］傅强，张小波. 金融开放外源性风险对中国经济金融稳定与安全的
影响分析［J］. 南开经济研究，2011（3）：30－44.

［97］高波，王先柱. 中国房地产市场货币政策传导机制的有效性分析：
2000—2007［J］. 财贸经济，2009（3）：129－135.

［98］黄贤环，姚荣荣. 贷款利率市场化与企业金融资产投资：抑制还是
促进［J］. 南京审计大学学报，2021，18（2）：91－101.

［99］高鸿业. 西方经济学（宏观部分）［M］. 5 版. 北京：中国人民大学
出版社，2011.

［100］高翔，黄建忠. 对外开放程度、市场化进程与中国省级政府效率：
基于 Malmquist-Luenberger 指数的实证研究［J］. 国际经贸探索，2017，33
（10）：19－35.

［101］龚晓莺，胡忠俊，王昆. 关于对外开放度度量指标体系构建的几点
思考［J］. 贵州大学学报（社会科学版），2008（4）：16－20.

［102］顾海兵，夏梦，张安军. 1996—2010 年中国利率市场化程度的测定

［J］. 价格理论与实践，2013（2）：27－28.

［103］郭栋. 银行间市场国债利率风险传导机制研究：中美利差、汇率和通胀因素的时变检验［J］. 金融监管研究，2020，100（4）：32－47.

［104］郭金龙，李文军. 我国股票市场发展与货币政策互动关系的实证分析［J］. 数量经济技术经济研究，2004（6）：18－27.

［105］郭树华，王华，王俐娴. 中美利率与汇率联动关系的实证研究：2005—2008［J］. 国际金融研究，2009（4）：17－24.

［106］郭妍，张立光. 我国经济开放度的度量及其与经济增长的实证分析［J］. 统计研究，2004（4）：26－30.

［107］郭杨. 名义负利率政策是否实现了通胀和汇率调控目标？——基于五个经济体的实证分析［J］. 南方金融，2016（10）：29－37.

［108］海德拉，范德普罗格. 高级宏观经济学基础［M］. 陈彦斌，等译. 北京：中国人民大学出版社，2012.

［109］何海峰. 利率市场化背景下银行同业存款定价的模型设计［J］. 金融论坛，2010，15（6）：11－16.

［110］何鸿，张寿庭，张照志，等. 欧佩克战略政策的影响因素分析［J］. 资源与产业，2010，12（3）：43－47.

［111］何慧刚. 人民币利率－汇率联动协调机制的实证分析和对策研究［J］. 国际金融研究，2008（8）：51－57.

［112］何青，刘尔卓. 汇率敏感性会影响企业贷款利率吗？——基于中国上市公司的分析［J］. 金融研究，2022，506（8）：132－151.

［113］何孝星，黄雪霞. 继续实施上调利率的货币政策恐将有害无益：关于现行利率调控政策效果的反思［J］. 经济学动态，2008（4）：50－53.

［114］何运信. 货币政策的利率期限结构效应的理论解释及其经验证据［J］. 财经论丛，2008（5）：42－48.

［115］何志刚，阮琢. 国债金融效应：基准利率视角的分析［J］. 商业经济与管理，2006（9）：53－57.

［116］何志刚，王鹏. 货币政策对股票和债券市场流动性影响的差异性研究［J］. 财贸研究，2011，22（2）：99－106.

［117］胡小文，章上峰. 开放经济下利率市场化对货币政策调控效应的影响研究［J］. 云南财经大学学报，2015，31（2）：106－113.

［118］胡援成，舒长江. 我国商业银行脆弱性：利率冲击与金融加速器效

应 [J]. 当代财经, 2015 (12): 46 - 57.

[119] 胡援成, 周珺, 胡韬. 利率风险与债务期限结构的正反馈效应分析 [J]. 数量经济技术经济研究, 2007 (9): 87 - 98.

[120] 胡智, 刘志雄. 中国经济开放度的测算与国际比较 [J]. 世界经济研究, 2005 (7): 10 - 17.

[121] 滑冬玲. 我国利率政策效果欠佳的制度探究: 以 2004—2008 年利率上调为例 [J]. 经济管理, 2008 (17): 22 - 25.

[122] 黄德发. 对广东开放水平的测度与研判 [J]. 统计与预测, 2000 (5): 5 - 8.

[123] 黄繁华. 中国经济开放度及其国际比较研究 [J]. 国际贸易问题, 2001 (1): 19 - 23.

[124] 黄佳琳, 秦凤鸣. 银行业竞争、市场化利率定价与利率传导效率 [J]. 经济评论, 2020, 221 (1): 112 - 130.

[125] 黄金老. 利率市场化与商业银行风险控制 [J]. 经济研究, 2001 (1): 19 - 28.

[126] 黄晶. 货币政策的利率传导机制及其有效性研究 [J]. 云南财经大学学报, 2020, 36 (8): 55 - 67.

[127] 黄启才. 马克思利息利率理论及对中国的启示 [J]. 金融经济, 2012 (12): 60 - 62.

[128] 黄瑞玲. 马克思利率与经济周期理论的另一种诠释: 以美国新经济为视角 [J]. 江西社会科学, 2002 (4): 154 - 156.

[129] 黄贤环, 姚荣荣. 贷款利率市场化与企业金融资产投资: 抑制还是促进 [J]. 南京审计大学学报, 2021, 18 (2): 91 - 101.

[130] 黄晓薇, 郭红玉, 黄喆. 利率与汇率的价格效应及政策协调研究: 基于货币稳定视角 [J]. 当代经济研究, 2013 (4): 76 - 82.

[131] 霍源源, 冯宗宪, 柳春. 抵押担保条件对小微企业贷款利率影响效应分析: 基于双边随机前沿模型的实证研究 [J]. 金融研究, 2015 (9): 112 - 127.

[132] 季俊杰. 中国学生贷款利率管制政策的实施效应与对策 [J]. 江西财经大学学报, 2010 (5): 117 - 121.

[133] 贾德奎. 告示效应: 基于我国货币市场利率的实证研究 [J]. 财经论丛, 2007 (4): 41 - 46.

[134] 贾凯威, 杨洋. 基于西方四国的利率调整与股市门限效应分析

[J]. 商业研究, 2015 (2): 53-61.

[135] 简志宏, 朱柏松, 李霜. 动态通胀目标、货币供应机制与中国经济波动: 基于动态随机一般均衡的分析 [J]. 中国管理科学, 2012, 20 (1): 30-42.

[136] 江春, 雷振锋, 胡德宝等. 利率市场化改革能促进企业创新吗?——基于中国人民银行取消贷款利率上下限的经验证据 [J]. 国际金融研究, 2023, 432 (4): 29-38.

[137] 江春, 刘春华. 货币政策的利率效应: 来自中国过去20年的实证 [J]. 广东金融学院学报, 2006 (2): 18-26.

[138] 蒋先玲, 魏天磊. 中国对外开放度对货币政策有效性的影响 [J]. 现代经济探讨, 2019 (2): 46-54.

[139] 蒋瑛琨, 刘艳武, 赵振全. 货币渠道与信贷渠道传导机制有效性的实证分析: 兼论货币政策中介目标的选择 [J]. 金融研究, 2005 (5): 70-79.

[140] 姜再勇, 钟正生. 我国货币政策利率传导渠道的体制转换特征: 利率市场化改革进程中的考察 [J]. 数量经济技术经济研究, 2010, 27 (4): 62-77.

[141] 焦娜. 区域对外开放度与通货膨胀动态不一致性: 基于动态面板GMM的实证研究 [J]. 财贸研究, 2012, 23 (6): 16-23.

[142] 杰弗里·M·伍德里奇. 计量经济学导论: 现代观点 [M]. 第五版. 北京: 中国人民大学出版社, 2015.

[143] 解念慈, 魏宁. 浅论对外开放及其定量评价 [J]. 国际贸易, 1988 (4): 29-32.

[144] 金中夏, 陈浩. 利率平价理论在中国的实现形式 [J]. 金融研究, 2012 (7): 63-74.

[145] 金中夏, 洪浩, 李宏瑾. 利率市场化对货币政策有效性和经济结构调整的影响 [J]. 经济研究, 2013, 48 (4): 69-82.

[146] J. M. 凯恩斯. 就业、利息和货币通论 [M]. 徐毓丹, 译. 北京: 商务印书馆, 1963.

[147] 康书隆, 王志强. 中国国债利率期限结构的风险特征及其内含信息研究 [J]. 世界经济, 2010, 33 (7): 121-143.

[148] 况伟大. 利率对房价的影响 [J]. 世界经济, 2010, 33 (4): 134-145.

[149] 兰宜生. 对外开放度与地区经济增长的实证分析 [J]. 统计研究, 2002 (2): 19-22.

[150] 雷鸣, 王军, 叶五一. 跨期消费、利率水平与个人福利效应 [J].

金融论坛，2013，18（4）：48 – 52.

［151］李安定，白当伟. 利率市场化的效应、前提条件以及进一步改革的措施［J］. 上海金融，2006（5）：10 – 13.

［152］李北鑫，刘晓星，陈羽南. 负利率与资产价格：影响机制及经验证据［J］. 世界经济文汇，2020，255（2）：90 – 105.

［153］李彪，杨宝臣. 我国货币政策对收益率曲线效应关系的实证研究［J］. 上海金融，2006（4）：36 – 39.

［154］李成，王彬，黎克俊. 次贷危机前后中美利率联动机制的实证研究［J］. 国际金融研究，2010（9）：4 – 11.

［155］李翀. 我国对外开放程度的度量与比较［J］. 经济研究，1998（1）：28 – 31.

［156］李春琦. 中国货币政策有效性分析［M］. 上海：上海财经大学出版社，2003.

［157］李宏瑾，纪淼. 名义利率、通货膨胀与费雪效应：对 2012 年我国 CPI 走势研判［J］. 金融与经济，2011（12）：4 – 8.

［158］李华建. 投资者风险规避度与量化宽松的中长期利率效应［J］. 世界经济研究，2017（3）：30 – 41.

［159］李建建. 马克思利息理论与中国利率市场化的改革实践［J］. 当代经济研究，2006（10）：44 – 48，72.

［160］李建建. 马克思利息理论的二重性与当代利率实践［J］. 当代经济研究，2008（11）：7 – 12.

［161］李建平，黄茂兴，黄瑾.《资本论》与中国特色社会主义政治经济学［M］. 福州：福建人民出版社，2017.

［162］李建平，黄茂兴，黄瑾. 对《资本论》若干理论问题争论的看法（上下）［M］. 福州：福建人民出版社，2017.

［163］李黎明. 马克思的利息理论与我国银行利率的市场化［J］. 经济问题探索，2001（6）：88 – 91.

［164］李明扬，唐建伟. 我国利率变动对股票价格影响效应的实证分析［J］. 经济经纬，2007（4）：136 – 139.

［165］李威，吕江林. 利率市场化对中国宏观经济的冲击效应：基于 DSGE 模型的分析［J］. 金融论坛，2016，21（3）：48 – 63.

［166］李巍，张志超. 不同类型资本账户开放的效应：实际汇率和经济增

长波动 [J]. 世界经济, 2008 (10): 33 –45.

[167] 李文峰, 劳芬. 利率市场化能激化银行业内部非系统风险吗？——来自我国上市商业银行的证据 [J]. 投资研究, 2013, 32 (12): 102 –118.

[168] 李文辉. 马克思的利率理论与我国利率市场化改革 [D]. 南京: 东南大学, 2005.

[169] 李向前, 贺卓异. 信贷摩擦对货币政策利率传导的影响研究 [J]. 经济问题, 2021, 499 (3): 48 –55.

[170] 李晓岩. 简析推进人民币利率市场化的条件及步骤 [J]. 中央财经大学学报, 2012 (8): 33 –37.

[171] 李心丹, 路林, 傅浩. 中国经济的对外开放度研究 [J]. 财贸经济, 1999 (8): 14 –20.

[172] 李欣桐. 中国利率市场化的马克思主义审视 [D]. 长春: 吉林大学, 2014.

[173] 李颖. 利率市场化条件下的利率风险及其压力测试 [J]. 金融论坛, 2012, 17 (2): 43 –48.

[174] 李泽广, 吕剑. 金融开放的"数量效应"与"质量效应"再检验: 来自跨国的经验证据 [J]. 国际金融研究, 2017 (4): 56 –65.

[175] 李增来, 李体欣. 我国利率市场化的收入分配效应研究 [J]. 经济问题探索, 2017 (8): 120 –124.

[176] 李子成, 金哲松. 云南省对外开放度与经济增长相关性分析 [J]. 经济问题探索, 2011 (2): 148 –153.

[177] 李子奈, 潘文卿. 计量经济学 (第四版) [M]. 北京: 高等教育出版社, 2015.

[178] 连飞. 开放经济条件下中美两国汇率与利率的联动效应: 基于VECM 的两区制门限协整检验 [J]. 经济问题探索, 2014 (4): 127 –132.

[179] 梁伟华. 中国地区间对外开放度比较研究 [J]. 商业时代, 2012 (12): 129 –131.

[180] 林霞, 秦磊. 中国利率波动对美国利率政策的镜像效应: 特征、成因与政策 [J]. 现代管理科学, 2009 (10): 112 –114.

[181] 林霞, 汪海涛, 姜洋. 汇率 –利率的互动效应: G7 国家与中国的实证比较 [J]. 经济问题, 2011 (4): 67 –72.

[182] 刘超. 中国储蓄: 利率与租金效应分析 [J]. 贵州财经学院学报,

2005 (5)：9 – 12.

[183] 刘朝明，韦海鸣. 对外开放的度量方法与模型分析 [J]. 财经科学，2001 (2)：34 – 36.

[184] 刘冲，庞元晨，刘莉亚. 结构性货币政策、金融监管与利率传导效率：来自中国债券市场的证据 [J]. 经济研究，2022，57 (1)：122 – 136.

[185] 刘方. 中国利率市场化改革效应的 DSGE 模拟分析 [J]. 南方金融，2014 (2)：12 – 18.

[186] 刘海东. 货币政策对国债利率期限结构的影响分析 [J]. 山西财经大学学报，2006 (3)：117 – 119.

[187] 刘海东. 我国利率期限结构的静态分析和动态特征 [J]. 山西财经大学学报，2006 (5)：99 – 103.

[188] 刘红. 日本人为低利率政策及其效应分析 [J]. 商业研究，2007 (9)：179 – 181.

[189] 刘华，周为，蒋超. 利率和汇率市场化改革是否会影响人民币离岸和在岸市场间的溢出效应？[J]. 上海金融，2015 (7)：66 – 74.

[190] 刘惠好，周志刚. 利率和物价水平间的费雪效应检验：基于上海银行间同业拆放利率与 CPI 的研究 [J]. 价格理论与实践，2014 (4)：101 – 103.

[191] 刘金全，郭整风，谢卫东. 时间序列的分整检验与"费雪效应"机制分析 [J]. 数量经济技术经济研究，2003 (4)：59 – 63.

[192] 刘金全，王勇，张鹤. 利率期限结构与宏观经济因素的动态相依性：基于 VAR 模型的经验研究 [J]. 财经研究，2007 (5)：126 – 133，143.

[193] 刘康兵，申朴，李达. 利率与通货膨胀：一个费雪效应的经验分析 [J]. 财经研究，2003 (2)：24 – 29.

[194] 刘明. 论利率运动规律：对马克思利率理论的重新探讨 [J]. 陕西师大学报（哲学社会科学版），1995 (4)：43 – 50.

[195] 刘庆富，周德晔. 经济政策对房地产股票指数的影响效应研究：基于公告发布与利率调整的短期效应分析 [J]. 新金融，2012 (3)：36 – 39.

[196] 刘场，韩晓宇，王学龙. 存贷款利率放开是否提升了利率的政策传导效果 [J]. 金融经济学研究，2017，32 (6)：13 – 22.

[197] 刘文超，安毅，方蕊. 谁是中国利率市场中价格稳定的"锚"？——基于国债期现货及利率互换市场的研究 [J]. 北京航空航天大学学报（社会科学版），2021，34 (1)：84 – 95.

［198］刘崴，高广智. 中国股票市场对利率调整的反应机制研究［J］. 统计与决策，2012（13）：160－163.

［199］刘巍，陈昭. 计量经济学软件：EViews 操作简明教程［M］. 第二版. 广州：暨南大学出版社，2013.

［200］刘威，吴宏. 中美两国利率与汇率相互影响效应的评估研究：基于抛补利率平价理论的实证检验［J］. 世界经济研究，2010（2）：32－36.

［201］刘维奇，邢红卫，张云. 利率调整对股票市场的传导效应分析［J］. 山西大学学报（哲学社会科学版），2012，35（1）：118－125.

［202］刘晓星，李北鑫，陶梦倩. 利率冲击、汇率波动与金融安全：基于宏观稳定视角的研究［J］. 东南大学学报（哲学社会科学版），2021，23（4）：70－78.

［203］刘亚，张曙东，许萍. 境内外人民币利率联动效应研究：基于离岸无本金交割利率互换［J］. 金融研究，2009（10）：94－106.

［204］刘义圣. 中国宏观经济利率微调的操作模式探绎［M］. 长春：长春出版社，2002.

［205］刘义圣. 中国资本市场的多功能定位与发展方略［M］. 北京：社会科学文献出版社，2006.

［206］刘义圣. 关于现时期我国利率微调问题的思考［J］. 经济问题，2007（12）：101－104.

［207］刘义圣. 关于我国民间利率及其“市场化”的深度思考［J］. 东岳论丛，2007（6）：7－12.

［208］刘义圣，姜坤. 关于我国利率微调问题的初探［J］. 福州大学学报（哲学社会科学版），2007（6）：45－51.

［209］刘义圣. 我国宏观经济调控体系中利率微调政策的时效性研究［J］. 东南学术，2007（6）：59－67.

［210］刘义圣，张晶. 利率平滑调控：理论诠评及国外实践的启示［J］. 东岳论丛，2008（6）：39－43.

［211］刘义圣，张晶. 关于我国利率微调“平滑化”的思考［J］. 当代经济研究，2008（9）：58－63.

［212］刘义圣，黄启才. 央行的利率平滑调控偏好：基于一个动态优化模型分析框架［J］. 江汉论坛，2008（11）：109－112.

［213］刘义圣，张晶. 利率平滑调控效果的数理分析及我国情况的考察

[J]. 东南学术, 2009 (3): 70 – 79.

[214] 刘义圣, 王春丽. 利率微调的国际视角与我国利率调控的新范式 [J]. 东南学术, 2010 (4): 10 – 16.

[215] 刘义圣. 利息理论的深度比较与中国应用 [M]. 吉林: 长春出版 社, 2011.

[216] 刘义圣, 赵东喜. 利率走廊理论述评 [J]. 经济学动态, 2012 (7): 122 – 129.

[217] 刘义圣, 黄梦怡, 赵东喜. 美国利率政策对中国利率政策的影响研 究 [J]. 福建行政学院学报, 2013 (6): 69 – 75.

[218] 刘义圣, 赵东喜. 中国利率政策调控机制与经验实证 [J]. 江汉论 坛, 2014 (12): 5 – 11.

[219] 刘义圣, 万建军. 央行基准利率的甄选: 比较与实证研究 [J]. 东 南学术, 2015 (6): 136 – 142.

[220] 刘义圣, 王世杰. 中美货币市场基准利率传导效应比较研究 [J]. 亚太经济, 2015 (5): 25 – 31.

[221] 刘义圣, 郭志. 利率市场化进程中利率规则在中国的适用性分析 [J]. 宏观经济研究, 2016 (2): 45 – 54.

[222] 刘义圣. 市场利率的理论范式与中国实践探索 [M]. 长春: 长春 出版社, 2016.

[223] 刘义圣, 黄启才. 利率规则对中国市场经济的可适性检思 [M]. 长春: 长春出版社, 2016.

[224] 刘义圣, 刘毡. 存款利率市场化中地方银行面临的利率风险: 以温 州银行为例 [J]. 福建论坛 (人文社会科学版), 2017 (11): 22 – 28.

[225] 刘义圣, 王春丽. SHIBOR 的地位、特性与利率走廊建设 [J]. 江 汉论坛, 2018 (2): 24 – 29.

[226] 刘玉玫, 张芃. 经济全球化程度的量化研究 [J]. 统计研究, 2003 (12): 13 – 18.

[227] 刘淄, 张力美. 金融开放条件下利率与汇率的相互影响及其协调 [J]. 国际金融研究, 2003 (1): 43 – 46.

[228] 陆军, 黄嘉. 利率市场化改革与货币政策银行利率传导 [J]. 金融 研究, 2021, 490 (4): 1 – 18.

[229] 陆军, 赵越. 存款利率市场化与利率结构变动 [J]. 财贸研究,

2015, 26（1）：106 – 115.

[230] 陆磊. 通货膨胀的持续性、次级贷款风波与利率政策的金融稳定效应 [J]. 南方金融，2007（8）：4.

[231] 陆前进，卢庆杰. 我国利率变动的宏观经济效应分析 [J]. 新金融，2006（10）：15 – 18.

[232] 罗健梅，王晓黎. 股票价格和利率相关关系的实证分析 [J]. 统计与信息论坛，2003（1）：70 – 72.

[233] 罗来军，刘凯，傅帅雄. 低碳总需求曲线利率效应、财富效应、汇率效应与税收效应的比较研究 [J]. 经济学（季刊），2018，17（1）：1 – 26.

[234] 罗龙. 当代经济发展中的开放度问题：国际比较与中国的选择 [J]. 对外经济贸易大学学报，1989（5）：27 – 35.

[235] 罗明华，田益祥. 基于时变参数状态空间模型的利率变动跨市场效应研究 [J]. 预测，2012，31（4）：63 – 68.

[236] 罗素梅，周光友. 上海自贸区金融开放、资本流动与利率市场化 [J]. 上海经济研究，2015（1）：29 – 36.

[237] 罗正英，贺妍. 融资约束、市场化进程与货币政策利率传导效应：基于我国上市公司投资行为的实证检验 [J]. 金融评论，2015，7（3）：75 – 92.

[238] 罗忠洲. 东部沿海地区对外开放度与经济增长的实证分析 [J]. 财经论丛，2007（5）：1 – 6.

[239] 马明霞，王立军. 开放经济体中利率调控的宏观经济效应研究 [J]. 金融理论与实践，2014（1）：46 – 49.

[240] 闵敏，丁剑平. 中国离岸市场利率期限结构特征研究：基于面板宏观金融模型的分析 [J]. 财经研究，2015，41（6）：107 – 119.

[241] 马克思. 资本论（三卷）[M]. 北京：人民出版社，1975.

[242] 马铁英. 不被看好的日本负利率试验 [J]. 清华金融评论，2016（4）：109 – 112.

[243] 马亚明，刘翠. 房地产价格波动与我国货币政策目标制的选择：基于 IS – Philips 模型的分析 [J]. 南开经济研究，2014（6）：138 – 150.

[244] 马勇，王芳. 金融开放、经济波动与金融波动 [J]. 世界经济，2018，41（2）：20 – 44.

[245] 倪东明. 利率市场化的中日比较及其推进效应 [J]. 现代经济探讨，2012（1）：55 – 59.

［246］倪宣明，王江伟，赵慧敏. 影子银行、流动性分层与政策利率传导［J］. 系统工程理论与实践，2022，42（10）：2589 - 2602.

［247］潘彬，金雯雯. 货币政策对民间借贷利率的作用机制与实施效果［J］. 经济研究，2017，52（8）：78 - 93.

［248］潘敏，严春晓. 美联储利率承诺的宏观经济效应［J］. 国际金融研究，2012（4）：4 - 14.

［249］潘锡泉. 中美利率和汇率动态效应研究：理论与实证：基于拓展的非抛补利率平价模型的研究［J］. 国际贸易问题，2013（6）：76 - 87.

［250］庞智强. 各地区省域经济综合开放程度的测定［J］. 统计研究，2008（1）：47 - 50.

［251］彭承亮，马威，马理. 国内大宗商品价格波动与风险防范：基于美国利率调整、贸易摩擦与新冠肺炎疫情影响的视角［J］. 国际金融研究，2022，419（3）：56 - 66.

［252］彭方平，王少平. 我国利率政策的微观效应：基于动态面板数据模型研究［J］. 管理世界，2007（1）：24 - 29.

［253］彭方平，王少平. 我国货币政策的微观效应：基于非线性光滑转换面板模型的实证研究［J］. 金融研究，2007（9）：31 - 41.

［254］彭星，李斌，黄治国. 存款利率市场化会加剧城市商业银行风险吗：基于中国24家城市商业银行数据的动态 GMM 检验［J］. 财经科学，2014（12）：1 - 10.

［255］钱水土，于广文. 从利率与经济增长的关系看我国的利率市场化改革［J］. 浙江学刊，2004（1）：161 - 164.

［256］钱小安. 金融开放条件下利率市场化的动力、约束与步骤［J］. 世界经济，2003（3）：57 - 61.

［257］钱雪松，杜立，马文涛. 中国货币政策利率传导有效性研究：中介效应和体制内外差异［J］. 管理世界，2015（11）：11 - 28.

［258］乔超. 中外出口贸易依存度比较分析［J］. 世界经济文汇，1997（2）：49 - 53.

［259］秦惠敏. 我国利率产出效应的传导机制研究［J］. 经济学家，2016（7）：101 - 102.

［260］阙澄宇，马斌. 在岸与离岸人民币利率溢出效应的实证研究［J］. 财经问题研究，2016（12）：47 - 56.

［261］任治君，牟新焱．信用经济条件下的利率模型探索：基于马克思资本循环理论的分析［J］．当代经济研究，2010（6）：13 – 18.

［262］伞锋．试论我国三大地区的对外开放度［J］．国际贸易问题，2002（4）：21 – 26.

［263］邵俊尧，张平．放开贷款利率管制对企业创新投资的影响研究［J］．财经理论与实践，2023，44（1）：11 – 18.

［264］盛朝晖．中国货币政策传导渠道效应分析：1994—2004［J］．金融研究，2006（7）：22 – 29.

［265］盛松成，童士清．商业银行存贷利差：扩大还是缩小？［J］．金融研究，2007（11）：13 – 19.

［266］盛松成，吴培新．中国货币政策的二元传导机制："两中介目标，两调控对象"模式研究［J］．经济研究，2008，43（10）：37 – 51.

［267］石柱鲜，孙皓，邓创．中国主要宏观经济变量与利率期限结构的关系：基于 VAR – ATSM 模型的分析［J］．世界经济，2008（3）：53 – 59.

［268］司登奎，李小林，孔东民等．利率市场化能降低企业营运风险吗？——基于融资约束和企业金融化的双重视角［J］．金融研究，2023，511（1）：113 – 130.

［269］隋聪，李恒．外资银行进入中国与银行业净利差变化［J］．金融论坛，2014，19（5）：30 – 37.

［270］宋芳秀．中国利率作用机制的有效性与利率调控的效果：兼论利率不宜作为当前我国货币政策调控目标［J］．经济学动态，2008（2）：55 – 59.

［271］宋旺，钟正生．我国货币政策区域效应的存在性及原因：基于最优货币区理论的分析［J］．经济研究，2006（3）：46 – 58.

［272］孙焕民，李国柱．汇率波动与国家经济开放度：基于 Panel – data 数据的实证研究［J］．数量经济技术经济研究，2004（4）：132 – 140.

［273］孙长鹏，邓晓兰．财政赤字率、政府债务率、利率与汇率作用机制：基于 MSAR – TVP – VAR 模型的分析［J］．经济问题探索，2022，477（4）：164 – 179.

［274］孙晋芳，刘兆德，唐顺英．山东省经济对外开放度研究［J］．山东师范大学学报（自然科学版），2008（2）：109 – 112.

［275］孙丽冬，陈耀辉．经济对外开放度指数的测算模型［J］．统计与决策，2008（14）：35 – 36.

[276] 孙伶俐. 股票市场上利率政策公告效应实证研究 [J]. 中南财经政法大学学报, 2008 (6): 65 - 70.

[277] 孙明华. 我国货币政策传导机制的实证分析 [J]. 财经研究, 2004 (3): 19 - 30.

[278] 孙森, 张翼, 邢尧. 中国银行业存贷利差偏低抑或过高之辨 [J]. 现代财经 (天津财经大学学报), 2012, 32 (4): 5 - 10.

[279] 孙艳军. 从利率与经济发展相互作用机理分析利率市场化的经济效应 [J]. 中央财经大学学报, 2014 (6): 23 - 30.

[280] 孙志红, 刘炳荣. 贷款利率市场化抑制了非金融企业影子银行化吗 [J]. 现代经济探讨, 2022, 489 (9): 28 - 39.

[281] 索伦森. 高级宏观经济学导论: 增长与经济周期 [M]. 第二版. 王文平, 赵峰, 译. 北京: 中国人民大学出版社, 2012.

[282] 谭喻紫, 杨笋. 利率市场化背景下市场交易联动各方的最优策略选择: 基于供应链金融视角 [J]. 管理评论, 2020, 32 (2): 287 - 298.

[283] 唐安宝, 何凌云. 中美利率政策产出效应的比较分析: 1996—2006 [J]. 国际金融研究, 2007 (11): 54 - 59.

[284] 唐革榕, 朱峰. 我国国债收益率曲线变动模式及组合投资策略研究 [J]. 金融研究, 2003 (11): 64 - 72.

[285] 康继军, 张宗益, 傅蕴英. 开放经济下的经济增长模型: 中国的经验 [J]. 数量经济技术经济研究, 2007 (1): 3 - 12.

[286] 陶雄华, 陈明珏. 中国利率市场化的进程测度与改革指向 [J]. 中南财经政法大学学报, 2013 (3): 74 - 79.

[287] 陶雄华, 谢寿琼. 金融开放、空间溢出与经济增长: 基于中国31省份数据的实证研究 [J]. 宏观经济研究, 2017 (5): 10 - 20.

[288] 万阿俊. 房地产价格变化对利率波动的溢出效应 [J]. 金融论坛, 2015, 20 (10): 65 - 74.

[289] 万光彩, 叶龙生. 量化宽松后的日本利率政策效应分析: 从零利率到负利率 [J]. 现代经济探讨, 2017 (6): 124 - 132.

[290] 万解秋. 货币政策的传导和有效性研究 [M]. 上海: 复旦大学出版社, 2011.

[291] 万荃, 年志远, 孙彬. 制度质量有效性与稳定性对利率市场化改革的影响: 基于跨国数据的实证研究 [J]. 国际金融研究, 2012 (10): 29 - 36.

［292］王爱俭，林楠. 人民币名义汇率与利率的互动关系研究［J］. 经济研究，2007，42（10）：56－67.

［293］汪川. 负利率的理论分析与政策实践［J］. 银行家，2016（4）：46－49.

［294］王维安，钱晓霞. 金融开放、短期跨境资本流动与资本市场稳定：基于宏观审慎监管视角［J］. 浙江大学学报（人文社会科学版），2017，47（5）：196－212.

［295］魏澄荣，刘义圣. 马克思的利率市场性理论与我国利率市场化改革［J］. 福建论坛（人文社会科学版），2007（8）：4－8.

［296］魏国雄. 利率市场化：银行业是否准备好了［J］. 中国金融，2012（20）：36－38.

［297］王春丽，刘义圣. 利率走廊与准备金制度的互动效应及中国选择［J］. 宏观经济研究，2017（11）：21－29.

［298］王桂虎，郭金龙，李腾. 低利率背景下寿险投资与风险的门槛效应研究［J］. 保险研究，2021，398（6）：57－71.

［299］王国松. 中国的利率管制与利率市场化［J］. 经济研究，2001（6）：13－20.

［300］王家玮，伊藤敏子，门明. 沪深300指数期货价格随机利率效应研究［J］. 证券市场导报，2011（3）：45－49.

［301］王俊韡，罗海东，张苹苹. 利率市场化对实体企业金融化的影响研究［J］. 经济问题，2023，522（2）：69－76.

［302］王俊霞，李智慧，李雨丹. 我国国债利率效应及其实证分析［J］. 财政研究，2010（10）：37－40.

［303］王磊，朱太辉. 存贷利差与利率市场化的宏观经济效应研究［J］. 金融评论，2016，8（6）：20－31.

［304］王鹏. 广东省经济开放度与经济增长关系的实证研究［J］. 国际经贸探索，2007（5）：33－38.

［305］王少平，陈文静. 我国费雪效应的非参数检验［J］. 统计研究，2008（3）：79－85.

［306］王舒军，彭建刚. 中国利率市场化进程测度及效果研究：基于银行信贷渠道的实证分析［J］. 金融经济学研究，2014，29（6）：75－85.

［307］王伟，郭哲宇，李成. 利率、汇率与股票市场溢出效应研究［J］.

经济经纬，2016，33（5）：155-160.

[308] 王维俊，裴翔. 零名义利率条件下非传统货币政策及其外溢效应 [J]. 国际金融研究，2016（8）：24-37.

[309] 王信文，吴幸芳. 市场结构反转下之费雪效应研究 [J]. 当代经济科学，2005（4）：1-10.

[310] 王雅丽，刘洋. 利率调整对货币市场基金的政策效应研究 [J]. 商业时代，2010（28）：58-59.

[311] 王莹. 贷款利率放开的效应及利率市场化展望 [J]. 新金融，2013（11）：25-27.

[312] 王元龙. 我国对外开放中的金融安全问题研究 [J]. 国际金融研究，1998（5）：33-39.

[313] 王云中. 马克思利率理论与凯恩斯和萨缪尔森利率理论的比较 [J]. 当代经济研究，2005（1）：12-16.

[314] 王云中. 马克思利率理论视角下的银行信贷资金和利率及其政策含义 [J]. 当代经济研究，2007（1）：12-17.

[315] 威廉·H·格林. 计量经济分析 [M]. 6 版. 张成恩，译. 北京：中国人民大学出版社，2011.

[316] 威廉姆·M. 斯卡斯. 高级宏观经济学导论：新凯恩斯主义与新古典经济学的综合 [M]. 2 版. 王小朋，等译. 上海：上海财经大学出版社，2006.

[317] 温军，张森. 经济开放度与中国国际技术创新：基于省际 PCT 国际专利申请数据的经验研究 [J]. 国际贸易问题，2018，（11）：120-131.

[318] 温玎. 利率上调对海南经济金融运行的短期效应 [J]. 南方金融，2005（5）：62-63.

[319] 吴炳辉，何建敏. 中国利率市场化下的金融风险理论 [J]. 财经科学，2014（3）：1-10.

[320] 吴锟，吴卫星，蒋涛. 贫富差距、利率对消费的影响研究：基于财富效应的视角 [J]. 管理评论，2015，27（8）：3-12.

[321] 吴林蔚，沈庆劼，张翼. 商业银行存款利率市场化的影响分析 [J]. 金融论坛，2012，17（9）：12-17.

[322] 吴琼. 利率市场化、重组效应与城市商业银行的经营绩效：基于中国 47 家城市商业银行数据的实证研究 [J]. 西部论坛，2016，26（2）：98-108.

［323］吴秀波. 海外负利率政策实施的效果及借鉴［J］. 价格理论与实践，2016（3）：17 – 23.

［324］吴雪明，黄仁伟. 上海对外开放度与经济实力的比较分析［J］. 上海经济研究，2009（11）：71 – 79.

［325］吴言林，肖龙敏，尹哲. 利率调整的未预期成分对股市的影响效应研究［J］. 南方金融，2013（3）：18 – 22.

［326］吴园一. 中国经济开放度选择及指标体系［J］. 财经研究，1998（1）：21 – 25.

［327］《西方经济学》编写组. 西方经济学（下册）［M］. 北京：高等教育出版社，人民出版社，2011.

［328］夏江山. 通货膨胀、金融稳定与货币政策目标选择［J］. 财经问题研究，2017（11）：58 – 64.

［329］夏京文，高敬华. 外资利用影响我国对外开放度的实证分析［J］. 财经问题研究，2002（1）：49 – 52.

［330］肖殿荒. 利率变化的消费效应与资产替代效应［J］. 经济科学，2001（5）：85 – 91.

［331］肖卫国，陈宇，张晨冉. 利率和汇率市场化改革协同推进的宏观经济效应［J］. 国际贸易问题，2015（8）：156 – 167.

［332］肖欣荣，伍永刚. 美国利率市场化改革对银行业的影响［J］. 国际金融研究，2011（1）：69 – 75.

［333］谢平，罗雄. 泰勒规则及其在中国货币政策中的检验［J］. 经济研究，2002（3）：3 – 12 + 92.

［334］谢平，袁沁敔. 我国近年利率政策的效果分析［J］. 金融研究，2003（5）：1 – 13.

［335］谢乔昕，宋良荣. 利率市场化背景下利率政策调整对股市的冲击效应［J］. 金融理论与实践，2016（7）：7 – 13.

［336］谢守红. 中国各省区对外开放度比较研究［J］. 地理科学进展，2003（3）：196 – 203.

［337］谢玮. 日本再续负利率，对宽松货币政策患上"依赖症"［J］. 中国经济周刊，2016（39）：82 – 83.

［338］邢毓静. 当前美国利率政策走势与中国利率政策的现实选择［J］. 国际经济评论，2000（Z2）：48 – 51.

［339］熊衍飞，陆军，陈郑. 资本账户开放与宏观经济波动［J］. 经济学（季刊），2015（4）：1255 – 1276.

［340］熊正德，谢敏. 中国利率与股市间波动溢出效应的实证研究［J］. 财经理论与实践，2007（1）：46 – 50.

［341］许和连，包群，赖明勇. 贸易开放度与中国经济增长［J］. 中国软科学，2003（5）：40 – 46.

［342］许姣丽. 基于不同汇率制度的实际利率冲击效应研究［J］. 金融理论与实践，2012（8）：42 – 46.

［343］许月丽，战明华. 经济周期波动与利率政策投资效应的非对称性［J］. 预测，2011，30（2）：12 – 16.

［344］徐灵超. 中国信贷市场利率对经济波动的冲击效应研究［J］. 经济经纬，2012（4）：126 – 130.

［345］徐琳，张碧馨. 上海银行间同业拆借利率报价机制改革效应的评估与研究［J］. 价格理论与实践，2017（6）：122 – 125.

［346］徐明东，陈学彬. 中国工业企业投资的资本成本敏感性分析［J］. 经济研究，2012，47（3）：40 – 52.

［347］徐奇渊. 负利率政策：原因、效果、不对称冲击和潜在风险［J］. 国际经济评论，2016（4）：108 – 114.

［348］许雯，龚秀国. 中国央行票据对人民币利率和汇率的影响：来自香港地区离岸市场的证据［J］. 财经科学，2022，407（2）：47 – 59.

［349］徐星，孔刘柳. 利率政策行业效应的非对称性实证研究［J］. 商业时代，2012（29）：69 – 71.

［350］薛宏立. 浅析利率平价模型在中国的演变［J］. 财经研究，2002（2）：14 – 19.

［351］荀玉根. 利率平价视角下我国利率与汇率的联动性及政策协调［D］. 上海：上海社会科学院，2008.

［352］严佳佳，黄文彬，黄娟. 离岸与在岸人民币利率联动效应研究［J］. 金融与经济，2015（5）：62 – 67.

［353］严佳佳，孙莉莉，黄文彬. 香港人民币离岸市场利率与汇率的联动效应［J］. 金融论坛，2015，20（8）：57 – 65.

［354］杨朝均，杨文珂，李宁. 中国区域对外开放度的差异分解及空间收敛性研究［J］. 研究与发展管理，2018，30（1）：115 – 125.

[355] 杨丹萍, 张冀. 经济开放度对经济增长的影响分析: 基于浙江省 1992—2009 年数据的实证检验 [J]. 国际贸易问题, 2011 (6): 101 – 110.

[356] 杨晶. 经济开放对我国城镇贫困的影响研究 [D]. 武汉: 华中科技大学, 2008.

[357] 杨坤, 曹晖, 孙宁华. 非正规金融、利率双轨制与信贷政策效果: 基于新凯恩斯动态随机一般均衡模型的分析 [J]. 管理世界, 2015 (5): 41 – 51.

[358] 杨来峰, 熊家财. 利率市场化、劳动力雇佣与 "稳就业" 效应: 来自贷款利率完全放开的准自然实验 [J]. 山西财经大学学报, 2022, 44 (9): 31 – 44.

[359] 杨丽杰. 马克思利率理论视域下利率市场化经营策略研究 [D]. 长春: 吉林财经大学, 2014.

[360] 杨小军. 中国货币政策传导的行业效应研究: 基于利率政策的经验分析 [J]. 山西财经大学学报, 2010, 32 (9): 46 – 53.

[361] 姚惠泽, 石磊. 金融抑制、利率管制与居民财产性收入 [J]. 金融理论与实践, 2015 (4): 18 – 23.

[362] 易纲, 范敏. 人民币汇率的决定因素及走势分析 [J]. 经济研究, 1997 (10): 26 – 35.

[363] 尹海员, 乔小乐. 基于多中介变量的货币市场利率及预期波动对股票收益率冲击效应分解 [J]. 中央财经大学学报, 2015 (6): 46 – 54.

[364] 尹莲英. 马克思的利率决定论与我国利率政策调整 [J]. 东南大学学报 (哲学社会科学版), 2002 (1): 5 – 8.

[365] 尹振涛, 罗朝阳, 汪勇. 数字化背景下中国货币政策利率传导效率研究: 来自数字消费信贷市场的微观证据 [J]. 管理世界, 2023, 39 (4): 33 – 46.

[366] 于波, 朱恩涛. 利率政策效果研究述评: 货币政策操作规程视角 [J]. 经济问题探索, 2012 (6): 88 – 95.

[367] 余华义, 黄燕芬. 利率效果区域异质性、收入跨区影响与房价溢出效应 [J]. 经济理论与经济管理, 2015 (8): 65 – 80.

[368] 于孝建, 菅映茜. 人民币隔夜利率互换境内外市场联动效应研究 [J]. 上海经济研究, 2011 (10): 67 – 76.

[369] 袁庆禄. 利率市场化对地方银行盈利能力的门槛效应检验: 以河南省为例 [J]. 金融理论与实践, 2015 (4): 75 – 80.

[370] 袁申国, 刘兰凤. 金融开放与实体经济和虚拟经济产出非平衡增长

[J]．国际经贸探索，2019，35（5）：86－104．

[371] 袁思思，宋吟秋，吕萍，王德卿．基于利率走廊机制的中国利率传导有效性研究：理论推导及实证检验［J]．管理评论，2020，32（4）：48－63．

[372] 约瑟夫·E. 加农，张舜栋．负利率：有用但效果有限的政策工具［J]．国际经济评论，2016（6）：168－169．

[373] 岳意定．经济全球化中我国货币供给机制的微观基础［M]．北京：经济科学出版社，2007．

[374] 云波．试论利率平价理论在我国运用的修正［J]．广州市财贸管理干部学院学报，2000（2）：30－34．

[375] 曾姝，周珺．违约风险、利率波动与债务期限结构：公司债务融资的利率反馈效应［J]．江西财经大学学报，2008（3）：16－20．

[376] 曾宪久．利率与产出关系的理论和实证研究［J]．国际金融研究，2001（3）：19－24．

[377] 曾芸，霍达，袁绍锋．国债期货促进货币政策利率传导了吗？——基于国债期货、现货与回购市场联动的视角［J]．金融评论，2019，11（6）：98－108．

[378] 战明华，应诚炜．利率市场化改革、企业产权异质与货币政策广义信贷渠道的效应［J]．经济研究，2015，50（9）：114－126．

[379] 张辉，黄泽华．我国货币政策利率传导机制的实证研究［J]．经济学动态，2011（3）：54－58．

[380] 张慧莲．负利率能否帮助全球经济走出困境？［J]．金融与经济，2016（4）：35－39．

[381] 张晶，刘雪静．从中间目标选择看通货膨胀目标制在当前中国的可行性［J]．财贸经济，2011（9）：39－46．

[382] 张楠．金融开放与中国经济结构转型：基于 Pugno 修正模型的实证研究［J]．国际金融研究，2015（10）：32－42．

[383] 张年华，黄楚光，蒋彧．利率市场化、LPR 与货币政策调控有效性：基于政策对工业经济的影响视角［J]．财经论丛，2023，299（6）：36－46．

[384] 张鹏东，潘越，陈思岑等．打破刚兑、债券利率市场化与企业研发决策［J]．管理科学学报，2022，25（8）：63－81．

[385] 张萍．利率平价理论及其在中国的表现［J]．经济研究，1996（10）：34－43．

［386］张庆君. 辽宁省对外开放度的测算与比较研究［J］. 国际商务（对外经济贸易大学学报），2009（5）：45-50.

［387］张荣峰. 利率超调对银行稳定的冲击效应［J］. 新金融，2008（4）：36-38.

［388］张绍斌，齐中英. 中国利率水平与股价指数关系的理论分析和实证研究［J］. 数量经济技术经济研究，2003（10）：95-98.

［389］张涛，龚六堂，卜永祥. 资产回报、住房按揭贷款与房地产均衡价格［J］. 金融研究，2006（2）：1-11.

［390］张天顶，施展. 美联储紧缩性货币政策冲击对中国金融市场的影响及应对：资产价格视角的零利率下限时期与常态化时期比较［J］. 西部论坛，2022，32（4）：55-72.

［391］张伟，周秉根，王官勇. 安徽省经济对外开放度研究［J］. 安徽师范大学学报（自然科学版），2008（3）：279-283.

［392］张伟伟，苗思雨. 美元利率汇率波动对中国经济的影响：基于美元与人民币利率汇率联动关系的实证检验［J］. 当代经济研究，2020，300（8）：101-112.

［393］张喜玲，沈骏. 境内外人民币货币市场利率联动效应实证分析［J］. 上海金融，2015（12）：61-68.

［394］张晓峒. 计量经济学软件 EViews 使用指南［M］. 2版. 天津：南开大学出版社，2004.

［395］张孝岩，梁琪. 中国利率市场化的效果研究：基于我国农村经济数据的实证分析［J］. 数量经济技术经济研究，2010，27（6）：35-46.

［396］张旭，文忠桥. 利率期限结构与货币政策效果分析［J］. 金融经济学研究，2013，28（2）：66-76.

［397］张雪莹. 存款准备金率调节对市场利率的影响效应研究［J］. 数量经济技术经济研究，2012，29（12）：136-146.

［398］张雪莹，焦健，宫红琳. 政府债务对货币政策利率规则的约束效应研究［J］. 国际金融研究，2016（10）：28-36.

［399］张延良，白未乐. 利率非对称性传导效应实证分析［J］. 宏观经济研究，2011（9）：99-104，111.

［400］张莹，修媛媛，王思莹. 金融开放真的导致宏观经济波动吗？基于跨国面板数据的实证研究［J］. 宏观经济研究，2019（6）：16-29.

［401］张永升，杨伟坤，荣晨. 金融开放与经济增长：基于发达国家与发展中国家的实证分析［J］. 财政研究，2014（3）：78－80.

［402］张哲，陈雷，陈平. 货币政策向收益率曲线传导依然有效吗？——基于跨国层面长期利率联动视角的分析［J］. 国际金融研究，2021，406（2）：67－76.

［403］张宗新. 金融开放条件下利率改革和汇率改革的协同效应分析［J］. 国际金融研究，2006（9）：9－14.

［404］张宗益，古旻. "双轨制"利率传导机制的实施效应［J］. 改革，2008（10）：115－119.

［405］张宗益，吴恒宇，吴俊. 商业银行价格竞争与风险行为关系：基于贷款利率市场化的经验研究［J］. 金融研究，2012（7）：1－14.

［406］赵华. 人民币汇率与利率之间的价格和波动溢出效应研究［J］. 金融研究，2007（3）：41－49.

［407］赵平，方霞. 利率市场化改革与银行信贷风险定价能力：基于中国省区贷款利率浮动与信贷风险关系的考察［J］. 金融论坛，2022，27（8）：19－28.

［408］赵瑞娟，秦建文. 金融供给侧结构性改革背景下的金融脱媒效应：基于利率和资产价格双渠道的分析［J］. 中央财经大学学报，2020，397（9）：35－43.

［409］赵胜民，谢晓闻，方意等. 金融市场化改革进程中人民币汇率和利率动态关系研究：兼论人民币汇率市场化和利率市场化次序问题［J］. 南开经济研究，2013（5）：33－49.

［410］赵伟，何元庆，徐朝晖. 对外开放程度度量方法的研究综述［J］. 国际贸易问题，2005（6）：32－35.

［411］赵旭. 银行利差多维度量及影响因素：基于中国银行业1998—2006年经验证据［J］. 金融研究，2009（1）：66－80.

［412］郑展鹏. 中部六省对外开放度的实证研究：2000—2007［J］. 国际贸易问题，2009（12）：70－74.

［413］郑尊信，倪英照，徐晓光. 利率市场化进程、商品价格变动及货币政策效应［J］. 证券市场导报，2017（4）：12－19.

［414］郑尊信，徐晓光. 基于库存视角的货币政策与商品价格动态演变：来自上海期货市场的实证检验［J］. 经济研究，2013，48（3）：70－82.

［415］中国人民大学经济发展报告课题组. 中国经济的对外开放度与适度

外债规模［J］. 中国人民大学学报, 1995 (5)：1-10.

［416］中国人民银行赣州市中心支行课题组. 市场分割与信贷配给：利率市场化的体制及经济效应［J］. 金融研究, 2006 (1)：127-138.

［417］钟伟. 美国加息对中国经济和金融的影响［J］. 国际金融研究, 2004 (9)：66-70.

［418］钟伟. 美联储加息、资本流动和人民币汇率［J］. 世界经济, 2005 (3)：10-16.

［419］钟伟, 沈闻一. 银行业净利差的国际比较及对中国的实证分析［J］. 管理世界, 2006 (9)：26-32.

［420］钟永红. 贷款结构与我国货币政策的利率传导效应［J］. 山西财经大学学报, 2008 (9)：96-100.

［421］钟永红, 邓数红. "8·11汇改"后人民币离岸在岸汇率和利率的联动性研究［J］. 世界经济研究, 2020, 322 (12)：65-76.

［422］周诚君. 外生利率下的货币政策中介目标选择：兼析马克思的货币利息理论［J］. 经济评论, 2002 (5)：88-91.

［423］周德才, 纪应心, 李晓璇. 金融稳定是否应纳入中国货币政策目标：基于混频IS-Phillips模型的实证分析［J］. 南方经济, 2019 (6)：10-28.

［424］周凯. 利率市场化及利率政策效应研究：商业银行作为传导媒介的分析视角［J］. 产业经济研究, 2013 (5)：104-110.

［425］周开国, 李涛, 何兴强. 什么决定了中国商业银行的净利差？［J］. 经济研究, 2008 (8)：65-76.

［426］周莉萍. 利率市场化对各国（地区）的冲击效应［J］. 银行家, 2011 (8)：87-90.

［427］周生宝, 王雪标, 刘书舟. 我国短期利率波动的水平效应和跳跃效应［J］. 财经问题研究, 2015 (7)：47-51.

［428］周英章, 蒋振声. 货币渠道、信用渠道与货币政策有效性：中国1993—2001年的实证分析和政策含义［J］. 金融研究, 2002 (9)：34-43.

［429］朱函葳. 中国反通胀货币政策中的"棘轮效应"分析：基于利率、外汇占款和通胀率三者关系的分析［J］. 经济问题探索, 2014 (11)：154-160.

［430］朱慧, 周根贵. 浙江省对外开放度的时空格局演化研究［J］. 华东经济管理, 2015, 29 (11)：39-45.

［431］祝佳, 孙念念, 吴非. 金融市场化改革与企业"短贷长投"：基于

利率市场化视角下的中国经验 ［J］. 商业研究，2022，535（5）：103－113.

［432］祝佳，杨嘉杰，汤子隆，等. 香港离岸人民币市场利率与汇率联动效应研究 ［J］. 会计与经济研究，2020，34（1）：111－128.

［433］祝佳，杨颜丰，汤子隆，等. 利率政策、汇率波动与在岸人民币市场 ［J］. 投资研究，2022，41（11）：97－118.

［434］朱世武，陈健恒. 交易所国债利率期限结构实证研究 ［J］. 金融研究，2003（10）：63－73.

［435］朱霞，刘松林. 利率市场化背景下商业银行利率风险管理 ［J］. 金融理论与实践，2010（2）：40－43.

［436］朱烨东，陈勇. 我国货币政策利率传导机制研究 ［J］. 经济经纬，2005（2）：134－135，152.

［437］庄雷，周勤，王飞. 利率市场化、干中学效应与网络借贷效率 ［J］. 金融经济学研究，2015，30（5）：3－15.

［438］庄希丰，黄怡瑄. 低利率时期的货币政策效果：台湾地区及日本经验 ［J］. 财经科学，2008（1）：10－20.

［439］左峥，唐兴国，刘艺哲. 存款利率市场化是否会提高银行风险：基于存贷利差收窄的一个视角 ［J］. 财经科学，2014（2）：20－29.

二、英文

［1］ABDULLAH D A, HAYWORTH S C. Macro econometrics of stock price fluctuations ［J］. Journal of business and economics, 1993, 32: 50－68.

［2］AJAYI R A, SERLETIS A. Testing for causality in the transmission of eurodollar and U. S. interest rates ［J］. Applied financial economics, 2009, 19 (6): 439－443.

［3］AKRAM Q F. Commodity prices, interest rates and the dollar ［J］. Energy economics, 2009, 31 (6): 838－851.

［4］ALCHIAN A A, KLEIN B. On a correct measure of inflation ［J］. Journal of money, credit and banking, 1973, 5 (1): 173－191.

［5］ANGKINAND A P, SAWANGNGOENYUANG W, WIHLBORG C. Financial liberalization and bank crisis: a crosscounty analysis ［J］. International review of finance, 2011, 2: 263－292.

［6］ANN A T H, ALLES L. An examination of causality and predictability between Australian domestic and offshore interest rates [J]. Journal of international financial markets, institutions and money, 2000, 10 (1): 83 – 106.

[7] APERGIS N, ELEFTHERIOU S. Interest rates, inflation and stock prices: the case of the Athens stock exchange [J]. Journal of policy modeling, 2002, 24: 231 – 236.

[8] ASTORGA P. A Century of economic growth in latin america [J]. Journal of development economics, 2010 (2): 232 – 243.

[9] ATKINS F J, P J COE. An ARDL bounds test approach to testing the long – run fisher effect in the United States and Canada [J], Journal of macroeconomics, 2002, 24: 255 – 266.

[10] AZMAN – SAINI W, BAHARUMSHAH A Z, LAW S H. Foreign direct investment, economic freedom and economic growth: International evidence [J]. Economic modelling, 2010 (5): 1079 – 1089.

[11] BAE. Interest rate changes and common stock returns of financial institutions: revisited [J]. Journal of financial research, 1990, 13 (1): 71 – 79.

[12] BANDIERA O, et al. Does financial reform raise or reduce saving? [J]. Review of economics and statistics, 2000, 8 (2): 239 – 263.

[13] BARSKY R. Why do not the prices of stocks and bonds move together? [J]. American economy review, 1989, 79: 1132 – 1145.

[14] BARSKY R B, KILIAN L. Oil and the macro – economy since the 1970s [J]. Journal of economic perspectives, 2004, 18 (4): 115 – 134.

[15] BAUTISTA, CARLOS C. The exchange rate – interest differential relationship in six east asian countries [J]. Economics letters, 2006, 1: 137 – 142.

[16] BAXTER M. Real exchange rates and real interest rate differentials: have we missed the business – cycle relationship [J]. Journal of monetary economics, 1994, 33 (1): 5 – 37.

[17] BEKAERT G. Does financial liberalization spur growth ? [J]. Journal of financial economics, 2005, 7 (77): 3 – 55.

[18] BEKAERT G, HARVEY C R, LUNDBLAD C T. Growth volatility and financial liberalization [J]. Journal of International money and finance, 2006 (25): 3.

[19] BERNANKE B S, A S BLINDER. The federal funds rate and the channels

of monetary transmission ［J］. American economic review, 1992, 82 （4）：901 –921.

［20］ BERNANKE B S, GERTLER M. Inside the black box：the credit channels of monetary policy transmission ［J］. Journal of economic perspectives. 1995 （9）：27 –48.

［21］ BERNANKE B S, GERTLER M. Should central banks respond to movements in asset prices ［J］. American economic review, 2001, 91 （2）：253 –257.

［22］ BERNANKE B S, KUTTNER K N. What explains the stock market's reaction to federal reserve policy? ［J］. Journal of finance, 2005, 60 （3）：1221 –1257.

［23］ BERNANKE B S, REINHART V R. Conducting monetary policy at very low short – term interest rates ［J］. The American economic review, 2004, 94 （2）：85 –90.

［24］ BETTY C, DANIEL, JOHN BAILEY JONES. Financial liberalization and banking crises in emerging economies ［J］. Journal of international economics, 2007, 71 （1）：202 –221.

［25］ BHARGAVA V, DANIA A, MALHOTRA D K. Covered interest rate parity among BRIC nations ［J］. Journal of business and economics studies, 2011, 17 （1）：37 –47.

［26］ BJORNLAND H C, JACOBSEN D H. The role of house prices in the monetary policy transmission mechanism in small open economies ［J］. Journal of financial stability, 2010, 6 （4）：218 –229.

［27］ BLANCHARD. Output, the stock market and interest rate ［J］. The American economic review, 1981, 71 （1）：132 –143.

［28］ BOHL M T, SIKLOS P L, WERNER T. Do central banks react to the stock market? The case of the bundesbank ［J］. Journal of banking and finance, 2007, 31 （3）：719 –733.

［29］ BOMFIM. Pre – announcement effects, news effects and volatility：monetary policy and the stock market ［J］. Journal of banking&Finance, 2003, 27 （1）：133 –151.

［30］ BRENNAN M J. The supply of storage ［J］. The American economic review, 1958, 48 （1）：50 –72.

［31］ BUMANN S, HERMES N, LENSINK R. Financial liberalization and economic growth: A meta – analysis [J]. Journal of international money and finance, 2013 (3): 255 – 281.

[32] BUSSIERE M, FRATZSCHER M. Financial openness and growth: short – run gain, long – run pain? [J]. Review of international economics, 2008 (1): 69 – 95.

[33] BUTZEN P, FUSS C, P VERMEULEN. The interest rate and credit channels in Belgium [R]. National bank of Belgium working paper, 2001, No. 18.

[34] CALVO G A, VEGH C A. Fighting inflation with high interest rates: the small open economy case under flexible prices [J]. Journal of money, credit and banking, 1995 (27): 49 – 66.

[35] CALVO G, C REINHART. Fear of floating [J]. Quarterly journal of economics, 2002, 117: 379 – 408.

[36] CAPRIO G, SUMMERS L. Finance and its reform: beyond laissez faire [R]. Research working paper, World Bank, 1993, 1171.

[37] CARRIERO, ANDREA. Explaining US – UK interest rate differentials: a reassessment of the uncovered interest rate parity in a bayesian framework [J]. Oxford bulletin of economics and statistics, 2006, 1: 879 – 899.

[38] CARP L. Financial globalization and capital flows volatility effects on economic growth [J]. Procedia economics and finance, 2014, 15: 350 – 356.

[39] CARTER M. Financial innovation and financial fragility [J]. Journal of economic issues, 1989, 31 (03): 245 – 251.

[40] CASTRO V. Can central banks'monetary policy be described by a linear (augmented) taylor rule or by a nonlinear rule [J]. Journal of financial stability, 2011, 7: 228 – 246.

[41] CHARI V V, JAGANNATHAN R. Banking panics, information and rational expectations equilibrium [J]. Journal of finance, 1988, 43: 749 – 761.

[42] CHATELAIN J, et al. New findings on firm investment and monetary transmission in the Euro area [J]. Oxford review of economic Policy, 2003, 19: 73 – 83.

[43] CHECHERITA – WESTPHAL C, ROTHER P. The impact of high government debt on economic growth and its channels: an empirical investigation for the Euro area [J]. European economic review, 2012, 56 (7): 1392 – 1405.

[44] CHIRINKO R S. Business fixed investment spending: a critical survey

［J］. Journal of economic literature, 1993, (31): 1875 – 1911.

［45］ CHIRINKO R S, FAZZARI, A MEYER. How responsive is business capital formation to its user cost? An exploration with micro data ［J］. Journal of public economics, 1999, 74 (1): 53 – 80.

［46］ CHULIÁ, MARTENS, DIJK. The effects of federal funds target rate changes on S&P100 stock returns, volatilities and correlations ［J］. Journal of banking and finance, 2010, 34 (04): 834 – 839.

［47］ CORDERO J. Economics growth under alternative monetary regimes: inflation targeting vs real exchange rate targeting ［J］. International review of applied economics, 2008 (2) : 45 – 60.

［48］ CORIC B, PUGH G. Foreign direct investment and output growth volatility: a worldwide analysis ［J］. International review of economics and finance, 2013 (25): 260 – 271.

［49］ CORNELL B, M REINGANUM. Forward and futures prices: evidence from the foreign exchange market ［J］. Journal of finance, 1981, 36: 1035 – 1045.

［50］ CORREIA I, NEVES J C, Rebelo S. Business cycles in a small open economy ［J］. European economic review, 1995, 39 (6): 1089 – 1113.

［51］ COX J C, INGERSOLL J E, Ross S A. The relationship between forward prices and futures prices ［J］, Journal of financial economics, 1981, 9: 321 – 346.

［52］ DAVIG T, GERLACH JR. State – dependent stock market reactions to monetary policy ［J］. International journal of central banking, 2006, 2: 65 – 83.

［53］ DELIS M D, KOURETAS G P. Interest rates and bank risk – taking ［J］. Journal of banking and finance, 2011, 4: 840 – 855.

［54］ DEMIRG – KUNT A, DETRAGIACHE E. Financial liberalization and financial fragility ［R］. IMF Working paper, 1998, 98 (83).

［55］ DEVEREUX M B, SMITH G W. International risk sharing and economic growth ［J］. International economic review, 1994, 35 (3): 535 – 550.

［56］ DOMINGUEZ K M. Central bank intervention and exchange ratevolatility ［J］. Journal of international money and finance, 1998, 9 (17): 161 – 190.

［57］ DONALD, RONALD MAC, NAGAYASU, JUN. The long – run relationship between real exchange rate and real interest rate differentials: a panel study ［R］. IMF staff paper, 2000, 01: 1 – 12.

［58］DONG HE, ROBERT MCCAULEY. Offshore markets for the domestic currency: Monetary and financial stability issues ［J］. BISWorking papers, 2010, 320 (9).

［59］EDISON H J, PAULS D. Are assessment of the relationship between real exchange rates and real interest rate: 1974 – 1990 ［J］. Journal of monetary economics, 1993, 31: 165 – 187.

［60］EHRMANN M, FRATZSCHER M. Taking stock: monetary policy transmission to equity markets ［J］. Journal of money, credit and banking, 2004, 36 (4): 719 – 737.

［61］EICHENBAUM M C EVANS. Some empirical evidence on the effects of shocks to 1monetary policy on exchange rate ［J］. Quarterly journal of economics, 1995, 4: 975 – 1009.

［62］EICHENGREEN B, GULLAPALLI R, PANIZZA U. Capital account liberalization, financial development and industry growth: A synthetic view ［J］. Journal of international money and finance, 2011 (6): 1090 – 1106.

［63］ELIJAH UDOH. Interest rate liberalization, financial development and economic growth in nigeria (1970 – 2008) ［J］. Asian social science, 2012, 8 (3): 292 – 302.

［64］EVANS M, HNATKOVSKA V. Financial integration, Macroeconomic volatility and welfare ［J］. Journal of the European economic association, 2007 (5): 500 – 508.

［65］FAMA E. Short – Term interest rates as predictors of inflation ［J］. American economic review, 1975, 65: 269 – 282.

［66］FAMA E. Stock returns real activity, inflation and money ［J］. American economic review, 1981, 71: 545 – 564.

［67］FAMA E F, FRENCH K R. Commodity futures prices: some evidence on forecast power, premiums and the theory of storage ［J］. The journal of business, 1987, 60 (1): 55 – 73.

［68］FAMA E F. Stock returns, expected returns and real activity ［J］. Journal of finance, 1990, 04: 1089 – 1108.

［69］FRANKEL J A. On the Mark: A theory of floating exchange rates based on real interest differentials ［J］. American economic review, 1979, 69: 610 – 622.

[70] FRANKEL J A. Expectations and commodity price dynamics: the overshooting model [J]. American journal of agricultural economics, 1986, 68 (2): 344 – 348.

[71] FRENCH K R. A comparison of futures and forward prices [J]. Journal of financial economics, 1983, 12: 311 – 342.

[72] FRENCH K R. A comparison of forward and futures prices [Z]. Working Paper CSFM – 42, Center for the study of futures markets, columbia business school, 1982.

[73] FRIEDMAN B M, KUTTNER K N. Money, income, price and interest rates [J]. American economic review, 1992, (82): 472 – 492.

[74] FUJIKI H, OKINA K, SHIRATSUKA S. Monetary policy under zero interest rate: Viewpoints of central bank economists [J]. Monetary and economic studies, 2001, 19 (1): 89 – 130.

[75] FUJIKI H, SHIRATSUKA S. Policy duration effect under the zero interest rate policy in 1999 – 2000: Evidence from Japan's money market data [J]. Monetary and economic studies, 2002, 20 (1): 1 – 31.

[76] FUJIWARA I, N SUDO, Y TERANISHI. The zero lower bound and monetary policy in a global economy: a simple analytical investigation [J]. International journal of central Banking, 2010, 6 (1): 103 – 134.

[77] GAIOTTI E, A GENERALE. Dose monetary policy have asymmetric effect: a look at the investment decisions of italian firms [R]. SSRN working paper, 2002.

[78] GALINDO A. Financial liberalization, Does it pay to join the party? [J]. Economics, 2002, 3 (1): 252 – 231.

[79] GARRY J, TWITE. Effect of stochastic interest rate on the pricing of SPI futures contracts [J]. Australian journal of management, 1992, 17 (2): 259 – 270.

[80] GEHRINGER A. Growth, productivity and capital accumulation: The effects of financial liberalization in the case of European integration [J]. International review of economics finance, 2013, 25: 291 – 309.

[81] GERTLER M, P KARADI. Qe 1 VS. 2 VS. 3 ⋯: a framework for analyzing large – scale asset purchases as a monetary policy tool [J]. International journal of central banking, 2013, 9: 5 – 53.

[82] GILCHRIST S, E ZAKRAJSEK. Investment and the cost of capital: new evidence from the corporate bond market [R]. Boston university – department of economics – working papers series, 2007, WP2007 – 027.

[83] GIANNI LA CAVA. Financial constraints, the user cost of capital and corporate investment in Australia [R]. Reserve bank of australia working paper, 2005.

[84] GUO. Stock prices, firm size and changes in the federal funds rate target [J]. The Quarterly Review of Economics and Finance, 2004, 44 (4): 487 – 507.

[85] GOYENKO, UKHOV. Stock and bond market liquidity: along – run empirical analysis [J]. Journal of Financial and Quantitative Analysis, 2009, 44 (1): 189 – 212.

[86] GRANVILLE B, MALLICK S. Fisher hypothesis: UK evidence over a century [J]. Applied economics letters, 2004, 11: 87 – 90.

[87] HAQUE M A. An empirical test of the interest rate parity does it hold between U. S. A. and selected emerging asian economies [J]. Journal of international business research, 2010, 2: 91 – 98.

[88] HAWTREY K, LIANG H. Bank interest margins in OECD countries [J]. North american journal of economics and finance, 2008, 19 (3): 249 – 260.

[89] HELLMANN T, MURDOCK K, STIGLITZ J E. Addressing moral hazzard in banking: deposit rate controls vs. capital requirements [Z]. Unpublished manuscript, 1994.

[90] HIRONOBU NAKAGAWA. Real exchange rates and real interest differentials: implications of nonlinear adjustment in real exchange rates [J]. Journal of monetary economics, 2002, 49 (3): 629 – 649.

[91] IACAVIELLO M. House prices borrowing constraints and monetary policy in the business cycle [J]. American economic review, 2005, 95 (3): 739 – 764.

[92] INGLESI – LOTZ R, PERETTI V, GUPTA R. Do House prices impact consumption and interest rate in South Africa? Evidence from a time – varying vector autoregressive model [J]. Economics, management and financial markets, 2012, 4: 101 – 120.

[93] JAMES B, ANG W J. Mckibbin, Financial liberalization, financial sector development and growth: Evidence from malaysia [J]. Journal of development economics, 2007, 84 (1): 215 – 233.

[94] JARROW R G, OLDFIELD. Forward contracts and futures contracts [J]. Journal of financial economics, 1981, 09: 373 – 382.

[95] J BATTENV COVRIG. The Japan premium and the floating – rate yen euro market [J]. Journal of asia pacific economy, 2004, 09: 288 – 300.

[96] JORGENSON D W. Capital theory and investment behavior [J]. American economic review, 1963, 53: 247 – 259.

[97] KATAY G, Z WOLF. Investment Behavior [R]. User cost and monetary Policy Transmission – The Case of hungary, national bank of hungary working paper 12.

[98] KIM JAEBEOM. Reconsidering real interest parity for traded and nontraded goods [J]. Review of international economics, 2006, 14 (2): 306 – 315.

[99] KIM S. Exchange rate stabilization in the ERM: identifying european monetary policy reactions [J]. Journal of international money and finance, 2002, 21 (3): 413 – 434.

[100] KITCHEN J, DENBALY M. Arbitrage Conditions, interest rates, and commodity prices [J]. The journal of agricultural economics research, 1987, 39 (2): 3 – 11.

[101] KOIVU T. Has the Chinese economy become more sensitive to interest rates? studying credit demand in China [J]. China economic review, 2009, 20: 455 – 470.

[102] KONTONIKAS A, MONTAGNOLI A. Optimal Monetary Policy and Asset Price Misalignments [J]. Scottish journal of political economy, 2006 (5): 636 – 54.

[103] KRUGMAN P. It's back: Japan's Slump and the return of the liquidity trap [J]. Brookings papers on economic activity, 1998, 29 (2): 137 – 206.

[104] KRUGMAN P. Thinking about the liquidity trap [J]. Journal of the japanese and international economies, 2000, 14 (4): 221 – 237.

[105] KUNT A D, LAEVEN L, LEVINE R. Regulations, market structure, institutions and the cost of financial intermediation [J]. Journal of money, credit and banking, 2004, 36 (3): 593 – 622.

[106] LAXTON M B. Real interest rates and real exchange rates: evidence from indexed bonds [J]. The Manchester school, 2003, 01: 65 – 77.

[107] LAUBACH T. New evidence on the interest rate effects of budget deficits and debt [J]. Journal of the European economic association, 2009, 7 (4): 858 – 885.

[108] LEVCHENKO A A, RANCIÈRE R, THOENIG M. Growth and Risk at the Industry Level: The real effects of financial liberalization [J]. Journal of development economics, 2009 (89): 210 – 222.

[109] LEVY J, HALIKIAS I. Aspects of the monetary transmission mechanism under exchange rate targeting: the case of france [R]. IMF working paper, 1997, 44.

[110] LITTERMAN A, SCHEINKMAN J. Common factors affecting bond returns [J]. Journal of fixed income, 1991, 1 (1): 54 – 61.

[111] LITTERMAN R M, WEISSL. Money, real interest rate and output: a reinterpretation of postwar U. S. data [J]. Econometrica, 1985, (53): 129 – 156.

[112] LOAYZA N, RADDATZ C. The structural determinants of external vulnerability [J]. World bank economic review, 2007 (3): 359 – 387.

[113] LONG J. Stock prices inflation and the term structure of interest rates [J]. Journal of financial economics, 1974, 06 (1): 131 – 170.

[114] LO W C, FUNG H G, MORSE J N. A Note on euroyen and domestic yen interest rates [J]. Journal of banking&finance, 1995, 19 (7): 1309 – 1321.

[115] MACDONALD R, NAGAYASU J. The long – run relationship between real exchange rates and real interest rate differentials: a panel study [R]. IMF staff papers, 2004, 47 (1): 116 – 128.

[116] MARK, NELSON C, MOH YOUNG – KYU. The real exchange rate and real interest differentials: the role of nonlinearities [J]. International journal of finance and economics, 2009, 10: 323 – 335.

[117] MAUDOS J, GUEVARA J F. Factors explaining the interest margins in the banking sectors of the European Union [J]. Journal of banking and finance, 2004, 28 (9): 2259 – 2281.

[118] MCKINNON R, PILL H. International borrowing: a decomposition of credit and currency risks [J]. World development, 1998, 10: 597 – 603.

[119] MEESE R A, K ROGOFF. Was it real the exchange rate: interest differential relationship over the modern floating rate period [J]. Journal of finance, 1988, 43: 933 – 948.

[120] MEHL A, CAPPIELLO L. Uncovered interest parity at long horizons: evidence on emerging economies [J]. Review of international economics, 2009,

05：1019 – 1037.

［121］MEHROTRA A N. Exchange and interest rate channels during a defla-tionary era – evidence from Japan, Hong Kong and China ［J］. Journal of compara-tive economics, 2007, 35：188 – 210.

［122］MENDOZA E G. Real Business cycles in a small open economy ［J］. American economic review, 1991, 81（4）：797 – 818.

［123］MISATI N R, NYAMONGO M E. Financial liberalization, financial fragility and economic growth in Sub – Saharan Africa ［J］. Journal of financial stabil-ity, 2012（3）：150 – 160.

［124］MOJON B, SMETS F, P VERMEULEN. Investment and monetary poli-cy in the euro area ［J］. Journal of banking and finance, 2002, 26：2111 – 2129.

［125］MONTORO C, TAKATS E, YETMAN J. Is Monetary policy constrained by fiscal policy? ［J］. BIS paper, 2012, 67（10）：11 – 30.

［126］MOUGOUÉ M, WAGSTER J. The causality effects of the federal reserve's monetary policy on U. S. and eurodollar interest rates ［J］. The Financial review, 1997, 32（4）：821 – 844.

［127］NAGAHATA A, T SEKINE. Firm investment, monetary transmission and balance – sheet problem in Japan：an investigation using micro data ［J］. Japan and the world economy, 2005, 17：345 – 369.

［128］NARAIDOO R, RAPUTSOANE L. Zone – targeting monetary policy preferences and financial market conditions：a flexible non – linear policy reaction function of the SARB monetary policy ［J］. South african journal of economics, 2010, 78（4）：400 – 417.

［129］NICHOLAS LARDY. Capital account liberalization and the role of the renminbi ［J］. Peterson institute for international economics working paper, 2011, 2（23）：251 – 268.

［130］OBSTFELD M, ROGOFF K. Foundations of international macro – eco-nomics ［M］. Cambridge, MA：MIT Press.

［131］OBSTFELD M. Risk – taking, global diversification and growth ［J］. American economic review, 1994, 84（5）：1310 – 1329.

［132］OKINA K, SHIRATSUKA S. Policy Commitment and Expectation Formation：Japan's Experience under Zero Interest Rates. North american journal of economics and finance, 2004a, 15 (1): 75 – 100.

[133] PINDYCK R S. The dynamics of commodity spot and futures markets: a primer [J]. The energy journal, 2001, 22 (3): 1 – 30.

[134] POSEN A S. Why central banks should not burst bubbles [J]. International finance, 2006, 9 (1): 109 – 124.

[135] RICH G A. Theoretical and empirical analysis of the eurodollar market [J]. Journal of money, credit and banking, 1972, 4 (3): 616 – 635.

[136] RICHARD S F, M SUNDARESAN. A continuous time equilibrium model of forward prices and futures prices in a multigood economy [J]. Journal of financial economics, 1981, 9 (4): 347 – 371.

[137] RIGOBON R, SACK B. Measuring the reaction of monetary policy to the stock market [J]. Quarterly journal of economics, 2003, 118 (5): 639 – 669.

[138] ROBERT Z, ALIBER. The interest rate parity theorem: a reinterpretation [J]. The Journal of political economy, 1973, 81: 1451 – 1459.

[139] ROLEY V V, SELLON G H. Monetary policy actions and long term interest rates [J]. Federal reserve bank of kansas city economic quarterly, 1995, 80: 77 – 89.

[140] ROSE A. Is the real interest rate stable [J], Journal of finance, 1998, 43: 1095 – 1112.

[141] KING R G, WATSON M W. Testing long – run neutrality [J], Economic quarterly, federal reserve bank of richmond, 1997, 83: 69 – 101.

[142] RUDEBUSCH, GLENN, TAO WU. A Macro – finance model of the term structure, monetary policy and the economy [J]. The economic journal, 2008, 118 (520): 906 – 926.

[143] SARNO, THORNTON. The dynamic relationship between the federal funds rate and the treasury bill rate: an empiricalinvestigation [J]. Journal of banking&finance, 2003, 27 (6): 1079 – 1110.

[144] SAUNDERS A, SCHUMACHER L. The determinants of bank interest rate margins: an international study [J]. Journal of international money and finance, 2000, 19 (6): 813 – 832.

[145] SCHWAIGER M S, LIEBEG D. Determinants of bank interest margins in central and eastern Europe [R]. Financial stability report, 2007, 14: 68 – 84.

[146] SCHWERT G W. Stock returns and real activity [J]. The Journal of Finance, 1990, 16 (4): 1237 – 1257.

[147] SCRIMGEOUR D. Commodity price responses to monetary policy surprises [J]. American journal of agricultural economics, 2015, 97 (1): 88 – 102.

[148] SMETS F, R WOUTERS. The exchange rate and the monetary transmission mechanism in Germany [J]. de economist, 1999, 147 (4): 489 – 521.

[149] SPIRO P S. The impact of interest rate changes on stock price volatility [J]. Journal of portfolio management, 1990, 02: 63 – 68.

[150] STIGLITZ J, WEISS A. Credit rationing in markets with imperfect information [J]. The American economics review, 1981, 71: 393 – 410.

[151] TARHAN FEYZIOGLU, NATHAN PORTER, ELOD TAKATS. Interest rate liberalization in China [J]. IMF working paper, 2009, 58 (9 – 10): 1 – 28.

[152] TAYLOR J B. Discretion versus policy rules in practice [J]. Carnegie – Rochester Conference series on public policy, north – holland, 1993, 39: 195 – 214.

[153] TAYLOR JOHN B. The monetary transmission mechanism: an empirical framework [J]. Journal of economic perspectives, 1995, (9): 11 – 26.

[154] THOMAS F, HELLMAN, KEVIN C. MURDOCK, JOSEPH E, STIGLITZ. Liberalization, moral hazard in banking and prudential regulation: are capital requirements enough? [J]. American economic review, 2000, 3 (90): 147 – 165.

[155] TITMAN S, WARGA A. Stock returns as predictors of interest rates and inflation [J]. Journal of financial and quantitative analysis, 1989, 24: 47 – 58.

[156] TIROLE J. Liquidity and all its friends [J]. Journal of economic literature, 2011, 49 (2): 287 – 325.

[157] TOBIN J A. A general equilibrium approach to monetary theory [J]. Journal of money, credit and banking, 1969, 01: 15 – 29.

[158] TSE Y, BOOTH G G. Common volatility and volatility spillovers between U. S. and eurodollar interest rates: evidence from the futures market [J]. Journal of economics and business, 1996, 48 (3): 299 – 312.

[159] UEDA K. Banks as coordinators of economic growth [J]. IMF woking paper, 2006 (264): 322 – 352.

[160] URIBE M, YUE V Z. Country spreads and emerging countries: who drives whom? [R]. NBER working paper, 2003, 10018: 1 – 43.

［161］ VICEIRA. Bond risk, bond return volatility and the termstructure of interest rates ［R］. HBS Finance workingpaper, 2007.

［162］ WALLACE M R, WARNER J T. The fisher effect and the term structure of interest rates: tests of cointegration ［J］. Review of economics and statistics, 1993, 75 (2): 320 – 324.

［163］ WANG Q, HU Y. Cross – correlation between interest rates and commodity prices ［J］. Physica A – statistical mechanics and its applications, 2015, 428: 80 – 89.

［164］ YANG J, SHIN J, KHAN M. Causal linkages between US and eurodollar interest rates: further evidence ［J］. Applied economics, 2007, 39 (2): 135 – 144.

［165］ YIN H Y, YANG J W. Bank characteristics and stock reactions to federal funds rate target changes ［R］. Indiana University south bend indiana university south bend, Working paper, 2011.

［166］ ZORDAN D J. Stock prices, interest rates, investmentsurvival ［M］. Econometrica, USA, illinois, 2005.

［167］ ZULKEFLY A. Monetary policy effects investment spenging: a firm – level study of malaysia ［J］. Studies in economics and finance, 2012, 29: 268 – 286.

后　记

　　本书是在我的博士后出站报告基础上修改而成的。我的合作导师刘义圣教授在资料搜集、选题以及框架体系构建等方面都给予了精心的指导。刘老师平易近人、治学严谨、学识渊博，用宽广的学术视野和敏锐的学术眼光将我带入了利率研究的广阔领域，并从对外开放、利率变动及政策效应的交叉点为我指出了具体的研究路径。从选题立题到框架体系设计，从资料搜集到撰写，直至最后定稿，都凝结了刘老师大量的心血和汗水。在此，谨向恩师致以崇高的敬意和衷心的感谢！

　　本书得到了 2022 年度广州市高等教育教学质量与教学改革工程名师工作室项目（2022MSGZS006）、广东省哲学社会科学规划课题（GD21CYJ31）、广州番禺职业技术学院 2021 年度教育教学改革项目（2021JG09）、广东省普通高校特色创新类项目（2021WTSCX206）、广州市哲学社会科学规划课题（2022GZYB12）、广州番禺职业技术学院科技领军人才项目、广州番禺职业技术学院高层次人才工作室项目、广州番禺职业技术学院科技类重大研究项目（2021KJ02）的资助，同时暨南大学出版社在本书出版过程中提供了大力支持与热忱帮助，在此一并致谢。

　　感谢福建师范大学经济学院的领导、老师给予我的支持和帮助。非常感谢李建平校长、廖福霖书记、黄瑾院长、黄茂兴院长、李建建院长、张华荣院长、林子华教授的悉心指导和耐心帮助，他们敬业的精神、踏实的工作作风、谦虚的为人、精诚合作的精神风貌给我留下非常深刻的印象。

　　感谢所有的亲人和朋友对我工作的理解、鼓励与支持！

罗书嵘
2023 年 10 月